DU HAST MICH BETROGEN

Heide-Ulrike Wendt

DU HAST MICH BETROGEN

Frauen erzählen von Liebe, Betrug und Verrat

Schwarzkopf & Schwarzkopf

»Das Glück kommt lautlos,
aber man hört, wenn es geht«
Annemarie Selinko

»Alle Männer sind auf der Suche nach der idealen
Frau – vor allem nach der Hochzeit«
Helen Rowland

»Es gibt Tage im Leben, da muss man irgendwie
durch. Manchmal dauert das Jahre«
Hanns Christian Müller

»Wegen eines Seitensprunges jemanden umbringen –
geht nicht. Man käme ja aus dem Morden
nicht mehr heraus«
Raben-Kalender,
an der Bar im Hotel Atlantik gehört

Verliebt, verlobt, verheiratet – geirrt

Vorwort von Heide-Ulrike Wendt

Alle Frauen, die in diesem Buch zu Wort kommen, haben sich geirrt. Sie glaubten an Liebe, die Untiefen übersteht. An den Mann ihres Lebens, auch wenn es nicht der erste war. An das Versprechen der Gemeinsamkeit. Sie hatten vielleicht nicht einmal altmodische Vorstellungen von Treue. Aber sie dachten, dass ihnen eines nicht passieren würde: Am Ende doch die Verlassene zu sein.

Auch ich habe mich geirrt: Nach einundzwanzig Gesprächen, Geschichten, Schicksalen, Tragödien, Katastrophen, Auferstehungen dachte ich, sie würden mich lebensklüger machen. Ich würde Grundmuster und Zusammenhänge erkennen. Besser verstehen, warum man sich so etwas antut.

Es ist mir nicht gelungen. Ich bin verwirrter als vorher. Begriffen habe ich nur eines: Offensichtlich gibt es nichts Komplizierteres als eine Partnerschaft.

Die meisten lieben und leiden in ziemlich verwickelten Verhältnissen. Manche Frauen haben sich auf ihre Liebe eingelassen, als der Mann noch mit einer anderen zusammenlebte. Oder sie verließen einen Partner, weil sie mit einem neuen leben wollten. Einige kennen Dreiecksverhältnisse durchaus von beiden Seiten. Alle wollten jedoch früher oder später eine klare Entscheidung von dem Mann, den sie lieben – willst du die Andere, oft sogar die Anderen, oder mich? Männer dagegen haben, jedenfalls in diesen einundzwanzig Geschichten, deutlich mehr Ausdauer im Ausprobieren, Schweigen, Verschweigen, Lügen. Sie können sich nicht entscheiden. Das Drama nimmt seinen Lauf.

Es gibt drei immer wiederkehrende Muster menschlicher Verstrickung, die auch in den geschilderten Partnerschaften erkennbar sind. In der ersten typischen Konfliktsituation soll man sich zwischen zwei Dingen entscheiden und findet beide gleich stark anziehend. Im 14. Jahrhundert beschrieb Buridanus einen hungrigen Esel, der sich genau zwischen zwei völlig gleichen Heubündeln befindet – und aus Unfähigkeit zur Entscheidung verhungert. Von einem klassischen Härtefall berichtet auch die griechische Sage: Odysseus musste an der Meerenge von Messina zwischen zwei schrecklichen Meeresungeheuern hindurch – Scylla und Charybdis. Er hatte also zwischen zwei Übeln die Wahl. Und die dritte unerschöpfliche Variante ergibt sich, wenn der Weg zum ersehnten Ziel ein Opfer verlangt, das man nicht bringen will oder kann.

Das größte Problem aller Beziehungen ist offensichtlich die Sexualität.

Als Miriam, heute 57, mit ihrem Herrmann 1968 nach München fährt, um mit ihm nach einer gemeinsamen Wohnung zu suchen, sind die beiden bereits standesamtlich getraut. Trotzdem fragt ihre Schwiegermutter vor der Abfahrt: »Wie haltet ihr es denn auf der Reise? Nehmt ihr ein Doppelzimmer oder zwei Einzelzimmer?« Weil die standesamtliche Trauung nichts für sie gilt, fürchtet sie um die Moral der Beiden. Dass die es schon längst vor der Hochzeit auf dem Hintersitz ihres »GoGo« oder auf Partys in fremden Betten getrieben haben, weiß sie natürlich nicht.

Zwei Jahre später fliegt Miriams Mann das erste Mal mit einem Team seines Unternehmens sechs Wochen nach Kanada, und sie entdeckt nach seiner Rückkehr Lippenstift auf allen seinen Hemdkragen. Als sie sich von ihm trennen will, sagt die gleiche Schwiegermutter: »Das musst du doch verstehen, Kind, er war das erste Mal in seinem Leben auf großer Reise und wollte seine Freiheit genießen. Das ist doch gut, wo du jetzt schwanger und damit bald auch ganz unförmig bist. Da fehlt ihm erst mal nichts, denn er hatte ja seine Erfolge.«

Genau. Die braucht ein Mann – damals und heute. In seinem Buch »Männer« begründet es Dietrich Schwanitz so: »Ein Mann, der auf sexuelle Avancen nicht eingeht, bringt sich in den Verdacht der Unmännlichkeit. Und verteidigt er gar seine Keuschheit, ist er kein Mann, sondern ein Trottel.«

Herrmann tat also nur das, was die Gesellschaft ihm zugesteht oder erwartet. Anschließend beteuert er Miriam seine große Liebe und erklärt diese kleine Eskapade mit den Worten: »Gelegenheit macht Diebe.«

Herrmann wird ein Meisterdieb. Wenn er auf Reisen ist, bekommt Miriam anonyme Anrufe von Frauen, die sie fragen, ob sie denn wüsste, was ihr Gemahl für ein toller Hecht sei. Kollegen ihres Mannes drücken ihr ihre Bewunderung für diese offene Zweierbeziehung aus. Wenn sie mit ihm darüber reden will, empfiehlt er ihr immer wieder, das Buch von Arno Plack zu lesen: »Die Gesellschaft und das Böse«, in dem der Autor beschreibt, wie unnormal es sei, eine Zweierbeziehung anzustreben: »Sexuelle Freiheit gefährdet die Ehen nur dort, wo jede erotische Bindung, jede engere Bindung überhaupt, einen Totalitätsanspruch stellt: durch die Ideologie der Ausschließlichkeit ›wahrer Liebe‹. Der natürliche erotische Reiz, der neu auf uns wirkt, hat von sich aus nicht die Tendenz, andere Bindungen (die Bindung an die Gattin, an Eltern, Geschwister, Kinder und Freunde) zu annullieren.« Sätze in der Art hat er dick unterstrichen und mit mehreren Ausrufezeichen versehen.

Sätze dieser Art gelten auch heute noch. Schwanitz schreibt über den Seitensprung, die Affäre, das Fremdgehen:

»Ein Mann wird durch den sexuellen Kontakt mit einer Frau nicht befleckt und besudelt. Auf seinem Körper bleibt keine

Spur zurück. Und er verschleudert auch nichts, was eigentlich seiner Frau gehört. Wo diese Schätze herkommen, so denkt er, ist noch mehr. Das ist wahrhaftig kein knappes Gut. Das Ovum einer Frau ist vergleichsweise selten. Die Spermatozoen des Mannes zählen in die Millionen. Was macht es da aus, wenn er von dem Reichtum etwas verschenkt? ... Er ist ein Samariter, ein Schenkender, ein Wohltäter.«

Herrmann sieht das genauso, denn er schläft ja auch noch mit seiner Frau und will sich zunächst nicht von ihr trennen. Wenn er am Abend nach Hause kommt, lautet seine erste Frage: »Sind die Kinder schon im Bett?« Und weil sie meist schon schlafen, legt er sich aufs Sofa, knöpft seine Hose auf und sagt: »Mausi, tu mir gut.«

Miriam begreift heute nicht mehr, wie sie all diese Demütigungen aushielt. Ihre Eltern trösteten sie immer mit den Worten: »Versuch, ihm zu verzeihen. Denk an die Kinder.« An die denkt sie vor allem. Sie will ihnen das Nest nicht zerstören, die scheinbar heile Welt, in der sie groß werden. Die vier wissen lange Jahre von nichts. Und: Sie liebt ihn immer noch.

Außerdem hat sie ein weiteres Problem. Sie ist monogam, sie hat keine Lust auf Affären. Für keinen anderen Mann dieser Welt ist sie bereit, ihre Familie aufs Spiel zu setzen.

Sie kann einfach nicht verstehen, was Männer – mit ihrem an der Spitze – diese ganzen Affären bringen: »Zu richtiger Meisterschaft bringt man es doch nur, wenn man Tag für Tag auf der gleichen Geige spielt. Auf der neuen muss man sich erst einüben.« Nur einmal lässt sie sich nach langem Drängen und Erobern auf einen anderen ein, fühlt sich von ihm richtig geliebt, muss aber feststellen, dass er im Bett ein großer Langweiler ist.

Da hat sie offensichtlich Pech gehabt, denn der Sexualität beim Seitensprung wird nachgesagt, dass sie entschieden lustvoller ist als im ehelichen Alltag. Der Züricher Psychotherapeut Jürg Willi zitiert in seinem Buch »Was hält Paare zusammen?«

den Verhaltensforscher Norbert Bischof, der die allgemeine Beobachtung bestätigt, »dass sich hohe sexuelle Erregung eher in Situationen und Beziehungen einstellt, die eine gewisse Fremdheit und Unvertrautheit an sich haben«. Und schreibt weiter: »Man spricht vom Fremdgehen, vom sexuellen Abenteuer, vom Seitensprung und nimmt damit Bezug auf das Ausbrechen aus dem Gewohnten, auf das Entdecken und Erobern, das Spannungsvolle, Ungesicherte und Neuartige. Vordergründig gesehen lässt die eheliche Sexualität alle diese Qualitäten vermissen. Bei vielen Paaren ist das Sexuelle regelmäßig in den Wochenplan eingeordnet. Ihm fehlt das Überraschende, das Außergewöhnliche.«

Katharina, 61, sieht im Rückblick auf ihre beiden Ehen große Defizite, was die Sexualität betrifft, gibt aber nicht nur ihren Männern die Schuld an diesem Versagen. Sie weiß, dass sie auch von ihrem zweiten Mann, Henning, betrogen wird, merkt es stets an irgendwelchen Details: einer Hotelrechnung, Lippenstift am Hemdkragen, heimlichen Telefonaten. Weil zu Hause trotzdem alles funktioniert, ignoriert sie das: »Ich wollte ein vorbildliches Leben im bürgerlichen Sinne und gab mich dafür fast auf.« Als er einmal wegen einer anderen Frau für ein paar Monate auszieht, ist sie bereit, sich nach einem anderen Mann umzusehen. Doch ihre Tochter ist entsetzt und sagt: »Aber Mama, jetzt fängst du nicht auch noch damit an. Du nimmst dir keinen Anderen. Du bist vorbildlich.« Erst als Henning eine Affäre mit ihrer besten Freundin beginnt und sie wenig später verlässt, wird ihr bewusst: »Wir hatten seit fünf Jahren keinen Sex mehr, lebten wie Bruder und Schwester zusammen. Es war langweilig im Bett. Wir waren beide ständig müde, und weder er noch ich thematisierten das jemals. Ich habe sowieso nie begriffen, warum Sex Spaß machen soll.«

Erst nach vielen Jahren Alleinsein geht sie mit ihrer Tochter das erste Mal in einen Sexshop und findet das alles hochinteressant: »Um mich herum sah ich lauter sympathische Leute, die nach schöner Wäsche, Sexspielzeug und erotischen Videos suchten. Da spürte ich, wie normal das heute alles ist ... Als ich einmal in Hennings Kleiderschrank ein paar Playboys und andere erotisierende Zeitschriften entdeckte, fand ich das völlig indiskutabel. Da war eine Schieflage, die ich nicht erkannte. Heute könnte ich mir vorstellen, was ich gerne möchte.«

Doch Katharina ist fast die Einzige, die in ihrer verklemmten, anerzogenen Sexualmoral einen Grund für das Scheitern ihrer Ehe sieht. Fast alle Anderen gehen auf die sexuellen Wünsche ihrer Partner ein. Die schöne Zora, 42, wird von ihrem ersten Mann allerdings schon betrogen, als ihre Beziehung selbst noch taufrisch ist. Bei einem späteren Lebensabschnittsgefährten hat sie die ersten zwei Jahre Spaß an seiner Gier. Sie zieht sich für ihn ein rotes Lackkleid an, das er ihr schenkt, steht für ihn nur mit einer Schürze bekleidet am Herd und hat die Faxen eines Tages dicke: »Auf Bestellung funktioniert so was nicht. Wie sollst du denn von jetzt auf gleich von der Steuererklärung wegkommen und einen auf Hure machen? ... Sex ist wichtig für mich, aber ich muss auch wirklich Lust darauf haben.« Wenig später nimmt er sich erst eine Geliebte und verlässt Zora dann für sie.

Susanne, 34, ist zuerst die Geliebte, später die Partnerin von Jens, und obwohl er nichts anbrennen lässt, badet und salbt sie sich für ihn, reißt ihm einmal die Kleider vom Leib, als er von einer anderen nach Hause kommt, fühlt sich als Siegerin, als er zwei Stunden später schweißüberströmt neben ihr liegt, und denkt: »Hab dich nicht so. Lass ihm Freiräume, dann bleibt er für immer bei dir.«

Jens braucht diese Freiräume, obwohl sie ihren Sex als berauschend beschreibt: »Er trieb es überall mit mir – im Park, im Kino, auf dem Damenklo unserer Lieblingskneipe. Er wollte mich von vorne, von hinten, anal, oral, flüsterte mir dabei wüste Sauereien ins Ohr und gab mir Tiernamen. Es war eine unglaubliche Gier zwischen uns – tausend Prozent. Das blieb so bis zum Schluss. Die meisten Frauen ekeln sich vor ihren Männern, wenn sie fremdvögeln – mich ekelte es nicht. Für mich waren seine Affären wie ein Kitzel. Vielleicht, weil ich immer noch toller sein wollte als all die Anderen.«

Genutzt hat es ihr nichts. Erst, als sie nicht mehr bereit ist, mit totaler Selbstaufgabe zu zahlen, kann sie sich von ihm befreien und lernt Peter, ihren jetzigen Mann kennen. Als sie ihn sah, wusste sie sofort: »Das ist er! Peter ist das absolute Gegenteil von Jens – ausgeglichen, ruhig, introvertiert. Ein Mann, der sehr viel Zeit für sich braucht. Das ist mir sehr recht, denn mein Level an Aufregung ist bedient. Dafür sorgen jetzt unsere beiden Kinder. Peter und ich lassen uns trotzdem Freiräume – aber immer im Rahmen, ohne Auffälligkeiten. Ich bin glücklich und voller Harmonie.«

Viele Frauen, die in diesem Buch zu Wort kommen, denken: Das ist er! wenn sie ihrem Traummann das erste Mal begegnen. Hoffen, dass sie mit ihm ein Leben lang zusammenbleiben, sehnen sich nach Geborgenheit und Glück, Schutz und Sicherheit bei ihrem Partner und hoffen auf gegenseitige Treue. Viele wollen für ihre Kinder ein Nest, in dem sie behütet und umsorgt aufwachsen.

Doch wer heute noch glaubt, Kinder könnten eine Ehe retten, weil Vater und Mutter sie gleichermaßen lieben und vor allem wollen, dass sie in einer intakten Familie groß werden, irrt sich gewaltig. Kinder werden gnadenlos verlassen. Als Desiré, 35, kurz vor der Hochzeit erfährt, dass ihr langjähriger Lebenspartner eine Geliebte hat, schreibt sie ihm nach wochenlangem Weggehen und Wiederkommen einen Brief, in dem unter anderem steht: »Lass mich nicht eine tolle Frau sein, lass mich D E I N E Frau sein ... Damit aus der Harmonie und Stärke unserer Körper und Seelen diese drei wunderbaren Kinder ihren Geist und alle ihre Fähigkeiten entfalten, damit ihnen Flügel wachsen, mit denen sie zu neuen Welten fliegen und uns stolz zurücklassen.«

In diesen Zeilen steckt auch die tiefe Trauer, die sie als acht-jähriges Mädchen selbst befällt, weil der Vater geht – »mitten in allem«. Drei Jahre brauchte sie damals, bis sie sich »am eigenen Schopfe aus der Scheiße zog«. Dieses Schicksal will sie ihren Kindern ersparen. Sie schafft es nicht, obwohl sie um den Vater ihrer Kinder kämpft.

Auch Anne, 50, glaubt an die heilige Familie, als sie ihren Mann kennen lernt. Die beiden bekommen drei Söhne und sind trotz Stube, Küche, Außenklo sehr glücklich miteinander. Sie teilen sich die Hausarbeit, sind immer für die Kinder da, halten zusammen, als Anne sehr krank wird. Bis ihr Mann bei einem Gastspiel im Taunus einer anderen Frau begegnet und seiner am Telefon sagt: »Es ist was Ernstes, Anne. Ich komme nicht mehr nach Hause.« Als er doch noch einmal zurückkehrt, um mit ihr zu reden, hängen ihm die Kinder ein Plakat in die Garage: »Lie-ber Papi, wir haben dich lieb. Herzlich willkommen.« Sie wuss-ten bis dahin von nichts. Doch nun bittet sie ihn, seinen Söhnen zu sagen, wie es weitergeht, und er verkündet: »Ich glaube nicht, dass ihr das schon verstehen könnt, aber ich habe mich in eine andere Frau verliebt und gehe zurück zu ihr.« Ein paar Minuten sitzen sie stumm auf dem Sofa, dann sagt einer der Söhne zu ihm: »Du kannst ruhig gehen, Papi, wir schaffen das auch alleine.«

Als Anne ihn später fragt, ob er nicht manchmal an seine Söhne denkt, sagt er »Ich lasse mich durch die Kinder nicht erpressen.« Eines von ihnen erkrankt schwer, als er geht, schläft bis zu seinem 12. Lebensjahr bei seiner Mutter im Ehebett. Erst Jahre nach der Trennung taucht der Vater zum Geburtstag sei-nes Jüngsten auf, um ihm zu gratulieren.

Judith Wallerstein, amerikanische Psychotherapeutin, begann 1971 mit einer Studie, die die Scheidungsfolgen von sechzig Familien mit insgesamt 131 Kindern untersuchte – internatio-nal die größte und umfassendste dieser Art (Quelle: Jörg Willi:»Was hält Paare zusammen?«, Rowohlt). Sie beobachtete die Familienangehörigen geschiedener Ehe über zehn bis fünfzehn Jahre und stellte fest, dass die Scheidung für alle Beteiligten einen schweren, lebensverändernden Eingriff darstellt. Für manche war er ein Befreiungsschlag, der Gutes bewirkte, aber weit häufiger hinterließ er tiefsitzende Verunsicherungen und Verletzungen, vor allem für die Kinder, die sich von mindestens einem Elternteil zurückgewiesen fühlten. Jürg Willi bemerkt dazu: »Diese Kinder sahen sich in einem Kampf benutzt, der nicht ihr eigener war, und fühlten sich um den Schutz und die Fürsorge einer Familie betrogen, deren Unterstützung sie gerade in der Ablösungsphase bedurft hätten.«

Dieses Buch, das Sie jetzt gerade in den Händen halten, ist keine soziologische Studie – es nimmt weder Vollständigkeit noch Repräsentativität für sich in Anspruch. Aber es bietet einen Querschnitt. 21 Frauen zwischen 23 und 61 berichten schonungslos, auch sich selbst gegenüber, subjektiv, offen, vielfach immer noch tief verletzt über die Verwirrung ihrer Gefühle, auch wenn die Trennung vom geliebten Mann manchmal schon Jahre zurückliegt. Manche Frau muss ihre Wut, ihre Trauer konservieren, um überleben zu können. Manche gesteht dennoch, dass sie ihn trotz allem, was geschehen ist, behalten oder wiederhaben will.

Dies ist ein Buch über die Zeit weit nach dem Honeymoon, und es gibt in ihm kein einziges Happyend mit dem Mann, um deren Liebe die Frauen, jede auf ihre ganz eigene Art, über Monate oder Jahre kämpften oder immer noch kämpfen. Die wenigsten Beziehungen hatten oder haben die Aussicht auf eine zweite Chance, und manchmal ist diese nach kurzer Zeit auch schon wieder vertan. So ist das Leben, so sind die Geschichten – einfach zu wahr, um schön zu sein. Nur einige Frauen fanden ein neues Glück, an das sie trotz bitterer Erfahrungen fest glauben.

Ich möchte mich bedanken: Bei den Frauen, die mir ihre Geschichten erzählten und mir dafür viele Stunden ihrer Zeit, manche sogar mehrere Tage für das Gespräch über Liebe, Betrug und Verrat schenkten; und die es aushielten, den aufgeschriebenen Text, der den Schmerz noch einmal aufrührte, zu ertragen und zu autorisieren. Auch wenn die Namen verändert und viele Orte, soziale Umfelder und einige Berufe anonymisiert sind – das eigene Erleben ist authentisch, alle Geschichten sind wahr. Ich bekunde meinen Respekt aber auch gegenüber den Frauen, die nach unseren Treffen entschieden, ihre Geschichte nicht frei zu geben, weil sie ihnen dann doch noch zu nah, zu schmerzlich war. Wer hat eigentlich den Unsinn in die Welt gesetzt, dass die Zeit alle Wunden heilt?

Dieses Buch soll eine Fortsetzung erfahren – nein: zwei. Eine der Männer, eine der Frauen. Wenn Sie mir Ihre Geschichte – natürlich anonym – erzählen wollen, senden Sie mir eine E-Mail: *ulrike.wendt@schwarzkopf-schwarzkopf.de*
 Oder schreiben Sie einen Brief an den Verlag, zu meinen Händen:

Schwarzkopf & Schwarzkopf Verlag
Stichwort »Du hast mich betrogen«
Kastanienallee 32
10435 Berlin

Selbstverständlich werden alle Zuschriften vertraulich behandelt. Aber auch Ihre Meinungen über das, was Sie in diesem Buch lesen konnten, interessiert mich sehr.

Berlin, im Herbst 2002   *Heide-Ulrike Wendt*

Wenn du es brauchst, geh zu ihr

Rey, 23, Studentin

Die große Liebe meines Lebens begann, als ich noch mit Caspar zusammenlebte. Es war eine schwierige Beziehung, denn ich war erst neunzehn, als ich Caspar begegnete, und Caspar war durch LSD, das er mit sechzehn regelmäßig nahm, sehr depressiv. Er konnte sich einfach nicht vergeben, sich je darauf eingelassen zu haben, empfand sein Leben dadurch als »versaut«. Für mich war er der Engel mit den gebrochenen Flügeln, der ein Samaritersyndrom in mir auslöste. Insofern gehören wir beide ganz bestimmt nicht zur so genannten Fun-Generation, die alles total easy nimmt.

Als ich im Januar 2000 Caspar in der Bar besuchte, wo er hinter dem Tresen stand, das jugendliche Stammpublikum bediente und das Internet-Café beaufsichtigte, stellte er mich Marc, der auch dort arbeitete und den ich schon ein wenig kannte, offiziell als seine Freundin vor. Wie mir Caspar später erzählte, sagte Marc nach dieser Begegnung zu ihm: »Die spanne ich dir aus.« Weil ich das damals aber noch nicht wusste, wunderte ich mich natürlich, wenn Caspar mich hin und wieder fragte: »Willst du was anfangen mit Marc? Interessierst du dich für ihn? Du brauchst einen anderen Mann als mich, jemand, der besser ist für dich, auch sexuell.« Das fand ich komisch. Caspar und ich waren doch ein Paar.

Trotzdem gefiel mir Marc ausnehmend gut. Wir führten wunderbare Gespräche miteinander, er schien so heiter und ausgeglichen, war ein richtiger Strahlemann. Wenn mich Kummer plagte, hörte er mir zu, verstand meine Sorgen, half mir, wo er konnte. Er war der wundervollste Mensch, den ich kannte. Wir kamen uns näher, und manchmal träumte ich von ihm. Wenn ich dann neben Caspar aufwachte, dachte ich: Hey, wer liegt denn hier eigentlich neben mir?

Caspar war meist down, es lief gar nicht mehr gut zwischen uns. Als Marc das spürte, sagte er, dass er mich manchmal einfach nur gerne küssen möchte. Er war so charmant, Caspar so unterkühlt. Als wir an einem Wochenende mit unserer Band unterwegs waren, bat ich Marc um Feuer, und da gab er mir den ersten Kuss. Ich war völlig durcheinander und schickte Caspar an diesem Abend eine SMS: »Wieviel bedeutet Dir ein Sein mit mir? Halt mich fest.« Er reagierte nicht. Da wusste ich – es ist vorbei. Caspar antwortete sonst immer auf meine Botschaften. Dass er jetzt auf solch eine wichtige nicht antwortete, machte mich sehr traurig, denn es war das Ende.

Marc wollte in dieser Nacht mit mir schlafen, die Spannung zwischen uns war ungeheuerlich, aber das konnte ich nicht. Es tat mir sehr weh, dass mir Caspar nichts erwidert hatte. Am nächsten Morgen ging ich zu ihm, um zu erfahren, was mit ihm los sei. Als ich ihm erzählte, dass ich letzte Nacht mit Marc zusammen war und deshalb wissen müsste, ob es zwischen ihm und mir noch irgendeine Chance gibt, fragte er: »War es schön? Ich habe dir doch gesagt, dass du einen anderen Mann brauchst und ich deshalb nicht um dich kämpfen werde.«

Ich konnte diese Frage einfach nicht begreifen, fand sie nur kaltschnäuzig, und deshalb fügte er hinzu: »Du weißt doch, dass ich immer wollte, dass du da bist, wo es dir besser geht als bei mir.«

Für mich hieß das übersetzt, dass ich ihm nichts bedeute, und ich ging. Das war am Freitag, dem 13. Oktober 2001. Ich hätte so gern mit ihm gelebt, aber eine Familie wäre mit Caspar nie möglich gewesen.

Was folgte, war eine richtig schwere Zeit mit Marc. Wir waren nun zusammen, obwohl ich noch sehr an Caspar hing.

Ich hatte mir so gewünscht, dass er sagt: »Geh nicht fort. Liebe mich! Ich liebe dich auch.« Ich wollte geliebt werden. Marc hatte gleich gesagt, dass er mich liebt. Heute weiß ich: Solange Marc um einen Menschen kämpfen muss, liebt er. Wenn er ihn erobert hat, ist es vorbei.

Meine Gefühle zu Marc verstärkten sich, aber in mir war immer noch dieser Schwur, den ich Caspar einst geleistet hatte: »Ich werde niemanden so lieben wie dich.« Den wollte ich nicht brechen.

Ich litt, und Marc kämpfte um mich. Oft besaß er keine Kraft mehr, mich aufzufangen, und ging. Doch wenn ich am Boden zerstört war, kam er und hob mich wieder auf. Ich wusste selbst nicht mehr, was mit mir los war, bis ich im Februar 2001 eine Broschüre über Depressionen las. Da begriff ich, dass ich eine hatte, und ging zu einem Psychologen.

Marc war zu diesem Zeitpunkt gerade dabei, sich erneut in seine Ex zu verlieben. Er ließ mich darüber auch nicht im Unklaren, obwohl ich ihn vorher extrem darauf ansprechen musste. Von sich aus hätte er es mir nicht gesagt. Auf die Frau, die er allen als seine beste Freundin vorstellte, war ich sehr eifersüchtig, weil sie immer zwischen uns stand und mehr Zeit von ihm bekam als ich. Besonders liebte er an ihr, dass sie so gut zuhören konnte, dass sie ihm Relevanz gab, aber auch, dass sie so weiblich war. Sie war ein ständiger Schatten über unserer Beziehung.

Ich konnte nicht anders, als mit den Schultern zu zucken. Ich war sprachlos, es tat weh, doch was sollte ich tun? Ich hatte keine Kraft und sagte: »Wenn du es brauchst, geh zu ihr.« Das tat er nicht, trotzdem lag ich völlig geschockt im Bett und konnte mit niemandem mehr reden. Er sah mein Leid, aber reagierte zuerst abweisend darauf: »Ich kann dich nicht tragen. Du bist tot.«

Obwohl er sich um Abstand zu mir bemühte, schmiedete uns mein Leid irgendwann doch wieder zusammen. Mein Zustand verbesserte sich. Ich bekam Aufwind, wagte endlich, ihn zu lieben. Doch die Harmonie zwischen uns hielt nicht lange. Im Sommer sagte er mir nach einem gemeinsamen Auftritt im Jazzkeller Berlin, dass er sich mir geistig unterlegen fühlt. Weil er sich mir gegenüber so klein vorkam, zog er mich runter, um sich über mich zu erheben. Er erzählte mir von anderen Frauen, ließ mich im Unklaren, ob da noch was anderes neben mir läuft, ging, wann er wollte, wusste, dass ich leide, und kam dann zurück.

Eines Abends waren wir zusammen essen, und er erzählte mir, dass er am Wochenende mit seiner besten Freundin und deren bester Freundin nackt baden war. Ich sah, wie nachhaltig ihn dieses Erlebnis berührte. Zwei Tage später sah ich diese Frau dann während eines Konzerts das erste Mal. Sie war Malerin, hieß Lea und hatte etwas sehr Laszives an sich. Er spürte meine Verunsicherung und sagte mir, wie sehr er mich liebt. Nach dem Konzert fuhr ich nach Hause, er ging mit ihr auf eine Party und stand erst am nächsten Nachmittag wieder vor meiner Tür. Aber auch nur, weil ich ihn angerufen und gebeten hatte, vorbeizukommen. Er erzählte mir noch einmal, wie schön, wie mystisch das Wochenende mit dieser Lea für ihn gewesen sei.

Dass er und sie sich in dieser Nacht schon Briefe über ihre Gefühle geschrieben hatten, sich bereits in den Armen lagen, wusste ich da noch nicht.

»Okay«, sagte ich, »wenn du das brauchst, bring ich dich wieder zu ihr.« Wir stiegen in mein Auto, und vor ihrer Tür sagte ich zu ihm: »Steig aus!« Doch er blieb sitzen.

Zu diesem Zeitpunkt fing es an, zwischen uns sehr böse zu werden.

Am nächsten Morgen fuhr er zum Zivildienst, holte mich aber am Nachmittag von meinem Job ab, um mir zu eröffnen, dass ihm diese Lea nicht aus dem Kopf geht. Und ich sagte: »Okay, dann ist unsere Beziehung beendet.« Zwei Tage später fragte ich nach, wie es denn so zwischen ihnen beiden läuft, und er wollte mehr denn je, dass wir uns endgültig trennen.

Ich fuhr zu ihm und brach in seiner Wohnung zusammen. Er legte mich in sein Bett, aber anstatt für mich da zu sein, bei mir zu sein, ging er zu ihr. »Es ist besser für uns«, sagte er. In dieser Nacht wollte ich sterben, es tat einfach zu weh. Am nächsten Morgen packte ich meine Sachen zusammen und brachte ihm am Abend seine vorbei. Er machte mir mit nackter Brust die Wohnungstür auf. Lea war bei ihm. Ich öffnete sofort das Armband an meinem Handgelenk, das er mir einmal geschenkt hatte, und überreichte es ihr. Doch das wollte er nicht. Er nahm ihr das Armband wieder weg und gab es mir mit den Worten zurück: »Behalt du es, es soll dir Kraft geben.« Blanker Hohn!

Draußen vor der Tür sagte er mir, dass er mich nicht mehr begehren könne. Lea sei die Frau, die er braucht, die er liebt. Ich fühlte mich so gedemütigt, so betrogen und fragte ihn, ob sie schon miteinander geschlafen hätten. Er verneinte, obwohl ich wirklich wollte, dass er ehrlich zu mir ist, denn eine Wahrheit tut niemals so weh wie eine ans Licht gekommene Lüge. Das war der Verrat!

Am 11. September 2001 brauchte ich ihn sehr, denn die Terroranschläge in New York versetzten mich in absolute Panik. Ich hatte große Angst, wollte zu ihm. Doch er sagte mir am Telefon, dass er zu müde sei für Gespräche. Ich wusste, dass er lügt, dass sie bei ihm war. Schließlich gab er es auch zu.

Am 12. September rief er mich an, um endlich Klartext mit mir zu sprechen: »Ich will ehrlich zu dir sein. Lea und ich haben schon an dem Tag das erste Mal miteinander geschlafen, als ich dich bei mir in der Wohnung allein liegen ließ.« Er hatte mich angelogen, nachdem ich ihm sagte, er solle ehrlich sein ... Schamlos, eiskalt hatte er gelogen!

Ich brach den Kontakt zu ihm ab.

Lea wohnte nun bei Marc, war aber auch noch mit ihrem Freund zusammen. Der machte ihr einen Heiratsantrag, um sie zu halten, und sie nahm ihn an. Der Freund wusste von Marc, Marc von diesem Heiratsantrag. Die drei saßen gerade einträchtig im Club zusammen, als ich es dort von einem Freund erfuhr. Später tanzten sie zu dritt eng umschlungen nach leiser Musik. Ich hielt das nicht aus und floh.

Nach dieser Szene brauchte ich Trost und fand ihn bei einem anderen Mann, der mich auffing. Es war nur eine Nacht, nur einmal, aber ich hätte es sonst nicht geschafft. Wenn Marc durch die Welt vögelte, dann konnte ich das auch. Trotzdem fühlte ich mich klein, hässlich, irrelevant.

Nach fünf Wochen kam Marc zu mir zurück. Er hatte Lea verlassen. Es sei alles nur eine Illusion gewesen.

Ich sagte zu ihm: »Ich habe Angst, dass du nur bei mir bist, weil sie dir fehlt.« Aber er schwor mir: »Ich habe sie verlassen, weil du mir fehlst.«

Die Karten waren neu gemischt. Ich glaubte ihm. Der zweite Teil unserer Tragödie begann.

In den folgenden vier Wochen war ich oft unterwegs, bekam sehr viele Angebote, in Bands zu singen oder Theater zu spielen, hatte mein Leben und mich wieder gefunden. Er leistete weiter seinen Zivildienst und saß abends am PC. Es ging uns gut. Wir spürten, wie sehr wir uns lieben, schliefen aber vorerst nicht miteinander, weil wir uns Zeit lassen, die Beziehung neu aufbauen wollten.

Aber dann begann Marc wieder, an allem zu zweifeln, nahm mir plötzlich übel, dass ich mit einem anderen Mann geschlafen hatte – ein einziges Mal im Gegensatz zu ihm, der fünf Wochen lang jede Nacht bei einer anderen Frau gewesen war. Ich wusste nicht mehr weiter. Er verlangte nach Lea von mir Vertrauen, konnte mir aber nicht mehr vertrauen wegen einer Nacht, in der wir nicht mal mehr zusammen waren? Jede meiner Verabredungen hinterfragte er misstrauisch, warf mir vor, dass ich ständig unterwegs sei. So ging das drei Monate lang. Danach nahm ich mir wieder mehr Zeit für ihn, doch nun hatte er keine für uns – nicht mal einen Abend. Er redete sich mit Freunden oder Spielrunden heraus. Es raubte mir Kraft, weil wir uns nur noch im Halbschlaf sahen, kaum miteinander redeten, nichts mehr zusammen unternahmen. Wir stritten uns fast jeden Tag. Inzwischen fand er, wir würden uns zu oft sehen, woraufhin ich ihn fragte, wie das sein kann, wenn er so spät in der Nacht nach Hause kommt, dass ich schon schlafe, und er noch schläft, wenn ich früh zur Arbeit gehe. Und da sahen wir uns zu oft?

Im März fuhren wir mit Freunden in den Urlaub, aber nach drei Tagen hatte ich die Nase voll. Er projizierte seinen ganzen Frust auf mich, alles drehte sich nur um ihn.

Als auch Marc aus dem Urlaub zurück war, ging ich zu ihm und erklärte ihm: »Was mir fehlt, ist deine Zärtlichkeit. Ich möchte, dass du mir zeigst, dass du mich liebst, dass du für mich da bist. Ich brauche eine Basis, auf der ich aufbauen, vertrauen kann.«

Er verstand meine Gefühle, nahm mich in den Arm. Es ging uns zwei Wochen besser, doch dann entzog er sich mir wieder. Wir sahen uns ein paar Tage nicht, um in aller Ruhe nachdenken zu können. Als wir uns erneut trafen, hatten wir einen wunderschönen Abend – entspannt, gefühlvoll, ohne Streit, dafür mit gemeinsamen Möglichkeiten und Perspektiven. Ich war an diesem Abend sehr glücklich und wusste, er ist der Mann für mich. Bereits am nächsten Tag ging er wieder fremd. Mit einer Frau, die ich nicht kenne. Er traf sie auf einer Party, auf die ich nicht mitging.

Gleich nachdem es geschehen war, rief er mich an, aber nur auf das Drängen eines Freundes hin, und sagte: »Es ist was passiert.« Als ich ihn fragte: »Mit wem?«, sagte er: »Du kennst sie nicht.«

Ich legte auf, weinte viel an diesem Abend, ging später allein auf eine Party und tanzte mir meine Wut aus dem Leib. Aber er fehlte mir so. Am nächsten Abend brachte ich ihm wieder seine

Sachen, holte meine und heulte mit ihm um die Wette. In dieser Nacht liebten wir uns, danach schlief er süß und selig ein, und ich bewachte seinen Traum. Ich frage mich, was passiert wäre, wenn ich am nächsten Morgen nicht zur Arbeit gegangen, sondern bei ihm geblieben wäre – mit ihm aufgewacht, gefrühstückt, geredet hätte … Diese Frage werde ich mir nie beantworten können – aber sie quält mich oft.

Von da ab ging alles nur bergab. Es ist zu kompliziert, das alles zu beschreiben. Es tut auch noch zu weh. Fakt ist: Marc lebt jetzt mit seiner besten Freundin zusammen, die auch eine sehr gute Freundin von mir war, bei der ich mich ausweinte, wenn mich Kummer quälte. Obwohl ich sie sehr brauchte, wandte sie sich völlig von mir ab. Meine Befürchtung hatte sich bestätigt: Sie stand schon immer zwischen uns. Auch wenn sie das Gegenteil behauptete: »Da ist nichts zwischen Marc und mir und wird auch nie etwas sein. Er ist zu anstrengend, und man kann ihm nicht vertrauen. Das wird sich auch nicht ändern. Er ist ein Verpeiler.«

Doch sie belog mich, sagte mir nicht, dass sie miteinander schlafen und zusammen sind.

Ich habe ihr und ihm damals geglaubt, aber sie haben mich beide verraten. Sie toleriert alles an ihm und weiß ganz genau, wie sie ihn halten kann. Ich leide, fühle mich echt verarscht von ihm und von ihr, anders kann ich es nicht ausdrücken. Jetzt bin ich wieder beim Psychologen, brauche Stimmungsaufheller und kann nichts mehr essen. Mir ist alles scheißegal.

Ich hatte immer ein krasses Bild von Marc und mir, glaubte wirklich, er wäre meine zweite Chance, obwohl ich stets Angst davor hatte, dass es anders kommt. Wie man sieht – zu Recht. Und ich weiß jetzt: Wenn sich Marc und seine Freundin trennen, dann ist es für immer. Dann sind sie auch keine Freunde mehr. Und weil sie das wissen, bleiben sie zusammen.

Ich ertrage im Moment keine Worte, keine Umarmung. Ich habe Nähe immer nur von ihm zugelassen und trauere, weil sie die jetzt genießt, obwohl ich seine Nähe so sehr brauche. Von anderen lasse ich sie nicht zu.

Mein Ideal, eine Familie zu gründen, ist zerplatzt. Mein Herz ist so vernarbt, dass ich vielleicht nie wieder Nähe zulassen kann. Ich habe einmal zu viel die Schönheit gesehen: Marcs Charme, seine liebevolle Art. So was ist einmalig. Ich habe Angst, mich auf etwas Neues einzulassen, weil ich nicht mehr glaube, dass eine Beziehung halten kann. Die Angst, verlassen zu werden, ist übermächtig. Ich bin entmutigt und habe keine Kraft zu sagen: »So, jetzt erst recht.«

Ich mache nichts aus Trotz. Als Kind nahm ich zehn Jahre Ballettunterricht, und meine Lehrerin sagte nach den Proben immer zu mir: »Das war schlecht, Rey.« Nicht unbedingt, weil es so war, sondern weil ich noch besser werden sollte. Wieso sagte sie nie: »Das kannst du besser!« Mir selbst sagte ich das auch nicht. Ich dachte immer, ich sei schlecht. So ist es bis heute geblieben.

Wahrscheinlich bin ich im falschen Jahrhundert geboren. Ich hätte gern in der Romantik gelebt, wo der Mann seine Frau noch auf Händen trug und ein ganzes Leben lang mit ihr zusammenblieb. Alles, was ich jetzt sehe und erlebe, ist nur Illusion. Es gibt nur gemeinsame Zeitspannen, Momente, kein gemeinsames Leben mehr. Man weiß nie, wie lange eine Beziehung hält und was am Ende kommt. Irgendwann ist alles zu Ende. Nur eine Freundschaft kann ein Leben lang halten.

Die Angst vor dem Ende macht es mir schwer, dem Anfang zu glauben. Die Angst vor der Angst. Früher hatten sich Mann und Frau mit 23 oder 24 schon längst füreinander entschieden, heute sind wir mit 27 immer noch auf der Suche – auf der Suche nach uns, nach unserem Leben. Wie sollen wir uns da auf einen Partner festlegen? Es ist traurig.

Sex ist für mich zweitrangig. Im Anfangsstadium ist er extrem wichtig – da ist er schön. Aber mir war die Geborgenheit wichtiger, das Gefühl, dass mein Rücken geschützt ist. Wahrscheinlich, weil ich immer noch auf der Suche bin nach meinem Vater, der mich verließ, als ich zwei war. Ich will geliebt werden, aber die Liebe macht mich kaputt. Jedenfalls hatte ich mehr Lust auf Kuscheln, auf Zärtlichkeit, aber das irritiert die Männer. Sie empfinden das als Klammern. Marc ganz bestimmt auch.

Weil ich seine E-Mail-Adresse kenne, habe ich neulich mal in seinen Postkasten geguckt, um zu sehen, ob er meine Mails aufgehoben hat. Sie waren alle gelöscht. Er hat mich aus seinem Leben gelöscht.

Seitdem träume ich immer den gleichen Traum: Marc und ich lieben uns und kuscheln danach. Ich genieße den Augenblick, fühle mich unglaublich geborgen, bis ich plötzlich entdecke, dass er SIE im Arm hält. Die beiden lächeln, liegen unter einer weichen warmen Decke und ich am Fußende – nackt und eiskalt.

Die Sonne scheint, aber ohne ihn. Die Blumen blühen, aber ohne ihn. Das Leben geht weiter, ohne ihn … Und das ist im Moment kein Leben.

Wir sind ständig auf der Suche nach Menschen, die uns von der Vergangenheit erlösen, von Bildern und Erlebnissen, die uns so stark beeindrucken, dass wir sie nur schwer hinter uns lassen können. Aber dafür habe ich keine Kraft – ich habe keine Kraft, gegen die Vergangenheit eines anderen anzutreten, und ich glaube auch nicht daran, dass jemand Geduld und Kraft hat, mich neu zu bebildern, zu beeindrucken, mich vergessen zu lassen. Ich würde es wohl auch gar nicht zulassen können. Angst vor der Angst.

Beinahe scheint es, man begibt sich auf eine Reise, alles geht schon am Anfang schief, und man hat letztendlich keinen Bock mehr auf diese Reise, auf die man sich so sehr gefreut hat … Und so bleibe ich zu Hause.

Kapier endlich, dass wir nicht mehr zusammen sind

Franziska, 25, Studentin

Ich bin in einem Dorf in der Nähe von Kassel groß geworden, und wer das Landleben kennt, weiß, wie die Nachmittage hinter den Bergen bei den sieben Zwergen aussehen: Nach der Schule gibt's zu Hause was zu futtern, dann sind die Schularbeiten dran. Danach trifft man sich mit der Clique am Dorfteich oder hinter der Scheune, qualmt sich die Lunge aus dem Hals, lästert über die Lehrer, träumt von einem Austauschjahr in den USA und knutscht zwischendurch ein bisschen mit diesem und jenem.

Also alles im grünen Bereich. So war es auch bei mir, bis mich eines Nachmittags Fritz, ein Junge aus unserer Clique, auf dem Weg zur Scheune abfing und mir einen Strauß Kornblumen schenkte. Das fand ich süß. Wir waren fünfzehn, und es funkte zwischen uns – bei ihm allerdings mehr als bei mir. Ich fand viele Jungs in der Schule und aus unserem Dorf toll und wollte mich noch nicht festlegen. Aber Fritz. Der hatte sich von seiner Freundin getrennt, bevor er mir die Kornblumen pflückte, und war von Stund an nur für mich da. Er besaß ein Mofa und fuhr mich überallhin – zur Schule, in die Disco, in den Supermarkt drei Dörfer weiter. Nach einem halben Jahr schliefen wir das erste Mal miteinander. Für mich war es überhaupt das erste Mal. Ich verlor meine Unschuld bei ihm zu Hause, als seine Eltern gerade ihren wöchentlichen Großeinkauf in Kassel machten. Von Romantik konnte keine Rede sein, weil uns die ganze Zeit die Angst im Nacken saß, dass seine Alten früher als erwartet zurückkommen. Aber es war auch nicht ganz so schrecklich, wie es mir die anderen Mädchen aus meiner Klasse beschrieben hatten.

Nun sahen wir uns nicht nur jeden Tag in der Schule, sondern verbrachten auch jeden Nachmittag zusammen. Ich fühlte mich dadurch eingeengt, denn ich wollte auch mal mit anderen aus der Clique weggehen oder mich mit einer Freundin treffen. Das fand er aber gar nicht toll, bestimmte mehr und mehr über meine Zeit. Manchmal machte er mir sogar Kleidervorschriften. Einmal trafen wir uns vor der Disco, und er wollte, dass ich noch mal nach Hause gehe und mir ein anderes Oberteil anziehe: »Mit dem Top kannst du ja auch gleich nackt auf die Tanzfläche gehen.« Er fand die Spaghettiträger und meinen freien Bauch zu gewagt. Es kam mir vor, als wären wir schon ein altes Ehepaar.

Aber in unserer Clique gab es inzwischen lauter Paare, bei denen es ganz genauso lief wie bei uns. Wir hingen immer zusammen und kannten nichts anderes. Erst zwei Jahre später veränderten sich unsere festgefahrenen Strukturen ein wenig, denn nicht alle von uns machten ihr Abitur. Manche verließen die Schule und begannen eine Lehre. Dadurch kamen neue Leute hinzu.

So lernte ich Paul, den Freund einer Freundin, kennen. Der war sehr charmant, machte mir Komplimente, die mir richtig gut taten: Du bist die Schönste, die Größte, die Klügste. Da war ich siebzehn, voller Träume und fühlte mich hin und her gerissen zwischen Fritz und ihm. Irgendwann wurde ich schwach, und wir begannen uns heimlich zu treffen. Meist nachts.

Wenn mich Fritz nach der Disco oder dem Kino nach Hause fuhr, versteckte ich mich nach den Abschiedsküsschen hinter einem Baum und wartete, bis Paul mit seinem Auto um die Ecke bog. Kaum saß ich auf dem Beifahrersitz, drückte er aufs Gaspedal, und wir preschten los zum nächstgelegenen stillen Winkel in Gottes freier Natur. Das war prickelnd, aufregend –

genau das, was mir fehlte. Paul gefiel diese Heimlichtuerei aber nach einer Weile nicht mehr. Er wollte mich ganz und gar und erzählte Fritz schließlich von unserem Verhältnis. Der war fix und fertig.

Nicht nur, weil ich ihn betrog, sondern auch, WIE er davon erfuhr. Mein Geliebter hatte ihm nämlich gesagt: »Ich habe schon länger Sex mit deiner Freundin, als du denkst.« Als Paul mir eröffnete, dass er Fritz die Wahrheit über uns erzählt hatte, dachte ich: »Ach du Scheiße!«

Kurz darauf kam Fritz sturzbetrunken zu mir und fragte: »Stimmt das?« Ich war völlig überfordert, weil ich den einen haben und den anderen nicht verlieren wollte. Deshalb log ich: »Der Typ spinnt doch.«

Fritz glaubte mir nicht, aber wir blieben zusammen – also Fritz und ich und Paul und ich. Weil die beiden kein Wort mehr miteinander redeten, merkten sie es nicht. Aber meine Eltern. Die machten einen tierischen Aufstand. Meine Mutter sagte zu mir: »Wenn du so weitermachst, meine Liebe, dann bist du für das ganze Dorf das Flittchen.« Von allen Seiten hackten sie wie die Geier auf mich ein – die beiden Typen und meine Eltern. Unter diesem Druck entschied ich mich schließlich für Fritz. Nach zwei Jahren mit ihm war die Affäre zwar eine Belebung, aber das Vertraute zog mehr. Uns verbanden so viele gemeinsame Erinnerungen, mit Fritz hatte ich meinen ersten Sex.

Doch der hatte sich inzwischen ein frühreifes Monster von 13 angeschafft. Die Tussi kam aus München und verbrachte ihre Ferien bei den Großeltern auf dem Bauernhof. Alle Jungs waren scharf auf sie, weil sie unglaubliche Möpse hatte. Eines Tages erzählte sie mir, dass sie in unserem Dorf ihrer großen Liebe begegnet wäre. Sie hing sehr an ihm, denn er war wohl auch für sie der erste Mann: »Der ist so toll, ich bin so in ihn verliebt.« Nach drei Wochen begriff ich erst, wer dieser tolle Typ ist: Fritz. Er hatte wohl besonderen Spaß am Entjungfern.

Ich stellte ihn zur Rede, und er schwor mir, sofort mit ihr Schluss zu machen. Das hat er wohl auch, denn am nächsten Tag war sie total am Boden zerstört und heulte mir die Ohren voll, weil sie ja immer noch nicht wusste, dass ich seine feste Freundin bin: »Ich verstehe nicht, warum er plötzlich mit mir Schluss macht, wir hatten doch gestern noch Sex miteinander.«

Ich ließ sie einfach auf der Straße stehen, fuhr zu Fritz und schrie ihm ins Gesicht: »Du altes Arschloch! Du hast gesagt, du hast Schluss gemacht, und steigst gleich danach wieder mit ihr in die Kiste.«

Er blieb völlig cool und sagte: »Tja, es ist nun mal passiert. Das ist halt so. Willst du mir das etwa vorwerfen? Du hast es doch mit mir ganz genauso gemacht.«

Danach war aber Ende Gelände mit den beiden, und ich wusste nicht, ob es gut für uns wäre, noch einmal von vorne zu beginnen. Es lag so eine schöne Zeit hinter uns, würden wir es schaffen, nach all diesen fiesen Betrügereien nahtlos daran anzuknüpfen? Wir nahmen uns in den Arm und schworen es uns.

Da mein Abi vor der Tür stand, gaben wir uns mehr Freiheit. Ich paukte für die Prüfungen, er spielte Fußball. Wir gingen nun auch öfter getrennt in die Disco.

Ich meist mit Bettina, einer Freundin aus meiner Klasse, mit der ich mich sehr gut verstand. Fritz mochte sie auch, fand sie sogar supernett, schwärmte manchmal richtig von ihr: »Das ist endlich mal eine, mit der man sehr gut reden kann.« Trotzdem hätte ich nie gedacht, dass er ausgerechnet mit ihr etwas anfängt. Doch er wurde immer komischer, der Abstand zwischen uns wuchs. Manchmal kuschelten wir noch ein bisschen miteinander, aber sein Bedarf an Sex lag eingefroren in der Tiefkühltruhe. Ein halbes Jahr später fragte ich ihn, was mit ihm los sei, ob es irgendwelche Probleme gäbe, von denen ich nichts wüsste. Er druckste erst herum und sagte dann: »Ich brauche mehr Freiheit.«

Das verstand ich nun überhaupt nicht, denn mehr Freiheit ging doch bei uns beiden gar nicht. Jeder von uns machte seit langem vor allem seins. Einen Monat später gestand er mir endlich, dass er sich »wahrscheinlich« verliebt hätte.

Ich dachte, mir haut jemand mit einem Hammer auf den Kopf. Ich war völlig fassungslos und fragte: »Wer ist es?«

Er druckste wie immer herum, dass er es ja noch nicht hundertprozentig wüsste, schon gar nicht, für wen von uns beiden er sich entscheiden solle.

Ich fragte ihn auf den Kopf zu: »Ist es Bettina, dieses wunderbare Mädchen, mit dem du so tolle Gespräche führst?« Er stritt es ab, ich löcherte ihn weiter, aber er sagte nichts. Ich hatte Angst, ihn zu verlieren, und außerdem das schale Gefühl, dass er mir diese Scheiße nur antut, um sich an mir zu rächen. Das war hart und kam zum denkbar ungünstigsten Zeitpunkt, denn ich musste für die mündlichen Prüfungen pauken, brauchte einen freien Kopf.

Nach dieser Szene meldete er sich ein paar Tage nicht bei mir. Am Wochenende traf ich mich mit einigen Freunden in der Kneipe, in die er zufällig auch kam, um ein Bier zu trinken. Er grüßte mich nur von weitem und setzte sich an einen anderen Tisch.

Das fand ich unmöglich, deshalb ging ich zu ihm hinüber, um zu erfahren, was mit ihm los sei. Er wehrte mich brüsk ab: »Lass mich in Ruhe, ich habe keine Lust, schon wieder mit dir zu diskutieren. Begreif endlich, dass ich meine Freiheit brauche.«

Ich zerrte ihn am Arm, verlangte, dass er mit mir vor die Kneipe kommt und endlich Klartext redet. Zuerst sträubte er sich, dann hievte er sich aber widerwillig aus der Eckbank und folgte mir nach draußen. Wir liefen ein kurzes Stück schweigend durch den Nieselregen, dann fragte ich ihn: »Ist es Bettina?« Da gab er es endlich zu: »Ja, es ist Bettina.«

Ich lehnte mich an ein Auto hinter der Kneipe, sonst wäre ich zusammengebrochen. Was da zwischen ihm und meiner besten

Freundin Bettina ablief, stand ja in keinem Verhältnis zu dem, was ich ihm angetan hatte.

»Rede mit mir«, bat ich ihn, doch er sah keinen weiteren Klärungsbedarf. Er klappte den Kragen von seiner Jacke nach oben und ließ mich im Regen stehen. Ich kniete mich auf den nassen Asphalt und spürte im Innern einen unglaublichen Schmerz. Ich war am Ende. Eine halbe Stunde später suchte eine Freundin nach mir, hob mich von der Straße auf und rieb mir mit ihrem Pullover die Haare trocken. Anschließend setzte ich mich ins Auto und fuhr mit quietschenden Reifen davon.

Wahrhaben wollte ich das alles nicht. Einmal stand er auf unserer Hauptstraße zwei Autos vor mir an der Ampel. Als sie auf Grün sprang, überholte ich die beiden und bremste an der nächsten direkt hinter ihm. Fritz sah mich im Rückspiegel und drückte trotz Rot aufs Gaspedal. Er wollte nur weg von mir.

Mir fiel es schwer, das zu akzeptieren, weil wir uns nie wirklich ausgesprochen hatten. Die anderen in der Clique verstanden mich nicht. Die sagten: »Kapier es doch endlich, er hat sich in Bettina verknallt. Gestern waren wir in Kassel im Kino und haben die beiden getroffen. Sie standen eng umschlungen an der Kasse und küssten sich.«

Einmal fuhr ich zum Haus ihrer Eltern, um zu sehen, ob sein Auto vor der Tür steht – es stand da. Wieder legte sich so ein Schleier vor meine Augen. Es ist ein richtiges Wunder, dass ich mich in dieser Zeit nicht totgefahren habe.

Als ich eine Woche später mit Freunden in die Disco ging, da sah ich die beiden das erste Mal lifehaftig Hand in Hand an der Bar stehen. Ich zitterte am ganzen Körper und wollte ihn fragen, was er sich dabei denkt, ausgerechnet hier mit ihr aufzutauchen. Hier, in dieser Disco, wo wir so oft zusammen waren und wo er wusste, dass wir unweigerlich aufeinander treffen würden. Er stellte sich beschützend vor sie, als ich auf die beiden zusteuerte, und blaffte mich an: »Lass uns in Ruhe! Kapier endlich, dass wir nicht mehr zusammen sind.« Als ich ihn bat zu gehen, drehte er sich um und bestellte zwei Drinks an der Bar. Ich bin fast geplatzt vor Wut, und als seine Schnalle wenig später an mir vorbei auf die Toilette wollte, habe ich ihr eine verpasst. Sie war wie versteinert, stotterte nur: »Franziska, was soll das?«, und glotzte wie eine Kuh, wenn's donnert. Da hab ich ihr noch einen Tritt in den Hintern gegeben. Ich hatte eine wahnsinnige Lust, sie so richtig zu vermöbeln, obwohl ich wusste, dass er das Arschloch ist. Und dann kam das Arschloch auch gleich, schob sie von mir weg und brüllte: »Lass sie in Ruhe, sonst passiert was!«

Und ich brüllte zurück: »Halt's Maul und verpiss dich!«

Dann musste ich raus, um frische Luft zu schnappen. Er kam mir hinterher, wollte mich zur Rede stellen, aber ich schmiss mit meiner Coladose nach ihm. Leider daneben. Sofort begann ich, nach einer anderen Dose zu suchen, weil inzwischen auch Bettina vor der Disco stand.

Fritz bekam solchen Schiss, dass ich sein kleines Schätzchen noch einmal verwamsen könnte, und haute nun mir eine runter. Und dann noch eine und noch eine, bis ich am Boden lag. Jetzt griffen die Türsteher ein, gaben ihm eins in die Fresse und brüllten: »Was bist du denn für ein Wichser, hey? Hast du noch nie gehört, dass man Frauen nicht schlägt? Verpiss dich und lass dich hier nie wieder blicken!«

Oh Mann, ich hab mich so geil gefühlt, nachdem ich es dieser blöden Kuh so richtig gegeben hatte. Meine Glückshormone sprangen im Dreieck. Der Beifall dafür hielt sich allerdings in Grenzen. Natürlich hatten die Schlägerei ganz viele aus meiner Schule mit verfolgt. Die einen sagten: »Wir sind stolz auf dich«, die anderen waren einfach nur entsetzt. Bettina kam drei Tage nicht in die Schule. Fritz rief mich zu Hause an, aber zum Glück war meine Mutter dran und legte sofort wieder auf. Dann meldete sich Bettinas Mutter und schrie durchs Telefon: »Wie konntest du das meiner Tochter antun?«

Sie hatte es nicht anders verdient!

Drei Wochen später traf ich Fritz allein auf einem Dorffest und war immer noch mächtig in Rage. Ich beschimpfte ihn wie ein Marktweib, aber er grinste nur.

Er ließ mich allein mit meinem Schmerz, und ich verstand die Welt nicht mehr. Immer wieder drosch ich die gleichen Phrasen: Was hat sie, was ich nicht habe?, anstatt mich auf meine Englischprüfung vorzubereiten: *Nach prefer, like, love, hate bezeichnet das Gerundium in der Regel eine gewohnheitsmäßige Handlung oder allgemeine Aussage, während der Infinitiv* ... Ich flennte und jammerte, wie schön das doch mit uns gewesen wäre, sah alles nur noch durch die rosarote Brille. Ich kam mir vor wie Scarlett in »Vom Winde verweht«. Nur manchmal dachte ich daran, dass ich ihn auch betrogen hatte. Aber besaß er deshalb das Recht, mir das Gleiche anzutun? Nein!

Ein halbes Jahr später begann ich mit Peter, einem guten Freund von Fritz und mir, in Hamburg zu studieren. Er kümmerte sich liebevoll um meine seelische Schieflage, und irgendwann landeten wir im Bett. Aber wir waren nicht ineinander verliebt, mochten uns nur sehr. Weil Fritz wusste, dass zwischen uns was läuft, schrieb er ihm eine Karte aus Costa Rica: »Hallo Peter, seitdem ich mit Bettina in Costa Rica bin, weiß ich, wie das Paradies aussieht. Schöne Grüße an Franziska.«

Das war der Gipfel.

Dann hörten wir drei Jahre nichts voneinander, bis ich ihn zufällig auf dem Hamburger Gänsemarkt beim Einkaufen traf. Er jobbte für ein halbes Jahr in der Stadt. Wir gingen zusammen einen Kaffee trinken, redeten über alte Zeiten. Der dicke Scherz mit Fritz war, dass ihn die Tussi nach zwei Jahren verlassen hat.

Ein paar Tage später besuchte er mich zu Hause. Nach einer halben Stunde Small Talk lagen wir in der Kiste, und alles schien wie früher. Der Sex war schön, wir trafen uns regelmäßig und ich war sehr optimistisch, dass wir wieder zueinander finden. Frei nach dem Motto: Alte Liebe rostet nicht.

Doch dann rief er an, um mir Bescheid zu sagen, dass er jetzt erst mal unterwegs sei und sich meldet, wenn er wieder in Hamburg ist. Was für eine stilvolle Verabschiedung. Meine Trauer hielt zwei Tage, dann war das Kapitel Fritz für immer abgeschlossen.

Es war gut, dass wir uns noch einmal getroffen haben – das war der absolute Befreiungsschlag für mich. Wenn ich hin und wieder an ihn dachte, tat es nicht mehr weh.

Trotzdem hatte ich keinen Bock mehr auf Männer. Die konnten mich alle mal – keine dieser Arschgeigen sollte mir je wieder weh tun. Ich lernte, dass man auch alleine glücklich sein kann, und als ich endlich erwachsen war, traf ich John.

John gab und gibt mir das Gefühl, ein toller Mensch zu sein. Dass ich gut bin, so wie ich bin, dass er mich liebt, so wie ich bin, dass ich die Einzige für ihn bin. Genau danach hatte ich mich immer gesehnt, aber die Liebe zu ihm war so groß, dass ich plötzlich Angst bekam, ihn zu verlieren. Gegen ihn war das andere absoluter Pipifax, null und nichtig. John verstand mich, bewies große Geduld mit mir.

Zwei Monate später wünschte ich mir ein Kind von ihm – als Besiegelung unserer Liebe sozusagen. John war begeistert, meine Freunde entsetzt: »Was? Du willst ein Kind? Damit verlierst du doch deine Freiheit! Dann kannst du doch nicht mehr machen, was du willst.«

Aber wieso denn nicht? Ich kann John und unser Kind lieben, also genau das, was ich wirklich will.

Seit November 2001 sind wir zu dritt. Wir haben jetzt eine Tochter. Sie heißt Maxi. Weitere Kinder sind eingeplant. Eine Familie zu haben ist das Schönste.

Waterloo kann nicht schlimmer gewesen sein

Caroline, 29, Designerin

Alle Fälle sind gleich: Der Mann lernt eine andere Frau kennen, will weg, alles hinter sich lassen, und der Verlassenen bleibt nichts anderes übrig, als diesen Schmerz auszuhalten, zu akzeptieren, zu durchleben und schließlich in Lebenserfahrung umzusetzen. Da gibt es ganz simple Sprüche, an denen man erkennt, wie weit man schon gekommen ist: Was mich nicht umbringt, macht mich stark. Oder: In jeder Krise steckt auch eine Chance. Wenn man das auf sich übertragen kann, ist das Schlimmste schon geschafft.

Auf dem Weg zu dieser Erkenntnis ist man mutterseelenallein. Deshalb braucht man vor allem Freunde, vor denen man sich gehen lassen, mit denen man reden, reden, reden kann. Das hilft wirklich. Aber man muss sich auch Grenzen setzen, denn selbst bei den engsten Vertrauten ist die Kraft irgendwann verbraucht, sich diese ganze Scheiße immer wieder anzuhören. Das ist so. Das Leben der anderen geht weiter, sie brauchen hin und wieder auch jemanden, der für sie da ist. Es gehört außerdem zur Selbstachtung, dass man irgendwann weiß, wie man dieses Problem in den Griff bekommt.

Ich habe aus meiner Misere gelernt: Man muss die Situation der Trennung akzeptieren und allein meistern. Wenn der Mann, den man liebt, eine andere liebt, sollte man nicht um die Partnerschaft oder die Ehe kämpfen. Für die Frau aus der alten, gewohnten Beziehung sind die Chancen gleich Null. Die

Andere hat einfach die besseren Karten. Sie teilt mit ihm das Geheimnis. Man selbst ist die Gewohnheit – er kennt jede Faser an dir. Auch der Hass auf ihn oder auf sie bringt nichts. Damit tut man sich nur selbst etwas an.

Leider kam ich zu diesen Erkenntnissen natürlich auch erst danach. Noch so ein Spruch, der stimmt – erst hinterher ist man schlauer. Als mir Stewart vor zwei Jahren eröffnete, dass er mich verlässt, war ich unfähig, rational zu handeln.

Sein Geständnis traf mich aus heiterem Himmel. Ich hatte gar nicht gemerkt, dass da was bei ihm lief. Durch einen Zufall erfuhr ich von dieser anderen Frau und glaubte den Gerüchten eigentlich nicht. Doch weil um uns herum die Beziehungen flächendeckend krachen gingen, dachte ich, es wäre besser, ihn danach zu fragen, um unnötiges Misstrauen zu vermeiden. Also erkundigte ich mich eines Abends beim Wok ganz nebenbei, ob was dran wäre an dem, was die Leute so über ihn reden, und dachte, dass er sich nur über mich wundern würde, dass ich, die rationale Frau, der Gerüchteküche tatsächlich glaube.

Doch alles kam anders. Er legte erleichtert seine Stäbchen beiseite und sagte: «Ja, das stimmt. Ich habe mich in eine andere Frau verliebt und will sie heiraten.»

Waterloo kann nicht schlimmer gewesen sein.

Warum, wieso, weshalb das alles so gekommen ist, habe ich nie von ihm erfahren. Stewart sah überhaupt keinen Grund, mit mir darüber zu reden. Nicht an diesem Abend und auch nicht in den Wochen danach. Das hinzunehmen fiel mir am schwersten, weil ich unsere Beziehung als ausgesprochen liebevoll und harmonisch empfand. Unsere Sexualität war schön. Manchmal war ich abends zu kaputt, um noch auf eine leidenschaftliche Nacht mit ihm Lust zu haben, aber das akzeptierte er immer, verstand es vielleicht sogar. Auch unser Alltag verlief ohne Probleme, völlig reibungslos. Wer mehr Zeit hatte, ging einkaufen oder brachte das Auto in die Werkstatt. Die Steuererklärung erledigten wir beide zusammen. Unsere Putzfrau saugte die

Teppiche, sortierte dafür die CDs in den Ständer, wischte den Rasierschaum vom Badezimmerspiegel und bügelte seine Hemden.

Hin und wieder flirteten wir auf Partys mit anderen, um den eigenen Marktwert ein bisschen zu testen, aber ich hätte nie zugelassen, dass unsere Beziehung dadurch in Gefahr gerät.

Stewart hatte diese magische Linie einmal ganz offensichtlich überschritten und mir nichts gesagt. Er gab mir keine Chance, seine Defizite im Zusammenleben mit mir zu erkennen, etwas für uns zu tun. Das war für mich das Schlimmste. Wir saßen in einem Boot, und nur er wusste, dass es ein Leck hat. Nachträgliche Erklärungen sind müßig. Natürlich war ich manchmal nicht ausgeruht und fröhlich, wenn er nach Hause kam, wollte nur schlafen, leider nicht mit ihm. Die Geliebte schenkte ihm alle Zeit der Welt, bereitete sich auf die wenigen gemeinsamen Stunden mit ihm vor, war stets voller Leidenschaft.

In den Tagen nach diesem Crash kam Stewart oft gar nicht mehr nach Hause. Er wollte einfach nicht mehr.

Heute weiß ich es, wie gesagt, besser, aber damals war ich nicht bereit, einfach kampflos aufzugeben. Ich sagte ihm, wenn er bei mir war, wie sehr ich ihn liebe, wie sehr ich ihn brauche, versuchte seine Erinnerungen an unsere wunderbaren Reisen nach Bali oder die legendären November-Picknicks an der Nordsee wachzurufen, wo wir den Nebeln und der Kälte mit Glühwein und gegrillten Steaks trotzten. Ich flehte ihn an, erst mal zu einem gemeinsamen Freund zu ziehen und sich alles noch einmal in Ruhe zu überlegen.

Weil er kein Arschloch sein wollte, ließ er sich darauf ein, blieb sogar in der Wohnung und kam abends meist relativ pünktlich nach Hause. Wir spielten am PC unser Lieblingsspiel »Anno 1602« oder gingen ins Kino, fuhren am Wochenende mit unseren Rollerblades die Mosel entlang und tranken unterwegs einen Schoppen von unserem Lieblingswein. Es war ein einziger Krampf. Er wollte das alles nicht, und ich spürte das.

In solch einer Situation kann man keinen Mann halten. Anstatt um ihn zu buhlen, hätte ich diese Zeit für mein eigenes Leben nutzen sollen und mir damit viele Demütigungen erspart.

Wenn er sich abends noch einmal rasierte und ein frisches Hemd überzog, bevor er ging, war mir klar, dass er mit ihr ein Date hatte. Ich kenne Paare, die sich so was ewig antun, aber das ist die Hölle. Vor allem, wenn man anderen heile Welt vorspielt, anstatt die Wahrheit zu sagen, um Hilfe zu bitten.

Ich log vor all unseren Freunden, vor meinen Eltern das Blaue vom Himmel. Wenn überraschend Besuch kam, um mit uns eine Pina Colada zu mixen oder »outburst« zu spielen, erfand ich Dienstreisen nach London oder ein nächtliches Brainstorming mit seinen Chefs.

Auch bei mir in der Agentur tat ich so, als wäre mit uns alles in Ordnung. Zuerst beneideten mich meine Kollegen, weil die angebliche Frühjahrsdiät bei mir so gut anschlug. Später machten sie sich Sorgen, weil sie fanden, dass ich übertreibe: »Musst du wirklich von M runter auf XXXXS?«

Das würde ich nie wieder tun – alles verheimlichen. Das kostet zuviel Kraft. Erst zu Hause bin ich dann regelmäßig zusammengebrochen. Aber damals schämte ich mich, eine Verlassene zu sein. Das war für mich ein Makel.

Kurz vor der Selbstaufgabe schmiss ich ihn raus und litt wie ein Köter. Ich hatte keine Wahl, denn wenn der andere spürt, da wird noch um ihn gekämpft, reizt er das aus. Erst wenn die Tür hinter ihm zufällt, fängt er an zu grübeln, denn der Alltag kommt auch in der neuen Beziehung irgendwann mit Macht. Meist allerdings erst zu einem Zeitpunkt, wo es für die andere Beziehung schon längst zu spät ist. Ich glaube nicht, dass ich Sehnsüchte nach seiner Rückkehr im Hinterkopf hatte, als ich einen Schlussstrich unter unser gemeinsames Leben zog. Oder doch? Ich weiß es nicht mehr.

Die Gütertrennung ging schnell über die Bühne. Er ließ mir den Tisch und das Bett und nahm dafür das Cabrio. Einmal saß ich an einem schönen Sommertag im Bus und bekam tiefe Falten um die Mundwinkel, als ich daran dachte, dass SIE jetzt vielleicht neben ihm in unserem Auto sitzt und ihre blonden Haare im Wind flattern lässt. Ich war ganz in meinen Kummer versunken, als mir ein Mann vom Sitz gegenüber plötzlich einen Zettel reichte, auf dem stand: »Das, was Sie jetzt gerade durchleben, habe ich gerade hinter mir.« Die Tränen liefen mir über das Gesicht. Als keine mehr übrig war, sagte ich mir: Das kann so nicht weitergehen. Fang an, wieder zu leben. Es gibt nicht nur einen Mann auf der Welt, mit dem du glücklich sein kannst.

Ich begann erst einmal, die Möbel von einer Ecke in die andere zu schieben, kaufte mir neue Bettwäsche, wechselte die Agentur und ließ mich von Freunden einladen. Für ein neues Leben reichte das aber nicht aus. Also ging ich zum Friseur, ließ mir Strähnchen machen und kaufte mir Klamotten der achtziger Jahre. Die waren gerade Kult und kosteten ein Vermögen. Wenn es mir schlecht ging, gab ich viel zu viel Geld aus. Diesen Kaufzwang aus der Scheißzeit der Trennung bin ich bis heute nicht losgeworden.

Abends im Bett las ich diverse Ratgeber über die Kunst, den Mann fürs Leben zu finden, über die etwas gelassenere Art, sich durchzusetzen, warum Männer und Frauen so anders sind und versäumte in dieser Zeit mein eigenes Leben. Einmal war ich mit einem Typen verabredet, den meine beste Freundin als einen Sechser im Lotto bezeichnete. Kurz bevor ich ging, gab sie noch klare Anweisungen, wie ich mich zu verhalten hätte: »Sag ihm nach einer Stunde, dass du nun leider einen anderen wichtigen Termin hast, bezahle deinen Kaffee und geh, egal wie gut du dich auch gerade mit ihm unterhältst. Dann hat er das Gefühl, dass du eine Frau bist, um die es sich zu kämpfen lohnt.« Er war wohl kein Kämpfer. Jedenfalls hörte ich nie wieder etwas von ihm. Später fand ich diese Anleitung zum Glücklichsein auch in einer Frauenzeitschrift. Gibt es Frauen, die sich daran halten? Vielleicht bin ich altmodisch, aber ich denke immer noch, dass es besser ist, einfach so zu sein, wie man wirklich ist. Ich kann doch nicht die Introvertierte spielen, wenn mir das Herz auf der Zunge liegt. So eine Rolle hält niemand ein Leben lang durch. Und wenn ich mit einem gern reden will, dann stehe ich nicht nach einer Stunde auf, um mein Image dadurch aufzupolieren. Mich gibt es nur eins zu eins.

Die ersten Männer, denen ich nach Stewart begegnete, fand ich langweilig. Logisch, denn ich liebte ihn noch, war von ihm und den Erinnerungen an unsere gemeinsamen Jahre total besetzt. Keiner hatte eine Chance, an mich heranzukommen, obwohl ich Sehnsucht nach einem neuen Lebensabschnittsgefährten hatte. Weiter traute ich mich gar nicht zu denken.

Meine Mutter gab mir hin und wieder auch gute Ratschläge: »Mach jetzt nur nichts auf Krampf. Männer sehen, wenn man auf der Suche ist. Das steht dir wie ein Kainsmal auf der Stirn und schreckt sie ab.«

Also hämmerte ich mir ein: Versuch nicht, irgendetwas zu erzwingen, lebe dein Leben, wie es ist. Inzwischen fiel mir das Alleinsein auch nicht mehr ganz so schwer. Das geht schneller, als man denkt, denn es hat auch seine Vorteile. Man kann ins Bett gehen, wann man will, nachts um drei das Licht anmachen, um zu lesen, den ganzen Tag in Jogginghosen in der Wohnung rumrennen und Schokolade futtern ohne Ende. Was wäre die Welt ohne Männer? Lauter dicke glückliche Frauen.

Manchmal ging ich trotzdem alleine ins Kino oder ins Theater und hoffte im Hinterkopf: Vielleicht lernst du ja heute jemanden kennen. Ich wünschte es mir sehr, denn die Zeit mit Stewart war für mich schön. So was in der Art wollte ich wieder haben.

Den ersten lernte ich im Herbst kennen, als ich versuchte, einen selbst gebauten Drachen steigen zu lassen. Der Typ sah aus wie Hugh Grant mit der Figur von Bruce Willis, sagte aber statt »dass« immer »damit«: »Wissen Sie, damit Sie sehr schöne

Augen haben?« Die ersten vierzehn Tage fand ich das niedlich, nach weiteren zwei Wochen tödlich. Irgendwann hätte ich ihn deshalb umgebracht. Spätestens beim Tranchieren der Gans am ersten Weihnachtsfeiertag. Ich entschied, mich von ihm zu trennen, und das war sicher auch gut so.

Der zweite besaß eine große Tochter und einen wunderschönen großen Garten, und das erste, was er mir schenkte, waren so derbe Bauarbeiterhandschuhe, damit ich mir beim Heckenschneiden nicht weh tue.

Als ich spürte, dass das mit uns dreien, also seiner Tochter, mir und ihm, niemals gut gehen könnte, wurde ich ziemlich grantig zu ihm. Weil er zusehends unter meinen Launen litt, kapitulierte er schließlich und widmete seine ganze Liebe wieder den Bauernrosen.

Nachträglich fand ich mich allerdings ganz schön arrogant deshalb. Ich war gerade mit meiner besten Freundin Tamara bummeln, und als ich mir in einer dieser legendären Umkleidekabinen mit Flutlicht ein Kleid aus hellblauer Seide überstreifte, sah ich plötzlich so kleine Dellen auf meinem Oberschenkel. »Was ist das denn?«, fragte ich erschrocken und untersuchte sie eingehend. Und Tamara sagte: »Man nennt es Orangenhaut.«

Bei einem Eisbecher mit Sahne beschlossen wir, uns davon nicht in Panik versetzen zu lassen. Die Jahre, die man gelebt hat, hinterlassen eben ihre Spuren, und gestandene Mannsbilder wissen das. Auch, dass Frauen irgendwann Falten und ein kleines Bäuchlein bekommen. Das schreckt sie nicht ab. Wenn man älter wird, rückt die Sexualität sowieso an die zweite Stelle.

Vor sechs Monaten saß ich wieder mal im Bus, unterwegs zu meiner Mutter, und las in einem Buch mit dem Titel »Die sexuellen Phantasien der Kohlmeisen«. Auf Seite 35 fand ich sieben Sätze, die die Gedanken des Lebenspartners auf Geschlechtsverkehr lenken sollen: »1. Ich habe keine Kopfschmerzen. 2. Ich will ein Kind von Dir. 3. Du tust grade so, als wären wir verheiratet. 4. Die Sieberts machen es auch. 5. Wir werden schließlich dafür bezahlt. 6. Die Leute gucken schon.«

In diesem Augenblick spürte ich, dass tatsächlich einer guckt. Es war der Mann von damals, der mir den Zettel mit den Worten: »Das, was Sie jetzt gerade durchleben, habe ich gerade hinter mir.« in die Hand gedrückt hatte.

Er besaß dieses Buch auch und fand es sehr komisch.

Vor allem die fünf Sätze, die Frisöre zur Weißglut bringen. Der Favorit lautet: »Ich hab's mir überlegt – so sind sie mir jetzt doch zu kurz.«

Meine Haare fand er gerade richtig – schön lang. Ich hoffe, so wird auch unsere Beziehung. Schön lang.

Es war eine unglaubliche
Gier zwischen uns

Susanne, 34, Lehrerin

Rad ab!« – Das sage ich heute, wenn ich daran denke, wie lange ich Jens hörig war. Aber hinterher ist man immer schlauer. Damals hätte es nicht mal Sigmund Freud geschafft, mir klar zu machen, mit was für einem Scheißkerl ich da zusammenlebe. Eine Zeit lang aber gab er mir das Gefühl, das schönste, das erotischste, das klügste Wesen im ganzen Land zu sein. Er behandelte mich wie eine Königin. Dafür habe ich ihn geliebt.

Jens war 20, ich 19, als wir uns kennen lernten. Wir begannen beide, in Halle an der Saale Musik und Germanistik zu studieren. Jens und ein anderer waren die einzigen Männer in unserer Seminargruppe, die ansonsten aus hausbackenen Landfrauen bestand. Annette, eine meiner Kommilitoninnen, und ich kamen aus Berlin. Wir teilten uns im Studentenwohnheim ein Zimmer, und am ersten Abend kamen die beiden Jungs in unser Quartier und brachten uns ein Ständchen dar. Das haute uns um.

Jens machte sich sofort auf meinem Bett und in meinem Leben breit, wurde quasi zum Bestandteil des Zimmers. Wo dieser Mann auftauchte, waren alle glücklich. Sein Spaß am Leben war ansteckend. Jens stammte aus einem kleinen Dorf, wo er der King war, weil er als Einziger den Absprung in die große weite Welt geschafft hatte. Für einen aus Posemuckel war Halle das. Damals jedenfalls.

Er ließ mich keine Sekunde im Unklaren darüber, dass er in festen Händen war. Petra, seine Freundin, erwartete ein Kind von ihm, und er war entschlossen, dafür die Verantwortung zu übernehmen. Die Hochzeit der beiden fand wenige Wochen nach Studienbeginn statt, obwohl Jens und ich längst Tisch und Bett miteinander teilten. Zwischen Polterabend und Standesamt kam er noch schnell auf einen Sprung bei mir vorbei. Das kann man tatsächlich wörtlich nehmen.

Er wohnte nach der Vermählung mit seiner Frau in einem Familienwohnheim gleich um die Ecke. Sie und ich, wir begegneten uns unentwegt, aber mich quälten keinerlei Schuldgefühle. Bevor er ihr sein Jawort gab, hatte ich ihn gefragt, wie es danach mit uns weitergehen soll. Er sah das völlig problemlos: »Petra weiß, dass es dich gibt, dass du zu meinem Leben dazugehörst, und ich nur so und nicht anders leben kann. Sie akzeptiert das.« Ich hatte meinen Freund, einen Maler, längst für Jens verlassen. Jens war wie eine Droge für mich – ohne ihn lief bei mir gar nichts. Andere Männer interessierten mich nicht mehr. Früher hatte ich sie mir immer ausgesucht. Ich holte sie mir, wenn mir danach war, und schob sie weg, wenn ich genug hatte. Jetzt war ich die Schwache, er der Starke. Das war eine völlig neue Rolle für mich. Meine Mutter war entsetzt, als sie davon erfuhr, und warnte mich: »Das mit diesem Jens kann nur schief gehen.«

Doch er kreiste um mich wie ein Adler um seine Beute. Wenn seine Frau zu ihren Eltern nach Hause fuhr, trafen wir uns bei mir im Bett. Der Sex mit ihm war berauschend. Mein Ex-Freund gehörte zu den sehr sanften, behutsamen, einfühlsamen Liebhabern. Jens war ein Schwein. Er trieb es überall mit mir – im Park, im Kino, auf dem Damenklo unserer Lieblingskneipe. Er wollte mich von vorne, von hinten, anal, oral, flüsterte mir dabei wüste Sauereien ins Ohr und gab mir Tiernamen. Es war eine unglaubliche Gier zwischen uns – tausend Prozent. Das blieb so bis zum Schluss, auch, als er schon mit anderen Weibern schlief. Die meisten Frauen ekeln sich vor ihren Männern, wenn sie fremdvögeln – mich ekelte es nicht. Für mich waren seine Affären wie ein Kitzel. Vielleicht, weil ich immer noch toller sein wollte als all die anderen. Keine Ahnung, wie viele er in all den Jahren außer mir flachlegte.

Einmal im Jahr fuhren wir für drei Tage nach Budapest, um ganz für uns allein zu sein. So war es auch im September 1989. Wir trafen uns unterwegs im Zug, und ich staunte: »Jens, warum hast du so eine große Tasche?« In Budapest verriet er mir den Grund: »Ich habe keinen Bock mehr auf diesen verblödeten Bonzenstaat DDR. Die Schlauen hauen sowieso grad alle ab. Und ich will nicht der Letzte sein, der das Licht ausmacht. Komm mit, wenn du willst.«

Ich fiel aus allen Wolken. Über eine Flucht in den Westen hatten wir nie geredet. Was sollten wir da auch – ohne Geld, ohne Ausbildung, ohne den geringsten Schimmer von Marktwirtschaft? Ich heulte bei dem Gedanken, vielleicht meine Mutter, meine beste Freundin Annette und all die anderen, die ich liebte, nie wieder zu sehen. Wie würden sie über mich denken, wenn ich mich so sang- und klanglos davon mache?

Jens redete auf einer Bank in diesem zugigen, lärmenden Bahnhof zwei Stunden auf mich ein. Er drängte mich, mit ihm zu gehen. Schließlich stiegen wir in ein Taxi und fuhren an die österreichische Grenze. Ich hatte meinen Personalausweis und zweimal Unterwäsche dabei. Ein bisschen tröstete mich, dass meine ganze Verwandtschaft im Westen lebte – irgendwie würde es schon weitergehen.

Hinter der Grenze begrüßte uns das Rote Kreuz mit einem »Bounty« und dem Ruf: »Willkommen in der Freiheit.« Wir mussten bei Kaffee und Kuchen so lange warten, bis genug Grenzgänger beisammen waren. Wenn der Bus voll war, ging es nach Wien. Dort bekamen wir ein Hotelzimmer und einen Termin in der deutschen Botschaft. Zwei Tage später sollten wir mit dem Zug nach Düsseldorf fahren. Auf dem Bahnsteig standen lauter Kisten mit Klamotten, aus denen sich jeder bedienen konnte. Die DDR-Leute hauten ihr altes Zeug in die Tonne und stopften Jeans, Shirts, Steppjacken und Turnschuhe großer Firmen in ihre Koffer und Taschen. Es war Wahnsinn. Wir saßen in einem Waggon, auf dem mit Kreide geschrieben stand: DDR-Flüchtlinge. Im Zug gab es ein Voll-Catering mit Sesambrötchen, Frankfurter Würstchen, Leibnizkeksen und Bananen. Susannes erste Banane. Und zu Hause wusste keiner, wo ich bin.

Als wir im Zentralen Aufnahmelager Schöpping ankamen, drehte gerade ein Fernsehteam. Am Abend war im Ersten zu sehen, wie lauter Ossis in Stonewashedjeans ihre Arme in die Luft reißen und sich den Geruch der Freiheit durch die Nase ziehen. Ein Freund von mir entdeckte mich unter den Massen und sagte meinen Eltern Bescheid. Einen Tag später stand die Stasi bei ihnen vor der Tür.

Wir blieben nur kurze Zeit in diesem Aufnahmelager, zogen dann zu meiner Tante nach Essen, später in ein Studentenwohnheim. Alle interessierten sich für uns, denn wir waren die Ersten aus dem Osten, die in Essen aufschlugen. Wir erlebten eine tolle Zeit. Alles war neu, aufregend, grenzenlos. Das hat uns sehr zusammengeschweißt.

Ich begann sofort wieder zu studieren. Alles wie gehabt – Germanistik und Musik. Jens wollte erst einmal Geld verdienen, jobbte bis zum Frühjahr 1990 bei Karstadt. Dann kam er wieder mit zur Uni. Innerhalb kürzester Zeit war er bekannt wie ein bunter Hund. Vor allem durch seine Musik. Er galt als der »Max Raabe von Essen«, weil er die Schlager der 20er Jahre perfekt singen und spielen konnte. Wenn er zur Tür reinkam, war der Raum voll. Alle liebten ihn, vor allem die Frauen.

Sabine, eine Studentin aus unserem Wohnheim, war die Erste, die seinem Charme erlag. Er machte kein Geheimnis aus seinem Verhältnis mit ihr. Eines Tages setzte er sich in den Sessel, zog sich frische Socken an und sagte: »Ich gehe jetzt zu

Sabine. Das ist nun so, und du musst dir überlegen, ob du damit leben kannst.« Äußerlich nahm ich es gelassen, weil ich wusste, dass er wiederkommen würde – ich hielt mich für was Besseres als diese Tussis in seinem Schlepptau. Innerlich gefror ich allerdings zum Eisblock und geriet in einen wahren Kaufrausch. Ich zog durch die nobelsten Boutiquen, kaufte mir jeden Tag neue Fummel – Blusen, Röcke, Hosen, Kleider, halterlose Strümpfe, Bodys –, um schöner als alle anderen zu sein.

Ein schleichender Selbstauflösungsprozess begann, denn ich fing an, mein Leben nach seinem Terminplan zu gestalten. Da ich immer so ungefähr wusste, wann er nach Hause kommt, begann ich mich drei Stunden vorher zurechtzumachen. Ich badete, bürstete und salbte meine Haut, lackierte mir die Nägel, schminkte mich. Wenn ich seinen Schlüssel im Schloss hörte, stand ich schon an der Tür – schön wie Schneewittchen mit blonden Haaren – und sagte: »Tut mir leid, ich muss jetzt weg.« Ich tat das nur, um ihm zu zeigen, wie unabhängig ich von ihm bin. Es war die reinste Fassade. In Wahrheit buhlte ich so um ihn, weil ich nie flehen wollte: Geh nicht weg, bleib bei mir.

Seine nächste Flamme war die schöne Julia aus Italien, eine Referentin bei der UNO. Die war knapp einssechzig, und ich dachte auch bei ihr, ich wäre ihr überlegen. Ich lernte sie auf einer Party kennen, und als ich sie sah, sagte ich zu Jens: »Guck mal, diese Julia ist ja auch so eine hmhmhm.« Da nahm er mich in die Arme und drückte mich. Ich wusste, was er denkt: »Im Moment gehört diese Frau zu meinem Leben. Ich kann nichts dafür, die Situation ist eben so. Das musst du akzeptieren.«

Andere können sicher nicht verstehen, wie ich mir das so lange bieten lassen konnte. Ich verglich mich immer mit einer Kommode voller Schubladen, von denen ich die größte bin. Deshalb fühlte ich mich immer noch als Königin. Wenn Jens eine dieser Schublade aufmacht, interessiert er sich nur für das, was da drinnen liegt. Alle anderen sind geschlossen. Doch dann macht er sie wieder zu, und die nächste ist dran. Er ist völlig situativ.

Im Sommer 1991 verkündete er mir, dass er ein paar Tage mit Freunden über Land fahren würde, aber mir war klar, wer seine wirkliche Reisegefährtin war: Julia. Und er wusste, dass ich es weiß, und ging davon aus, dass ich auch diese Kröte schlucken würde. Seine Anforderungen an unser Zusammenleben waren immer noch die gleichen: »Wir sind ein Paar, aber nur, wenn ich meine eigenen Wege gehen kann. Ich lasse mich von niemandem einengen, auch nicht von dir.«

Als er von dieser Reise zurückkam, machte ich ihm das erste Mal eine Szene. Er packte nämlich seine Tasche aus und legte mir die schmutzige Wäsche wie üblich ins Bad. Darunter waren zwei Bettlaken – ganz offensichtlich vom Liebeslager der beiden. Das war grauenhaft, geschmacklos, aber ich brachte nicht die Kraft auf, mich von ihm zu trennen. Nur von mir hatte ich mich längst getrennt. Ich fand mich bescheuert und machte trotzdem weiter.

Seine Nächste war wieder eine Studentin aus Essen, die bei McDonald's jobbte. Ich fuhr dorthin, um ihr einen Big Mac ins Gesicht zu schmeißen, aber dann habe ich ihn lieber gegessen.

Als er nachts von ihr nach Hause kam, fragte ich ihn: »Was willst du denn von der?« Und er antwortete routinemäßig: »Das ist jetzt eben so. Im Moment gehört sie zu meinem Leben dazu. Du musst dich jetzt entscheiden, ob du das aushältst oder lieber ausziehst.«

Und was wollte ich? Mit ihm vögeln! Ich stürzte mich überfallartig auf ihn, riss ihm die Kleider vom Leib, biss ihm fast ein Ohr ab. Nach zwei Stunden lag er schweißüberströmt neben mir, war mir wieder total verfallen. In diesem Moment fühlte ich mich als Siegerin und sagte mir: »Hab dich nicht so. Lass ihm seine Freiräume, dann bleibt er für immer bei dir.«

Danach blieb er nachts wieder oft weg, und wenn er am nächsten Morgen nach Hause kam, stand er mit Brötchen vor der Tür. Er war völlig locker und entspannt, und ich habe kiloweise Baldrian geschluckt, um die Nächte ohne ihn auszuhalten.

Wie schon gesagt: Rad ab!

Um meinen Kummer wenigstens für kurze Zeit verdrängen zu können, telefonierte ich oft mit meinem Cousin, der in Stuttgart studierte. Mit dem hatte ich dann ein Verhältnis. Keine Ahnung, warum. Er bedeutete mir nichts. Vielleicht, weil ich das verrucht fand – mit dem eigenen Cousin. Jens bekam das mit, äußerte sich aber nicht dazu. Ich wusste wie immer, was er denkt: »Wenn du dich so wohl fühlst, ist das okay.«

Meine Gedanken kreisten aber nur um Jens. Wenn er kam, wollte ich weiterhin topp aussehen. Wenn er ging, fuhr ich ihm hinterher, um zu sehen, was er vorhat, mit wem er sich trifft. Ich wollte wissen, wer seine Freundinnen sind, wie sie aussehen, wie sie leben. Ich stand völlig neben mir, war nur damit beschäftigt, Jens' Leben zu verfolgen. Für mich blieb keine Zeit. Heimlich hörte ich seinen Anrufbeantworter ab, der in seinem Zimmer stand, und fand mich abgrundtief ätzend dabei. Ich klammerte mich an alles, was wir zusammen machten. Wir sangen beide im Gospel-Chor. Während der Prüfungszeiten paukten wir gemeinsam. Da hab' ich ihn an mich gezogen. Abends kochte ich für ihn, und wenn er nach Hause kam, hoffte ich, dass er überhaupt was isst, nicht gleich wieder geht. Dann hatte ich wieder eine halbe Stunde Jens ergattert. Wenn er zu seinen Eltern fuhr, nahm er mich jedes Mal mit und sagte: »Du wirst immer meine Nummer eins sein.«

Ich hing so an ihm. Sicher auch, weil ich mit dem Leben im Westen nicht klar kam. Ich fühlte mich fremd, allein, bedeutungslos. Meine Freunde, die mich mochten, wie ich bin, lebten in Berlin. In Essen fand ich keine. Meine Kommilitonen machten alle das Gleiche wie ich: die studierten, spielten ein Instrument, machten Musik. Ich leistete also nichts Besonderes. Da waren auch Kindheitsmuster, die mich nicht losließen.

Meine Eltern haben mich stets niedergemacht. Für sie war ich eine eitle Pute mit Stroh im Kopf. Die beiden forderten unentwegt Leistung, die ich auch brachte, aber sie honorierten sie nie. Natürlich war ich glücklich, als Jens mich dann so toll fand. Er war der Mann, der mich neben sich haben wollte.

Doch irgendwann war ich nicht mehr bereit, dafür mit totaler Selbstaufgabe zu zahlen. Mein einziger Lichtblick war: Nach dem Studium gehst du zurück nach Berlin, trennst dich von Jens, damit du nicht vor die Hunde gehst.

1993 war es soweit – ich packte meine Sachen, Jens brachte sie mir nach Berlin, und fuhr zurück nach Essen. Meine Ostweiber hatten inzwischen ihre Westmänner kennen gelernt, und die Zeit der Partys begann.

Auf einer lernte ich Peter, meinen jetzigen Mann, kennen. Er saß bei meiner Freundin auf dem Sofa, und als ich ihn sah, wusste ich: Das ist er! Genau das fühlte er auch. Jens war mir auf der Stelle egal. Ich war frei, frei, frei. Der absolute Endpunkt unserer Beziehung war für mich erreicht. Jens besoff sich, als ich mich von ihm trennte, lag k.o. am Boden. Es war mir egal. Einen Triumph empfand ich nicht.

Peter ist das absolute Gegenteil von Jens – ausgeglichen, ruhig, introvertiert. Ein Mann, der sehr viel Zeit für sich braucht. Das ist mir sehr recht, denn mein Level an Aufregung ist bedient. Dafür sorgen jetzt unsere beiden Kinder. Peter und ich lassen uns trotzdem Freiräume – aber immer im Rahmen, ohne Auffälligkeiten. Ich bin glücklich und voller Harmonie.

Warum hast du mit meinem Leben bezahlt?

Desiré, 35, Apothekerin

Seitdem mich Frederik verlassen hat, stehen die Männer bei mir Schlange. Darunter ist auch einer, den ich schon kannte, bevor ich mein erstes Kind bekam. Der sagte neulich zu mir: »Deine drei Prachtstücke hättest du auch von mir haben können, denn ich wollte dich schon vor zehn Jahren heiraten.«

Wäre mit ihm alles besser gelaufen? Hätte er mir mehr Glück gebracht? Doch ich beginne am besten von vorne.

Der 17. April 1994 war ein Tag, an dem ich allen Grund hatte zu feiern. Zwei Jahre zuvor hatte ich meine eigene Apotheke eröffnet, die sehr gut lief. Als der Umbau noch im vollen Gange war, fand ich ein paar Straßen weiter eine Wohnung mit großer Dachterrasse und baute auch die aus – mit wunderschönen italienischen Fliesen und allem Drum und Dran. Ich hatte Power für zehn. Als am 11. April der letzte Handwerker sein Zeug zusammenpackte, hatte ich Lust auf eine Party und lud Gott und die Welt dazu ein. Meine beste Freundin half mir bei den Vorbereitungen. Wir waren richtig gut drauf. Auch mein Freund Werner, mit dem ich seit neun Jahren zusammenlebte.

Auf dieser besagten Party kreuzte er mit einem Typen aus dem Ruhrpott auf, den ich noch nie zuvor gesehen hatte. Er hieß Frederik. Als er kam, wollten wir uns gerade ein Video vom aktuellen Partygeschehen anschauen, aber irgendwie funktionierte der Recorder nicht. Frederik machte eine wahnsinnige Welle, behauptete dreist, sich mit dieser Technik bestens auszukennen, brachte aber mit seinem dilettantischen Gefummle vor den Augen der gesamten Partygesellschaft alles zum Einsturz. Ich hatte den denkbar schlechtesten Eindruck von ihm. Der verhärtete sich noch, als er mir Minuten später gleich um die Taille griff. Ich wollte Abstand, er Hautkontakt. Ich gefiel ihm, das sah man – er stand auf quirlige, selbstbewusste Frauen mit frechen kurzen Haaren.

Vierzehn Tage später stieg die nächste Party, denn mein damaliger Freund feierte seinen 30. Geburtstag. Auch Frederik aus dem Ruhrpott gehörte zu den Gratulanten.

Ich verließ die Party dann frühzeitig – mit Frederik. Es hatte gefunkt zwischen uns, irgendwie schien nach vierzehn Tagen Telefonterror doch alles zu passen. Für Werner war das eine ganz harte Nummer. Er wünschte sich seit fünf Jahren ein Kind von mir, ich aber nicht. Mit Frederik lief das alles ganz anders. Nach fünf Wochen war ich von ihm schwanger, und es war kein Unfall.

Ich hatte Werner mit achtzehn kennen gelernt, aber er war längst nicht mehr die pralle Nummer. Früher war ich die Dumme und er der tolle Geschäftsmann, den alle bewunderten. Doch das Blatt hatte sich gewendet. Auf einmal war ich es, die wusste, wie und wohin der Hase läuft. Bei Werner war der Dampf raus. Er ließ sich hängen, lehnte meine Hilfe ab.

Frederik dagegen faszinierte mich – er war jung, dynamisch, erfolgreich. Er strotzte vor Energie. Wir standen so unter Saft, das musste alles irgendwohin. Jeder, der uns sah, war neidisch auf unser Glück. Und dann bekamen wir auch noch dieses wunderbare Kind, eine Tochter – ohne Versprechen, ohne Ehevertrag. Meine geliebte Selbstverständlichkeit des Seins.

So wie es anfing, ging es weiter mit uns – grandios. Meine Apotheke boomte, ich arbeitete sowohl schwanger als auch mit Kind acht Stunden am Tag, Frederik war sehr erfolgreich in seinem Job, wir hatten gute Freunde, unternahmen viel zusammen.

Im Juni 1997 bekam ich unser zweites Kind. Es war ein Junge. Ein Wunschkind. Diese Schwangerschaft verlief zwar nicht mehr ganz so easy wie die erste, aber alles ging gut. Gleich nach der Geburt spürte ich wieder ganz viel Kraft in mir, wollte jetzt nur schon vor Mitternacht im Bett sein und nicht mehr auf jede Party. Schon deshalb, weil der Haushalt, die Apotheke und die Kinder allein mein Ding waren. Frederik kam und ging, wie er wollte. Und auch wenn er sich erst im Morgengrauen zu mir legte – die Lust aufeinander war ungebrochen.

Ein bisschen hätten wir nach dem Abstillen unseres Sohnes warten müssen, denn ich war vier Wochen danach noch ungeschützt. Aber weil wir nicht voneinander lassen konnten, passierte es ein drittes Mal – ich war wieder schwanger.

Zwölf Wochen redete er auf mich ein, diesmal doch bitte abzutreiben. Für mich gab es dafür keinen Grund der Welt. Wer zwei Kinder hat, kann auch ein drittes großziehen. Frederik sah das anders. Er wollte endlich mal wieder durchschlafen, keine Stinkewindeln mehr entsorgen. Von da an verschwand aus unserem Leben die Leichtigkeit. Frederik akzeptierte zwar meine Entscheidung, aber ich musste dafür einen hohen Preis bezahlen. Als 1999 unser drittes Kind, eine Tochter, zur Welt kam, kehrte ich mit einer verschleppten Lungenentzündung aus dem Krankenhaus zurück und er war fast nur noch allein unterwegs. Ich schmiss wie immer den Rest.

Ein halbes Jahr später bekam er dann ein lukratives Angebot für einen Spitzenjob in Essen. Er nahm es an. Ich war einverstanden, denn ich wusste, wie wichtig der Posten für ihn war. Ich sagte ihm: »Guck einfach, ob dir die Arbeit dort Spaß macht, dann sehen wir weiter. Was sein soll, das geht.«

Weil der Job wie maßgeschneidert für ihn war, lebten wir ab April diese berühmte Wochenendbeziehung. Franziska war gerade neun Monate alt. Er flog Montag früh nach Essen, kam Freitagabend zurück und musste sich um uns überhaupt keine Sorgen machen – alles lief bestens.

Frederik hatte von der Firma eine bezahlte, möblierte Vier-Zimmer-Wohnung und Heimflüge für zwei Jahre bekommen. Nach ein paar Monaten fragten ihn seine Chefs allerdings, warum er seine Familie nicht nachholt. Die befürchteten, dass er sich durch die komplizierten Familienverhältnisse nicht richtig auf seine Arbeit konzentrieren kann. Außerdem fanden sie es befremdend, dass wir trotz der drei Kinder nicht verheiratet waren.

Das Thema Hochzeit stand jedes Jahr zu Weihnachten auf der Tagesordnung. Es gehört wohl zur heilen Welt des Katholiken. Sein Vater wünschte sich von mir, unsere Trauung noch erleben zu dürfen. Ich kämpfte also gegen meine Hochzeits-Phobie, von der ich nicht weiß, woher ich sie habe, und sagte mir: Okay, du hast mit diesem Mann drei Kinder und kommst sowieso nicht mehr von ihm los – warum hast du noch immer diese Angst zu heiraten? Das Schlimmste haben wir eh hinter uns.

Im Februar 2001 mieteten wir für ein Sommerwochenende ein ganzes Schloss in schönster Lage und orderten für unsere geplanten hundert Gäste Champagner für zwei Tage. Für die Kinder engagierten wir einen Zauberer und ein paar Ponys, für den stimmungsvollen Abend mit Candlelight-Dinner eine Sopranistin und Musiker für ein rauschendes Fest bis in den Morgen. Auf die Einladung schrieb ich: »Sieben wilde Jahre, drei wunderbare Kinder und nun das Happyend.«

Frederik fand das zu flapsig, ich sollte besser schreiben: »... und nun der wunderschönste Tag in unserem Leben.« Ich schickte sie aber trotzdem so raus. Als sich alle über den Text amüsierten, war natürlich er der Verfasser.

Ansonsten schien ihn nichts mehr zu freuen. Ich spürte – irgendwas stimmt nicht mehr zwischen uns. Und richtig, als ich an einem Wochenende nach dem Nachtdienst in der Apotheke unter seine Bettdecke schlüpfte, sagte er: »Wir müssen reden.« Dann schlief er aber ein ohne ein Wort herauszubringen.

Zuerst dachte ich, dass er wegen der Hochzeit Fracksausen hat, sich vor der Endgültigkeit fürchtet. Meine beste Freundin beruhigte mich: »Was zerbrichst du dir denn den Kopf – er wollte doch unbedingt heiraten. Nun muss er auch ein bisschen leiden.« Das tat er sichtlich. Er war in total schräger Stimmung, obwohl wir im Mai mit den Kindern ins Disneyland nach Paris fuhren und auf der Rückfahrt in Essen seinen Hochzeitsanzug kauften. Das Handy hatte ihn noch mehr im Griff als üblich. Natürlich rein geschäftlich.

Nach unserer Rückkehr begann er, erst samstags zu kommen und bereits am Sonntagabend nach Essen aufzubrechen. Einmal sagte er mir, bevor er ging: »Desiré, du bist so eine tolle Frau.« Dabei guckte er mich an wie eine Madonna in der Kirche, und ich spürte die Entfernung zwischen uns.

Als er ins Auto stieg, war ich mir ziemlich sicher: Der hat eine andere Frau. Am nächsten Tag rief er wie immer *very busy* an, aber ich ließ ihn nicht mehr aus dem Kreuzverhör, wollte die ganze, ungeschminkte Wahrheit hören, und das sofort.

»Nein, jetzt nicht. Nicht am Telefon«, sagte er. »Wenn ich es dir sage, dann will ich bei dir sein.«

Und ich: »Ich warte keine Sekunde mehr, ich will sofort wissen, was los ist. Das bist du mir schuldig.«

»Ich habe mich verliebt.«

»Du hast eine andere Frau?«

»Ich habe keine andere Frau, ich habe mich verliebt.«

Und was tat ich in diesem Moment? In mir drehte sich alles. Ich wusste nicht, was ich zuerst denken sollte in diesen Zehntelsekunden, in denen die graue Vorahnung – eher noch Intuition – zur gnadenlosen Wahrheit wird, und sagte: »Das stehen wir durch.« Ich war tatsächlich voller Optimismus, weil ich wusste: So was gehört zum Leben dazu. Nachdem ich aufgelegt hatte, überfielen mich meine Fragen: Wer ist sie? Wie lange geht das schon zwischen den beiden? Wieso jetzt, nachdem hundert Leute zu unserer Hochzeit zugesagt haben? Wie kann er das tun, Hochzeitseinladungen verschicken und fremdgehen? Ich konnte es einfach nicht begreifen, wollte reden. »Jetzt nicht«, sagte er wieder, »ich hab' schon so genug Stress.« Weil es die Woche vor Himmelfahrt sei und er so viel arbeiten müsse, könne er auch vor Freitag nicht nach Berlin kommen.

Ich sagte: »Du bist am Mittwochabend da – mit dem Flieger, dem Auto, der Bahn, dem Fahrrad oder zu Fuß –, oder du musst überhaupt nicht mehr kommen.«

Er kam. Ich holte ihn vom Flughafen ab – mit meinem Hochzeitshut auf dem Kopf und einem Brief in der Hand, weil ich schon geahnt hatte, dass ich keinen Ton herausbringen würde, wenn ich ihm gegenüberstehe. In dem Brief stand:

Berlin, den 22. Mai 2001

Frederikman!
Lass mich nicht eine tolle Frau sein, lass mich D E I N E Frau sein. In die du dich jeden Tag neu verliebst, die du brauchst, um am Morgen aufzustehen und deine Schlachten zu schlagen und zu der du zurückkehrst als Sieger oder Verwundeter. Eigenständig und verbündet, immer ein Teil von dir, ohne den der andere nicht leben kann.

Damit aus der Harmonie und der Stärke unserer Körper und Seelen diese drei wunderbaren Kinder ihren Geist und alle ihre Fähigkeiten entfalten, damit ihnen Flügel wachsen, mit denen sie zu neuen Welten fliegen und uns stolz zurücklassen.

Wer soll uns darin hindern – außer wir selbst?

Ich wünsche, hoffe und bete, dass wir jede meiner Tränen wert sind und weiß nicht, woher ich in der Stille, die nach den Tränen kommt, die Kraft nehmen soll, um weiterzuleben, um sie das Fliegen zu lehren – ohne dich.

Deine Desiré, die zugelassen hat, dass du s i e liebst.

Nachdem er ihn gelesen hatte, brach er neben mir zusammen.

Auf dem Weg nach Hause liefen uns stumm die Tränen übers Gesicht. Als die Kinder endlich schliefen, setzte ich mich auf die Couch und sagte: »Jetzt haben wir bis zum nächsten Morgen um 6 Uhr 30 Zeit, uns alles zu sagen. Danach läuft erst mal wieder das Kinderprogramm. Ich will nicht, dass sie das Geringste merken.«

Doch Frederik entzog sich mir, sagte, dass er auch mit der anderen Frau in Essen so viel Stress hätte und erst mal Luft holen müsse. Dann legte er sich in unser Bett und entschlummerte.

Während er schlief, tigerte ich die dritte Nacht schlaflos durch die Wohnung. Dabei fiel mir ein, was ich beim Friseur gerade in der Yellow Press gelesen hatte. Die Geschichte einer Frau, die nach dreißig glücklichen Ehejahren auf dem Handy ihres Mannes eine SMS seiner Geliebten entdeckte: »Träume süß, mein Liebster, mein feuriger Hengst – keiner ist im Bett so toll wie du.«

Diese SMS war harmlos gegenüber denen, die ich auf Frederiks Handy fand. Er hatte sie alle gespeichert. Ich checkte sie systematisch durch und fand so heraus, wer wann was an wen geschrieben hat. Und bei einem Spruch von ihm machte es *plink* bei mir: »Ich hab es getan für dich, für uns, für die größte Liebe meines Lebens.«

Okay. Nun wusste ich – das ist keine Liebelei. Frederik hatte die »Liebe seines Lebens« getroffen. Die eine, mit der er glücklich und alt werden wollte. Er hatte das Glück getroffen, auf das wir alle hoffen und das doch nur so wenigen widerfährt. Er konnte nichts dagegen tun. Er musste gehen, damit wir alle eines Tages wieder glücklich sein könnten. Das mit uns war schief gelaufen, aber wir würden es für die Kinder vernünftig regeln. Okay, dachte ich – sobald er wach ist, wird er mir sagen, dass er eine andere liebt, seine Sachen packen und gehen. Das hatte ich erwartet, das hätte ich akzeptiert. Damit hätte ich leben können.

Ich schrieb die SMS auf einen Zettel, legte sie neben sein Handy, und als er sie am Morgen fand, fragte er mich: »Wie kannst du so was machen, mir hinterherspionieren?«

Und ich antwortete ihm: »In so einer Situation habe ich alles Recht der Welt dazu.«

»Und«, fragte er, »stand da auch, dass ich dich nicht liebe?«

Mich traf der Schlag. Was für ein Schwachsinn. Als wüsste er nicht, dass es für mich nur ein Ja oder Nein gibt. Eine Entscheidung für sie oder für mich.

»Sorry«, sagte er, »wenn ich das wüsste, ginge es mir ja schon ein Stück besser. Die Geschichte mit ihr läuft ja erst seit ein paar Wochen.« Im Nachhinein passte alles zusammen. Sein permanenter Blick auf sein Handy in Paris, seine Gereiztheit mir und den Kindern gegenüber, die ich für Überarbeitung und Hin-und-her-Pendel-Stress hielt. Als ich ihn ein paar Wochen zuvor mit den Kindern in Essen besuchte, standen wir nach knapp 600 Kilometern Fahrt vor verschlossener Tür, und ich hatte den Kindern gegenüber nun wirklich keine Argumente mehr, warum ihr Vater ihnen in der Nacht um eins nicht die Tür öffnet. Der Frischverliebte hatte einfach unsere Ankunft vergessen, war mit ihr, Yvonne, einem Girlie von Anfang dreißig, in einer Bar. War es die Nacht, in der er ihr versprach, es mir endlich zu sagen? Das hatte sie nämlich von ihm verlangt. Die Frau wollte klare Verhältnisse, er vielleicht nur ein Verhältnis.

Nach zwei Wochen wurde mir bewusst, dass nicht Frederik, sondern ich den Konflikt lösen musste. Er würde erst zu einem Zeitpunkt begreifen, was er jetzt gerade tat, wenn es für mich zu spät war. Ich kämpfe nicht gegen die Götter und Geister der Liebe, wenn er sich nicht mehr vorstellen kann, dass es auch mit ihr am Ende Alltag wird. Nicht nach sieben Jahren, drei Kindern und unserer Leichtigkeit des Seins.

Als er am Sonntagabend abfuhr, hatten wir drei Tage geredet, und er sagte: »Gib mir vier Wochen Aufschub und blase die Hochzeit nicht ab. Es liegt mir so viel daran.« Ich wusste, dass er eine Atempause brauchte. In der folgenden Woche flog ich mit den Kindern eine Woche nach Tunesien, um Abstand zu gewinnen. Davor sagte ich ihm, dass ich nicht vier Wochen warten könne, wenn es um unser Leben geht. Ich gab ihm noch eine Woche Bedenkzeit. Wenn er sich für uns entschieden hätte, könnte er uns vom Flughafen abholen – oder eben nicht. Bevor wir losdüsten, rief ich seine Geliebte an und fragte, ob er wirklich eine Woche nicht bei ihr gewesen sei. Ich wollte nicht an eine Lüge glauben. »Ja, das stimmt«, sagte sie. Mehr wollte ich nicht hören und legte auf.

Trotzdem hatte ich dieses ungute Gefühl, war auch in Monastir völlig neben der Spur. Erst nach drei Tagen konnte ich wieder essen und schlafen. Ein Boy vom Hotel kümmerte sich rührend um mich und die Kinder, weil er meine Trauer spürte. Frederik mailte mir: »Das Liebste, das ich auf der Welt besitze, ist in Tunesien.« Worte, die mich über die Entfernung nicht beruhigten, sondern meine Unruhe noch schürten.

Wie sich später herausstellte, war seine Geliebte gerade unterwegs zu ihrer Freundin nach Hamburg, als wir miteinander telefonierten. Kaum hatte ich aufgelegt, rief sie ihn an, um ihn zur Rede zu stellen, und er flehte: »Sag mir, wo du bist, oder ich suche dich überall.« Dann fuhr er ihr über Pfingsten nach. Sie musste ihm versprechen, es mir nie zu erzählen. Als er uns nach einer Woche vom Flughafen abholte, war alles noch schlimmer als zuvor. Es stand ihm auf der Stirn geschrieben, was er mir nicht sagen konnte: »Ich habe ihr versprochen, euch zu verlassen.«

Ich sah ihn draußen im Transitraum stehen und betete: »Lieber Gott, lass unsere Koffer nie ankommen.«

Wir fuhren zusammen nach Hause, ich riss mich zusammen, und doch war für mich alles Weitere klar. Am nächsten Tag schrieb ich die Ausladungen zur Hochzeit, packte danach ein paar frische Sachen zusammen und brach mit unseren Sprösslingen still und heimlich nach Nürnberg auf. Er fiel aus allen

Wolken und suchte diesmal mich. Ich sagte ihm nicht, wo wir sind, nur: »Wir kommen erst wieder nach Hause, wenn du verschwunden bist.«

Er bat: »Das kannst du nicht tun, lass uns reden!«

Und ich: »Worüber sollen wir noch reden. Es ist alles gesagt. Man entscheidet auch, wenn man nichts tut.«

»Ich habe einen großen Fehler gemacht, aber ich bring das wieder in Ordnung!«

»Nein, das glaube ich nicht mehr, ich habe die Ausladungen schon geschrieben.«

Und er: »Glaub mir bitte – jetzt und hier, allein in unserer Wohnung, ohne dich und die Kinder, habe ich erst begriffen, was ihr mir bedeutet. Ich kann ohne euch nicht leben. Gib mir noch eine Chance.«

Und was dachte ich? Okay, noch eine Chance, dann gehen die Ausladungen raus. Unsere Gäste hatten Flüge gebucht, Kleider gekauft, Geschenke eingepackt. Die wollten Bescheid wissen. Noch 24 Stunden – die letzte Chance tickte, ohne dass er von dieser *Deadline* etwas erfuhr.

Doch der Amoklauf nahm kein Ende. Wer sich 24 Stunden nicht meldete, war Frederik, obwohl ich ja wusste, dass er mit ihr am nächsten Tag verabredet war, um alles zu klären. Kaum wiegte er sich in der Sicherheit einer erneuten Chance, begann er wieder zu schlingern. Am Telefon redete er sich heraus – er hätte keine Zeit gehabt, mit ihr zu sprechen, der Job wäre gerade in diesem Moment unberechenbar. Ich fragte ihn nicht mehr um Erlaubnis, als ich meinem besorgten Vater die Ausladungen zu meiner nie gewollten Hochzeit in die Hand drückte, sondern teilte ihm nur noch die Tatsachen mit: »Es ist entschieden, nun geht nichts mehr. Lass dir alle Zeit der Welt. Der Termindruck ist weg. Die Absagen sind im Briefkasten. Es tut mir leid, dass ich dir jetzt so einen zusätzlichen Stress bereite. Du wirst wohl in zwei Tagen einigen Leuten etwas erklären müssen.«

Er war völlig aufgelöst, schwor: »Ich trenne mich sofort von ihr, ich mach es schriftlich und schick dir die Mail, oder ich sag es ihr am Telefon und du kannst zuhören, damit du mir glaubst.« Und ich: »Mach, was du willst, aber nicht meinetwegen.«

Nun drehte er völlig durch, trennte sich am selben Abend von Yvonne, verkündete mir am Telefon den Vollzug und kam in der Nacht zurück zu mir nach Berlin. Wenig später rief seine Geliebte tief verletzt bei mir an und entschuldigte sich dafür, was sie mir angetan hätte. Dann fragte sie mich, ob ich Frederik denn nach all dem überhaupt noch verzeihen könne. Sie jedenfalls wolle ihn nie wiedersehen und hätte ihn rausgeschmissen. Ich antwortete: »Du Glückliche! Bei mir liegt der Fall ein bisschen anders. Er ist der Vater meiner Kinder. Ich werde ihn immer kennen. Und du hast mir nichts angetan. Mit dir hab ich kein Problem. Nur mit Frederik. Yvonnes gibt es Hunderttausende jeden Tag auf der ganzen Welt. Ein Drama wird es nur, wenn ein Vater von drei kleinen Kindern nach sieben Jahren nicht weiß, wo er hingehört. Er hatte das Paradies auf Erden. Er kann ohne uns nicht leben.«

Ihre Antwort war wie glühendes Eisen auf meine geschundene Seele: »Er liebt seine Kinder.«

Das Telefon klingelte dann unentwegt, weil unsere Gäste, von der geplatzten Hochzeit geschockt, wissen wollten, was denn los sei und ob sie mir irgendwie helfen könnten. Frederik sagte allen, dass er Mist gebaut hätte, aber nun wieder bei mir und den Kindern wäre. Ich glaube, nur deswegen ist er gekommen. Diese Situation hätte er an keinem anderen Ort der Welt überlebt. Nachdem alle Bescheid wussten und aufatmeten vor Erleichterung, ging er zurück zu Yvonne. Mal war er bei ihr, mal bei mir. Wir schliefen sogar noch miteinander. Nebenbei nahm ich acht Kilo ab und heulte wie ein Schlosshund. Für die Kinder war es Heuschnupfen. Ich konnte nicht verstehen, wieso er diesen Preis bezahlte, für eine Affäre ohne Zukunft –

die es meiner Meinung nach war. Wie konnte er das tun, wenn er nicht hundertprozentig sicher war? Wie sollte es aussehen, sein neues Leben mit ihr und ohne mich und seine Kinder? Er war doch nicht zum ersten Mal verliebt und wusste, dass bei jedem irgendwann wieder der Alltag einzieht. Aber mit größter Wahrscheinlichkeit ein schlechterer, als wir ihn jemals hatten. Warum warf er eine Beziehung weg, die die Kraft hatte, jeden Tag an jedem Ort der Welt von vorn anzufangen, alles zu ändern und alles zu bewahren? Und warum konnte er das einfach für mich mitentscheiden, mir mein Zuhause nehmen? Das Einzige, was mir in diesem Leben wichtig war. Nur weil er den Wert der Dinge, die er wegwarf, nicht kannte. Und warum musste er es so gnadenlos, so rücksichtslos tun, sodass ich jeden Respekt vor ihm verlieren würde? Warum ließ er mir nicht das letzte bisschen Kraft? Ich war ja immer noch die Mutter seiner Kinder, und wir mussten doch irgendwie über den Tag kommen. Er war ja sowieso nie da, er musste arbeiten. Dazu war ich nicht mehr in der Lage.

Ich begriff, dass wir keine Chance mehr hatten. Dass Männer Frauen verlassen, das wusste ich. Aber dass Frederik ohne Grund seine Kinder im Alter von zwei, vier und sechs Jahren für irgendeine fremde Frau im Stich ließ, das würde ich ihm nie verzeihen. Damit hatte er sich aus meinem Leben geschossen – irreparabel.

Aber das zu begreifen brauchte Zeit. Was mein Kopf längst intus hatte, konnte mein Bauch nur langsam verarbeiten. Ich kotzte Frederik wortwörtlich aus, jeden Tag, acht Wochen lang. Als ich beschloss, dass ich es nicht verstehen, sondern nur akzeptieren muss, ging es aufwärts. Ich schälte mich qualvoller als eine Schlange aus meiner Frederikman-Haut. Es musste ein Ende haben, aber ich wollte ganz sicher sein, alles versucht zu haben. Ich hatte die Verantwortung für drei kleine Kinder, denen ich in zehn Jahren vielleicht erklären müsste, warum sich im Jahre 2001 ihr Lebenslauf änderte.

Also konfrontierte ich ihn immer mehr mit der Entscheidung, schon lange nicht mehr glaubend, dass irgendwann alles gut wird.

Ich trieb ihn regelrecht in die Enge. Diese eine Entscheidung über das Leben von fünf Menschen wollte ich ihm nicht abnehmen. Er sollte es mir ins Gesicht sagen: eineindeutig, unumstößlich. Die Erlösung kam in der Nacht des 4. Juli – seitdem nicht nur der amerikanische, sondern auch mein ganz persönlicher Unabhängigkeitstag. An diesem Tag rief er mich aus ihrer Wohnung an, um mir zu sagen, dass er nicht zurückkommen könne und würde.

Er sprach es aus, das Unfassbare. Die Würfel waren endlich gefallen. Ich durfte mein altes Leben beenden, ich hatte alles versucht. Es war sein Entschluss, und ich musste ihn akzeptieren.

Dass er drei Tage später sagte, er hätte sich wohl nicht genug Zeit gelassen, weil er so unter Druck stand durch sie, war ohne Bedeutung für mich.

Ich wollte nur weg und Kräfte sammeln, fuhr mit den Kindern nach Österreich. Jetzt musste ich tatsächlich ganz allein geradestehen für drei kleine Kinder, meine Firma, mein neues Leben. Innerhalb der nächsten acht Wochen brauchte ich eine neue Wohnung, eine neue Schule für die Älteste und ein Aupair-Mädchen für alle drei.

Zwei Tage vor unserer Heimreise lernte ich dort einen Mann kennen, der mir zuhörte, mich zwei Nächte lang einfach nur streichelte und meine Tränen trocknete. Er war verheiratet und hatte zwei Kinder. Es war so furchtbar, ich hatte plötzlich die Seiten gewechselt und wollte das nicht. Ich wollte keine Geliebte sein. Aber durch ihn spürte ich mich endlich wieder, kam zurück ins Leben. Ich beschloss, die Gefühle für ihn zuzulassen, und sagte seiner Frau im Geiste: »Ich nehme ihn dir nicht weg, aber im Moment brauche ich ihn. Es geht nicht nur um mich. Ich muss leben für drei kleine Kinder.«

Es waren tatsächlich nur Momente, in denen es mir gut ging. Im Prinzip war ich vom 22. Mai bis zum 25. Juli tot. Nur die Tabletten in meinem Schreibtisch waren ein warmer Trost für mich, das alles auszuhalten, und wenn es meine Kräfte übersteigen würde, es nicht mehr tun zu müssen. Die letzte Entscheidung blieb ganz allein bei mir. Alles andere hatte er entschieden, auch für mich – ohne zu fragen. Um die Kinder machte ich mir keine Gedanken. Ich dachte: Die sind stark genug, wissen ganz genau, was sie wollen. Frederik müsste dann eben sehen, wie er mit ihnen klarkommt. Für mich gab es auch kein Dankeschön.

In wachen Augenblicken war ich entsetzt über mich selbst und meinen Todeskampf. Wieso konnte man mich so aus der Bahn werfen? Ich war ich und das kleine achtjährige Mädchen Desiré, das Scheidungskind, dessen Leben plötzlich aufhörte – mitten in allem –, als der Vater ging. Ich war damals völlig blockiert, brachte nichts mehr auf die Reihe. Drei Jahre brauchte ich, bis ich mich am eigenen Schopfe aus der Scheiße zog.

Ich musste die eigene Angst vor dem Ungewissen, das ich nicht wollte, aber das jetzt mein Schicksal war, aushalten, und die Angst davor, was diese Situation aus meinen Kindern macht, wenn sie nicht so stark wären wie ich. Ich habe Angst vor unzufriedenen, unglücklichen Menschen, die angeblich nie eine Chance hatten, weil ihre Mütter und Väter versagten. Ich könnte es nicht ertragen, wenn sie so würden.

Ich lag in meinen freien Stunden nur kraftlos im Bett, schlief und war froh, dass die Kinder wohlbehütet im Garten der Kita spielten. Mich quälten schwerste Depressionen, und ich wusste nicht, wie ich die Wochenenden mit den Kindern überstehen sollte. Ich hielt die Stellung, war aber eigentlich nicht da. Meine Todessehnsucht empfand ich als ein angenehmes, warmes Gefühl, denn ich dachte, dass nun nichts mehr kommt, was ich nicht schon erlebt hatte. Ich hatte keine Lust auf Wiederholungen, wollte nicht mehr vortanzen. Kaum jemand ahnte, was in mir vorging, weil ich auf alle einen blendenden Eindruck machte. Ich war die Powerfrau, die alles schafft. Es lief doch alles. Wirklich alles.

Im August traf ich mich mit Franz, dem Mann aus Österreich, für eine Nacht im Hotel, und wir schliefen das erste Mal miteinander. Den Gedanken, nun die Geliebte eines verheirateten Mannes zu sein, schob ich weg, denn er gefiel mir nicht. Ich dachte, das Thema Frederik wäre damit für mich erledigt. Ich sagte mir: Es gibt auch ein Leben nach ihm. Die Fixierung auf den Vater meiner Kinder gab ich auf. Es gibt nicht nur einen Menschen, mit dem man glücklich sein kann.

Zwei Wochen danach verbrachten Franz und ich ein ganzes Wochenende miteinander, und es war wie mit Frederik, nur, dass seine Rolle viel besser besetzt war. Als er am Sonntagabend zurück zu seiner Frau flog, sagte er: »Es ist, als würde ich von zu Hause wegfliegen.«

Diese Harmonie mit einem wildfremden Mann in meinem chaotischen Leben versetzte mich in Panik. Ich benutzte seine Eifersucht auf Frederik und schaffte ihn ab. Der Gedanke war mir unerträglich, seine Familie zu zerstören.

Der nächste Mann, Konstantin, war unverheiratet und kinderlos, aber auch in festen Händen. Das war ein stürmischer September 2001. Der Sex mit ihm war anders, schön. Frederik war sehr festgelegt und mochte keine Experimente. Konstantin begehrte mich immer und überall, liebte es, wenn ich nur halterlose Strümpfe unterm Rock trug und wir es beim Parken in der zweiten Reihe miteinander trieben. Einmal haben wir uns bei einem Caipirinha an der Bar ineinander verkeilt, und keiner hat es gemerkt.

Wir waren sehr verliebt. Ich hörte, was er dachte, Wort für Wort, und ihm ging es genauso mit mir. Als seine Freundin an einem Golfturnier teilnahm, fuhr er mit mir und den Kindern an die Ostsee. Es gefiel ihm, trotz der Hektik. Er hat gekocht, Nasen geputzt, Fahrradreifen repariert und sich sogar mit dem

Quartier abgefunden – obwohl er sonst das »Vierjahreszeiten« bevorzugte.

Es war okay, ich war bereit, über diese Variante nachzudenken, und er kam oft zu uns. Aber er blieb immer nur bis Mitternacht, dann ging er zu ihr zurück.

Weil mir vor einer neuen Pingpong-Geschichte graute, rief ich eine langjährige Freundin von Konstantin an, um mehr über ihn zu erfahren. Ich wollte wissen, wieweit ich ihm vertrauen kann. Die dachte allerdings, ich wäre völlig *gaga,* und sagte: »Konstantin ist immer für eine Affäre gut. Seine Freundin weiß und akzeptiert das. Ihre Devise heißt: Du kannst auch andere haben neben mir, aber du verlässt mich nicht. Alles andere regelt sich von allein. Ich hatte übrigens auch ein Verhältnis mit ihm.«

Konstantin war also wie Frederik – ein Mann, der sich nicht entscheiden kann. Der beste Gradmesser dafür ist übrigens Weihnachten, wenn jeder unter seinem Tannenbaum sitzt und erst am 2. Januar wieder das Telefon klingelt. Dann weiß man, was gespielt wird.

Ich konnte mir ein Leben mit ihm vorstellen, aber nicht mit diesen Lügen, nicht um diesen Preis. Mir versprach er, obwohl ich es nie verlangte, seine Freundin zu verlassen, zögerte nur deshalb, weil er ihr nicht wehtun wollte. Und sie war völlig ahnungslos, wusste nichts von seinem Verrat. Oder sie dachte: Keine Sorge, er hat nur eine seiner üblichen Affären. Damit nahm er ihr jede Chance, ein anderes Leben auszuprobieren. Ich wollte nicht, dass er seine Frau in den Rauch hängt, dass sie die Zeche bezahlt – er würde ihr damit zehn Jahre ihres Lebens stehlen.

Er wäre natürlich fein raus gewesen, denn er hätte ja mich gehabt und obendrauf noch die Familie, die er sich wünschte, allein aber nicht haben konnte. Als ich ihn einmal fragte, wie er das aushält, sagte er: »Wer liebt, hat Recht.«

Und was ist mit den anderen, die auch lieben?

Ich wünsche mir, dass ich eines Tages zu Frederik sagen kann: »Danke, dass du mich verlassen hast. So hast du mir die Chance gegeben zu entdecken, was noch alles in mir steckt. Ich bin daran nicht zerbrochen, du hast uns größer gemacht.«

Er besucht nun alle vierzehn Tage seine Kinder, weiß inzwischen, dass er den größten Fehler seines Lebens begangen hat, und lebt immer noch bei Yvonne, weil er nicht mehr zu uns zurückkommen kann.

Konstantin konnte überhaupt nicht begreifen, dass Frederik nicht um uns kämpft. An einem Samstag kam er zu mir, um mich zum Essen einzuladen, aber als er Frederik im Wohnzimmer sah, wollte er sofort kehrtmachen.

»Das macht doch nichts«, sagte ich zu ihm. »Komm rein, ich zieh mich nur schnell um.«

Als wir gingen, lag Frederik mit den Kindern auf weichen Decken vor dem Fernseher. Das eine hatte seinen Kopf auf seiner Brust, das andere auf seinem Bauch, das dritte an seiner Wange, und alle vier schliefen. Es war so ein friedvolles, schönes Bild, und Konstantin sagte: »Wenn das mein Zielfoto wäre, würde ich die ganze Welt versetzen. Ich würde mich umbringen für euch.«

Seine Freundin hat er bis heute nicht verlassen und trotzdem das Gefühl, die letzte große Chance seines Lebens verpasst zu haben – nämlich mich. Doch ich will ihn nicht mehr, bin lieber erst mal mit mir allein und den Kindern glücklich. Ich habe tausendundeinen Plan für uns im Kleinen und im Großen.

Und es wird einen neuen Mann geben, aber diesmal einen von meinem Format. Und ein viertes Kind. Ich habe noch eine Verabredung mit einem kleinen Jungen namens Tilman, dem ich die Erfahrung, von seinem Vater verlassen zu werden, ersparen werde, und dem ich die tollsten drei Geschwister der Welt schenke.

Wir werden allesamt glücklich sein. So glücklich, dass es unsere jetzige Vorstellungskraft bei weitem übersteigt und wir nicht die Straße entlanggehen können, ohne dass die Leute uns hinterherschauen.

Ich weiß es sicher und kann es in Ruhe erwarten.

Der hier ist kein Frosch,
der ist wirklich ein Prinz

Alice, 35, Journalistin

War es der fünfte, der sechste, der allerletzte, der da gerade in meinem Badezimmer seinen Rasierapparat aus dem Spiegelschrank holte, um für immer zu gehen?

Egal. Die Luxemburg hat mal gesagt, der Charakter einer Frau zeigt sich nicht, wo die Liebe beginnt, sondern wo sie endet. Also streifte ich mein kleines Schwarzes über, griff nach meinem Paillettentäschchen, dem Opernglas und stellte mich an der Abendkasse vom Thalia-Theater ans Ende der Schlange. Ich bekam die letzte Karte für einen blöden Platz in der vorletzten Reihe. Auch egal.

Als ich mich trotzdem so ein bisschen umsehe, ob vielleicht in den obersten Rängen einer frei bleibt, entdecke ich schräg vor mir einen blonden Beau. Mann, denke ich, du siehst aber gut aus. Und weil ich so ein ganz klein wenig kurzsichtig bin – was natürlich niemand wissen darf –, beuge ich mich vor, gucke noch mal, kann mich nicht satt sehen an dem Typen. Schließlich gucken wir beide, und ich denke wieder: Oh Mann, bist du ein Schnuckel.

Kurz bevor der Vorhang fällt, schwöre ich mir, diesen Mann an der Garderobe einfach anzusprechen, aber auf dem Weg dorthin kommt er mir schon lächelnd entgegen, drückt mir seine Visitenkarte in die Hand und sagt: »Das nächste Mal gehen wir zusammen.«

Früher durften Frauen in solchen Situationen in eine kurze, anmutige Ohnmacht fallen. Ich gestatte mir lediglich zwei weiche Knie.

Auf dem Heimweg lese ich seine Visitenkarte so gierig, als würde darauf die Formel für ein garantiert langes glückliches Leben stehen, die sich innerhalb der nächsten sechzig Sekunden selbst vernichtet. Er heißt Henry. Bis 2 Uhr 30 wälze ich mich unruhig im Bett, dann rufe ich meine beste Freundin Thea an, um sie zu fragen, ob es nicht sein könnte, dass auch er sich seit Stunden unruhig im Bett wälzt, weil er hofft, dass endlich sein Telefon klingelt und ich, die schöne Unbekannte aus dem Thalia-Theater, am anderen Ende der Leitung bin. Beste Freundinnen wissen so was.

Thea nicht. Die legt einfach auf.

Am nächsten Morgen um zehn kann ich nicht anders und wähle seine Nummer. Er ist tatsächlich zu Hause, und ich frage ihn: »Was hast du heute Abend vor?«

»Nichts.«

»Nichts?«

»Nichts.«

Wir gehen gemeinsam ins Ballett, ziehen danach durch die Kneipen. Nach dem ersten Glas Champagner beginnen wir, uns tief in die Augen zu schauen. Nach dem zweiten, uns wild zu küssen. Nach dem vierten sinkt er mitten auf der Straße vor mir auf die Knie und sagt: »Ich gestehe – vor dir hatte ich schon viele Frauen. Aber du – du bist die Göttin für mich.«

Und was denke ich, die ehrgeizige, gestandene Journalistin, die für den Kisch-Preis selbst mit dem Wolf tanzen würde, in diesem Moment: »Das ist er, der Strahlemann, nach dem du dich immer gesehnt hast. Der hier ist kein Frosch, der hier ist wirklich ein Prinz.«

Die nächsten vierzehn Nächte sind viel zu kurz für unsere Leidenschaft, deshalb fliegen wir in der fünfzehnten auf die Malediven. Als sein Kopf im Flieger kurz nach Mitternacht auf meine Schultern sinkt, frage ich mich: Und was kommt nach den Malediven? Die Wüste Gobi?

Nein. Es folgt »Alice im Wunderland«. Henry ist liebevoll, aufmerksam, amüsant, unterhaltsam, quicklebendig. Nach einem weiteren Ballett-Abend fragt er mich, ob ich nicht Lust hätte, mit ihm einen Tanzkurs zu besuchen.

Bei meinem letzten Foxtrott mit vierzehn hatte ich zwar unserem Klassenprimus Georg fast die Füße zermalmt, aber ich war verliebt und sagte: »Klar, warum nicht?«

Henry war ein begnadeter Tänzer, obwohl ich anfangs immer führen wollte. Doch irgendwann lag ich wie eine Feder in seinem Arm und konnte mich einfach fallen lassen. Wir stritten uns nie. Ernste Themen, etwa unsere gemeinsame Zukunft, standen bei uns sowieso nicht auf der Tagesordnung. Alles war unausgesprochen klar. Ein paar Monate schwelgten wir im Glück.

Dann rief er mich eines Tages an und bat mich, ausnahmsweise allein in die Tanzschule zu kommen, weil er schon ganz in der Nähe wäre und ich ihm so einen Umweg durch die Stadt ersparen könnte.

»Aber sicher doch, kein Problem«, höre ich mich sagen, aber in meinem Bauch regt sich so ein Gefühl der Unsicherheit. Erklären kann ich es nicht, aber nach diesem Anruf wollte ich sofort los, um eine halbe Stunde früher als sonst da zu sein. Und als ich den Tanzsaal betrete, sehe ich ihn dort mit einem kleinen Mäuschen – jung, hübsch, dumm und zwei Köpfe kleiner als er – einen Walzer tanzen. Mir wird schwindelig, total heiß, als ich die beiden im Dreivierteltakt über das Parkett schweben sehe und denke: »Die waren vorher zusammen im Bett.«

Ich muss an die frische Luft und sage mir draußen: Hey, Alte, das bildest du dir alles nur ein. Warum bist du so eifersüchtig? Hol ein paar Mal tief Luft und geh wieder rein!

Das tat ich dann auch, denn ich wollte nur eins: Alles soll sein wie immer.

Doch die Stiche ins Herz lassen nicht nach, und auf dem Weg nach Hause frage ich ihn: »Du warst doch mit der Kleinen im Bett?« Und er antwortet: »Ja, schon, aber bei Männern ist das doch wie Einkaufen.«

Ich war machtlos, denn ich wusste: Ich werde nie so hilflos, nie so dumm sein wie die. Aus meinem Prinzen war ein Frosch geworden. Was sollte ich tun? Ich wusste, dass ich zugrunde gehe, wenn er mich weiter betrügt.

Am nächsten Tag kaufte ich mir neue Klamotten, einen neuen Duft, steckte mein Haar hoch, besah mich im Spiegel und fand mich hinreißend schön.

Er war überwältigt, als ich ihm so die Tür öffnete, und sagte: »Das war doch nur ein Ausrutscher. Ich will nur dich.« Dann flogen wir uns auch schon in die Arme.

Trotzdem war mir klar, dass ich eine Zukunft mit ihm nur ohne Affären und Betrügereien aushalte. Das sagte ich ihm auch bei der Zigarette danach. Doch dazu war er nicht bereit, verstand überhaupt nicht, warum so eine tolle Frau wie ich solche Peanuts nicht aushält.

»Warum brauchst du andere Brüste, Bauchnabel, Ohrläppchen und Schenkel?«, fragte ich ihn. »Findest du das nicht auch alles bei mir?« Erst wand er sich ein bisschen, doch dann gestand er mir den wahren Grund für seinen Seitensprung: »Du bist die schönste, attraktivste Frau, die mir je begegnet ist, aber die Vorstellung, jeden Morgen neben dir aufzuwachen und deine schiefe Nase zu sehen, gefällt mir ganz und gar nicht.«

Das Ding hatte gesessen. Das war der Oberhammer. Du bist verliebt, du denkst, du hast den Mann deines Lebens gefunden, und dann das.

Ich fing an zu lachen, sagte: »Das kann ich gut verstehen«, und schmiss ihn raus.

Heute bin ich stolz, dass ich vor ihm nicht in Tränen ausgebrochen bin. Da hatte ich mich intuitiv so gut mit ihm verstanden, und der reduziert mich auf meine Nase. Jemand, der mit so einer starken, wachen, offenen Frau zusammen ist, die auf alle zugeht, nimmt sich stattdessen ein Mäuschen, das nicht bis drei zählen kann. Wenn er sich wenigstens eine Rassefrau genommen hätte. Aber nein. Die war mir doch überhaupt nicht gewachsen, und das hat nichts, aber auch gar nichts mit ihren läppischen Einmetersechzig oder ihren achtundvierzig Kilo zu tun. Ich bin jung, attraktiv, sportlich – also ein richtiger Glückstreffer für ihn. Zwischen uns gab es noch keine Minute Alltag: Räum deine Socken weg! Heute bist du mit Einkaufen dran! Drück die Zahnpastatube nicht in der Mitte aus!

Als ich am nächsten Tag auf die Straße ging, dachte ich, alle Leute starren auf meine Nase und denken: Was ist denn das für ein Krüppel?

Abends rief er mich an, um mir zu beteuern, wie leid es ihm täte, dass er mich betrogen hätte, und dass er mir deshalb einen Vorschlag machen möchte: »Ich bezahl dir eine Schönheits-OP, damit deine Nase endlich gerade wird.«

Ist dieser Klitschko eigentlich noch zu haben?

Sag mir endlich, was los ist

Emeli, 35, Lehrerin

Es ist Sommer. Es ist Sonntag. Die ersten Sonnenstrahlen drängeln sich durch die Jalousien, kriechen langsam die Bettdecke empor, unter der wir aneinandergekuschelt liegen – mein kleiner Sohn Nikolai und ich. Ich wage mich nicht zu rühren, um seinen Schlaf nicht zu stören, und fürchte mich vor der Frage, die er mir an diesen ruhigen, melancholischen Tagen immer wieder stellt: »Wann frühstückt eigentlich Papa mal wieder mit uns?«

Was soll ich ihm sagen? Die Wahrheit? Wie lautet sie? Papa frühstückt nie mehr mit uns? Oder gibt es noch Hoffnung, kehrt er vielleicht doch eines Tages zu uns zurück? Nikolai wäre glücklich darüber. Er liebt uns beide, und manchmal, wenn sein Papa ihn abholt, laufen wir zu dritt noch ein kleines Stück den Bürgersteig vor dem Haus entlang. Dann greift er sich meine und seine Hand, lässt sich von uns durch die Luft wirbeln und schreit: »Ich kann fliegen. Ich kann fliegen. Bitte noch mal.« Es zerreißt mir jedes Mal das Herz.

Justus hat uns das WIR gestohlen und sich davongemacht. Ich begreife bis heute nicht, warum.

Unsere Beziehung ist langsam gewachsen. Wir haben uns Zeit gelassen. Als wir uns vor sechs Jahren auf einer Schule in Wiesbaden kennen lernten, lebten wir beide seit langem in festen Beziehungen. Der Job auf Zeit – wir vertraten erkrankte Kollegen – hatte uns räumlich von den Partnern getrennt. Seine Lebensgefährtin wohnte mit ihrem Kind in Göttingen, und er fuhr jedes Wochenende zu ihnen. Sie hatte sich für Justus von ihrem ersten Mann scheiden lassen, um irgendwann ihn heiraten zu können. Jasper, meine erste große Liebe, wohnte in Salzburg, und wir sahen uns, sooft wir konnten.

Weil wir in der Woche wie Singles lebten, trafen wir uns häufig nach der Schule. Wir gingen zusammen ins Café, ins Kino, schlenderten durch die Straßen und Parks von Wiesbaden, sahen uns Ausstellungen an oder fuhren mit dem Rad ins Grüne. Wir waren Freunde, mochten uns sehr. Justus mochten sowieso alle. Er ist durch seine offene, freundliche, hilfsbereite Art jedem auf Anhieb sympathisch und bringt dadurch sogar wildfremde Leute dazu, was gemeinsam zu unternehmen. Außerdem ist er der personifizierte Traum jeder Schwiegermutter – groß, blond, schlank.

An einem Freitag im März 1995 organisierten wir gemeinsam ein Frühlingsfest in der Schule. Wir schmückten mit den Kindern die Klassenzimmer, pflanzten auf dem Schulhof einen Lindenbaum, die Mütter hatten ganze Bleche Kuchen gebacken, die Väter eine Schnitzeljagd veranstaltet. Am Abend spielte Justus den DJ, und alle gratulierten uns zu diesem schönen Spektakel. Ich küsste ihn vor lauter Freude nicht nur auf die Wangen, sondern auch auf den Mund, und hab' ihm dabei wohl zu tief in die Augen geschaut. In diesem Moment verliebte ich mich in ihn.

Trotzdem verabschiedeten wir uns an der Bushaltestelle per Handschlag voneinander und fuhren ins Wochenende. Anschließend war er mit seinen Schülern auf einer Klassenfahrt, und wir sahen uns eine ganze Woche nicht. Am Montag darauf trafen wir uns im Klassenzimmer, und er flüsterte mir ins Ohr: »Ich habe dich vermisst. Sehr vermisst sogar.«

Am Abend lag ich in seinen Armen, und er war so liebevoll, so zärtlich, so stark. Ich fand ihn ungeheuer erotisch, wir konnten gar nicht mehr voneinander lassen. Nie zuvor fühlte ich mich so angenommen wie durch ihn. Er liebte alles an mir: meine Haare, meine Augen, mein Lachen, konzentrierte sich völlig auf meine Stärken. Es war ein Traumbild, das er von mir hatte. Natürlich schmeichelte es mir, dass er mich so vollkommen fand, aber ich wollte mit meinen Schwächen angenommen sein, damit unsere Liebe nicht zerbricht, wenn die erste Verliebtheit schwindet. Er lachte nur, wenn ich ihm das sagte, und schenkte mir rote Rosen.

Justus trennte sich sofort von seiner Partnerin, weil er schon lange nicht mehr glücklich mit ihr war. Auch ich wollte keine Lügen zwischen Jasper und mir und gestand ihm, dass ich mich in einen anderen Mann verliebt hätte.

Er drehte fast durch, als ich ihm von Justus erzählte. Es tat mir so weh, ihm weh zu tun, ich schwankte zwischen meiner Liebe zu Justus und der Verantwortung, die ich für Jasper empfand. Als ein paar Wochen später seine Mutter starb, wusste er nicht mehr ein noch aus, flehte mich an, ihn nicht zu verlassen. Er war nur noch ein Schatten seiner selbst, bekam Herzrhythmusstörungen, wurde fast berufsunfähig. Sein Leid machte mich handlungsunfähig, ich konnte keinen Schlussstrich ziehen.

Justus verstand anfangs meine Zerrissenheit, doch nach einem halben Jahr verlangte er eine Entscheidung von mir: »Sag mir endlich, zu wem du gehörst. Ich will dich mit niemandem teilen.« Aber ich befand mich innerlich noch im Niemandsland und konnte nichts dagegen tun. Ich war wie gelähmt.

Nach einem Jahr reichte es Justus, und er sagte: »Es ist vorbei.« Ich flehte, bettelte, dass er bei mir bleibt, aber er wollte nicht mehr. Meine Schuldgefühle gegenüber Jasper standen immer zwischen uns. Außerdem war seine Vertretung in Wiesbaden beendet, und er wechselte auf eine Schule in Münster. Jede Straße, jeder Platz in Wiesbaden erinnerte mich an ihn. Der Gedanke, meinen 30. Geburtstag ohne ihn zu feiern, machte mich krank. Ich wollte nur noch weg von diesem Ort. Da mein Vertrag auch nicht verlängert wurde, beschloss ich, zu meiner Mutter nach München – nicht zu Jasper nach Salzburg – zu ziehen, und begann, meine kleine Wohnung aufzulösen.

Justus kam, um mir dabei zu helfen. Danach flogen wir für zwei Wochen nach Malta, aber er war viel kühler, verschlossener als sonst.

Kurz darauf begann ich noch einmal zu studieren, war zwei Wochen in München und zwei Wochen bei ihm. Ich kämpfte um ihn, zeigte ihm meine Liebe, trennte mich endlich auch innerlich von Jasper. Ein Jahr später belegten wir einen Sommerkurs in Tschechien und lebten dort wie in einem Kokon. Wir lernten, wanderten, schliefen, lasen. Die Ruhe tat uns beiden gut, und ich dachte, wir hätten wieder zueinander gefunden. Unsere Beziehung war nicht mehr leidenschaftlich, besaß aber eine stabile Qualität, eine große Vertrautheit. Wir zogen endgültig zusammen, lernten interessante Leute kennen, führten wunderbare Gespräche, fuhren jedes Wochenende über Land, um die Gegend, in der wir nun lebten, zu erkunden.

Wir fühlten uns wohl, und obwohl wir noch nicht verheiratet waren, wünschte ich mir ein Kind. Ich hatte Sehnsucht nach einer richtigen kleinen Familie. Der Gedanke, ein Kind zu haben, es in Geborgenheit gemeinsam großzuziehen, gefiel Justus auch, aber dann bekam ich plötzlich Schiss vor dieser Endgültigkeit, denn ich ging ja davon aus, dass wir mit dieser Planung – erst Kind, dann Hochzeit – für immer zusammen bleiben. Meine Unsicherheit stieß ihn erstaunlicherweise nicht ab. Im Gegenteil – er begann um mein Vertrauen zu kämpfen, beschrieb mir ein Leben zu dritt in den fröhlichsten Farben.

Kurz darauf wurde ich schwanger, wir suchten nach einer Wohnung für uns, kauften ein Kinderbett, ein Schaukelpferd, ein Dutzend Strampler, zwei Teddybären und freuten uns auf unseren Sohn Nikolai, den wir dank Ultraschall schon in meinem Bauch heranwachsen sahen. Kurz vor seiner Geburt gaben wir uns auf dem Standesamt das Jawort, kurz nach seiner Geburt vor dem Traualtar.

Es war eine prächtige Hochzeit. Über hundert Gäste wünschten uns alles Glück der Welt und feierten mit uns. Unser Leben war schön. Nikolai bekam seine ersten Haare, seinen ersten Zahn, spuckte uns manchmal seinen Möhrenbrei ins Gesicht und quietschte vor Vergnügen, wenn Justus mit ihm in der Wanne saß.

Doch nach und nach schlich sich der Alltag bei uns ein. Wir machten unseren Job, Justus kam oft später nach Hause als ich, dann kochte ich für uns, wir drehten mit Nikolai noch eine Runde um den Block und gingen anschließend schlafen. Am nächsten Morgen begann sich das Karussell erneut zu drehen. Weil ich Nikolai ein Jahr lang stillte, war mein Immunsystem schließlich ziemlich am Boden. Der Kleine war oft erkältet, und ich steckte mich jedes Mal bei ihm an. Wenn ich so vor mich hin kränkelte, lag ich abends vor dem Fernseher, um mich zu entspannen, und das gefiel Justus gar nicht. Manchmal blaffte er mich richtig an: »Kannst du mir mal sagen, warum du jeden Abend vor der Glotze hängst, um ungelebtes Leben in dich reinzuziehen, anstatt dich um das eigene zu kümmern? Du hast so viele Talente – mach was draus!«

Für ihn fing das Leben erst nach der Arbeit an. Er begann Spanisch zu lernen und wollte, dass ich mein Französisch und Englisch perfektioniere. Dazu hatte ich überhaupt keine Lust. Ich kam mir vor wie ein kleines Schulmädchen, das ständig von seinen Eltern ermahnt wird, immer schön brav darauf zu hören, was der Lehrer sagt, und für das Leben zu lernen.

Außerdem drängte er mich unentwegt, Sport zu treiben. Früher genossen wir an unseren freien Tagen das gemeinsame Frühstück, tauchten unsere Croissants dick mit Butter in den Milchkaffee oder brieten uns Eier mit Speck. Jetzt trank er am Morgen nur noch Tee, ging anschließend joggen, aß danach ein wenig Obst und beobachtete mit angewidertem Gesicht, wenn ich mir ein Brötchen mit Butter und Honig bestrich. Wenn ich für Nikolai und mich Spaghetti mit Ketchup und Käse auf den

Teller häufte, schien es so, als würde er jede einzelne Nudel zählen, die in meinem Mund verschwand. Er fastete, und ich schämte mich fast für jedes Gramm zuviel auf meinen Hüften. Aber noch hatte ich nicht die Kraft, einen Zweijahresvertrag mit einem Fitnessstudio abzuschließen, um wieder auf meine alten Traummaße zu kommen.

Unser Leben driftete auseinander. Wir gingen zu unterschiedlichen Zeiten ins Bett, machten an unseren einst so friedvollen Sonntagen keinen Mittagsschlaf mehr zusammen. Im Bett war es nur noch temperamentvoll, wenn Nikolai in der Nacht oder am Morgen unter unsere Bettdecke kroch.

Ich träumte von einem Haus mit Garten, wollte mit Justus ein Nest für uns drei bauen, aus dem uns niemand mehr verscheuchen, niemand mehr hinauskündigen konnte. Also begann ich, mir einen Überblick zu verschaffen. Ich besorgte Prospekte von den unterschiedlichsten Baufirmen, las Bücher über das Bauen, sah mich auf dem Fliesenmarkt um, ging ins Bäderland, dachte über Grundrisse nach. Irgendwann ließ er sich von mir anstecken, setzte sich abends neben mich auf den Teppich im Wohnzimmer und überlegte, ob eine Wendeltreppe ohne Geländer nicht zu gefährlich für Nikolai wäre. Ich spürte wieder Nähe zwischen uns.

Einen Monat später kam er von einer Studienreise nach Madrid zurück und verkündete mir, dass er überhaupt keine Lust hätte, ein Haus zu bauen. Meine Träume wären nicht seine Träume. Ich versuchte ihn noch einmal in mein Paradies zu entführen. Beschrieb ihm einen Garten voller Apfelbäume, Flieder, Rosen, Rittersporn, in dem Nikolai buddeln und graben, nach Maikäfern suchen könnte. Ich stellte Gartenmöbel auf den Rasen, einen Grill daneben und setzte gedanklich unsere Freunde auf die Hollywoodschaukel neben dem kleinen Teich mit Fröschen.

Er hörte mir schweigend zu und begann anschließend, erneut von seiner Studienreise zu schwärmen. Von den Stunden voller

Muse im Prado, von den Konzerten unter freiem Himmel, von den mächtigen Platanen, in deren Schatten sich sein bester Freund und er aus ihren Lieblingsbüchern vorlasen. Er sagte: »Wir machen so etwas schon lange nicht mehr. Du willst bauen – ich will reisen. Du willst Blumen gießen – ich will Bücher lesen.«

Ich weinte bittere Tränen, weil das, was er sagte, ja so nicht stimmte. Ich ging auch gern ins Theater, liebte Bücher, war ein Opernfan. Ein Haus würde für uns doch nicht den totalen Rückzug vom wirklichen Leben bedeuten. In den folgenden Wochen gingen wir dann ein paar Mal in Ausstellungen, aber er schaute sich die Bilder nicht mit mir an, sondern lief entweder vor mir oder hinter mir oder wartete bereits draußen auf mich.

Auch unser gemeinsamer Urlaub 2001 im sonnigen Süden war erniedrigend für mich. Justus saß die meiste Zeit in der Küche unseres Ferienhauses und lernte Spanisch. Ich spielte mit Nikolai im Wohnzimmer und las, wenn er schlief. Wir gingen nur selten gemeinsam spazieren oder an den Strand. Nur zweimal schliefen wir in diesen drei Wochen miteinander, aber das hatte nichts mit Leidenschaft oder Zärtlichkeit zu tun. Wir waren beide lustlos. Natürlich fragte ich mich, warum ich keine Sehnsucht mehr nach Sex hatte. Lag es nur an meinen Hüften, die ihm so gar nicht mehr gefielen und für die ich mich schämte? Wer zeigt sich gerne nackt, wenn man für den anderen die Traummaße nicht mehr erfüllt? Es ist abtörnend, bei jeder Umarmung überlegen zu müssen, wie man sich am besten streckt, damit keine Pölsterchen an Bauch, Beinen und Po entstehen. Mit Fallenlassen, Loslassen oder gar Ekstase hat das nichts mehr zu tun.

Justus blieb auch abweisend, unterkühlt, als wir wieder zu Hause waren. Kommunikation spielte sich oft nur über Nikolai ab. Irgendwann hielt ich das nicht mehr aus und bat ihn: »Rede mit mir. Sag mir endlich, was los ist.« Aber er wich mir aus und sagte: »Ich weiß es doch auch nicht so genau.«

Ich schlug ihm vor, dass wir uns mit einem Dritten zu einem Gespräch zusammensetzen – einem guten Freund oder vielleicht sogar einem Psychologen, aber das lehnte er ab. Er war zu wie eine Auster. Ich nervte ihn.

Im September 2001 öffnete er schließlich die Büchse der Pandora und sagte: »Ich will nicht mehr.« Wir zogen uns eine Jacke über, gingen im Regen spazieren, und endlich redete er. Davon, dass er ein Macher sei und ich ein Hemmschuh. Dass er das Leben mit mir wie eins mit angezogener Handbremse empfände. Ich fragte ihn: »Wir haben vier Jahre vor der Geburt unseres Sohnes zusammengelebt – hättest du das nicht früher herausfinden können?«

Er konterte: »Du überlegst ewig, bis du endlich eine Entscheidung triffst.« Und ich entgegnete: »Das stimmt, ich brauche lange, aber wenn ich sie getroffen habe, stehe ich dahinter. Du triffst deine Entscheidungen schnell und wirst dann wankelmütig.«

Dann schwiegen wir, und als ich in mein Zimmer kam, lag auf dem Schreibtisch ein Brief von ihm. Ich hatte Angst, ihn zu öffnen, denn als ich danach griff, sagte mir Justus: »In dem Brief stehen Dinge, die dich verletzen werden, aber das ist alles nicht böse gemeint.«

In der Nacht schrieb ich ihm einen Brief und schilderte ihm unsere Situation aus meiner Sicht. Nachdem er ihn gelesen hatte, sagte er mir: »Na bitte, da steht es doch schwarz auf weiß – wir denken und fühlen eben völlig anders.«

Wir redeten die ganze Nacht, und als der Morgen graute, fragte ich ihn: »Willst du dich von mir scheiden lassen?« Er sagte: »Ja.«

Ich schrie, tobte, schlug auf die Möbel ein, zertrümmerte ein Bild, das wir beide liebten. Er schaute mir kalt und voller Distanz dabei zu, und als ich erschöpft auf den Boden sank, meinte er: »Geh jetzt bitte zu den Nachbarn und sag Bescheid, dass du noch am Leben bist.«

Ich war ein einziger Schmerz, völlig hilflos. Ich verstand die Welt nicht mehr, ging jeden Morgen völlig verheult und zerrüttet aus dem Haus, kümmerte mich nur noch um Nikolai und fand es zunehmend unerträglich, mit Justus in einer Wohnung zu leben. Wenn wir nachts in unserem gemeinsamen Bett lagen, stopfte er seine Decke so eng um seinen Körper, dass es aussah, als würde er in einem Schlafsack stecken. Er wollte mir damit wohl signalisieren: »Fass mich ja nicht an!« Das fand ich so ungeheuerlich, dass ich mit meinem Bettzeug ins Wohnzimmer zog. Justus hatte mir den Krieg erklärt, machte aber keinerlei Anstalten zu gehen. Nach zwei Wochen sagte ich: »Wenn es nun so ist, wie es ist, dann ziehe ich mit Nikolai lieber aus.« Und er: »Wer sagt denn, dass du unseren Sohn behältst?«

Im Oktober 2001 packte er seine Sachen und ging. Anfang Dezember trafen wir uns zu einem Gespräch, und ich schlug ihm eine Paartherapie vor. Ein gemeinsamer Freund unterstützte mich dabei. Nach langem Zögern war Justus dazu bereit, aber nicht mit dem Ziel, dass wir wieder zusammenkommen. Seine Entscheidung stünde fest. Ich begriff, dass uns eine Paartherapie dann gar nichts nutzt, bat ihn aber, im Trennungsjahr wenigstens in zwei Richtungen zu denken – weg von uns, hin zu uns.

Weihnachten schrieb ich ihm drei Gedichte in der Hoffnung, dass sie etwas in ihm bewegen. Das Echo schallt mir noch heute in den Ohren. Anfang Januar gestand er mir: »Dass das mit uns schon alles zu spät war, begriff ich erst, als das Kind schon in deinem Bauch war. Es wäre besser gewesen, wir hätten uns nach der ersten Trennung nie wiedergesehen.«

Er erzählte mir auch, dass er inzwischen in eine andere Frau verliebt sei, und fügte ungefragt hinzu: »Ich bin ihr erst nach unserer Trennung begegnet.« Ich kann ihm nichts anderes beweisen.

Es fällt mir schwer zu beschreiben, was ich im Moment denke und fühle. Die schönen Bilder aus unserer gemeinsamen Zeit verschwinden nicht aus meinem Kopf. Ich weiß, dass ich so nicht mehr mit ihm zusammenleben möchte, aber irgendwo ist da eine Hoffnung in mir, dass wir uns auf einem anderen Weg noch einmal begegnen. Da ist etwas, was mich zu ihm zieht. Am stärksten mein inniger Wunsch nach der heiligen Familie. Nikolai ist erst drei, und ich möchte, dass er einen Papa hat, eine glückliche Kindheit erlebt.

Justus sieht seinen Sohn zweimal in der Woche. Er darf nicht in meine Wohnung kommen, wenn er ihn abholt, denn ich will nicht, dass er meine Privatsphäre stört. Durch den regelmäßigen Kontakt mit ihm reißen die Wunden immer wieder auf. Er sagt: »Ich habe große Schuld auf mich geladen, aber an der Situation will ich nichts ändern.«

Für mich bleibt die ungeheuerliche Kränkung, so knallhart abgewiesen worden zu sein. Man gibt sich einem Menschen hin, vertraut ihm, und für ihn bedeutet es nichts. Man wird zur Sache, zur Austauschware. Was bleibt, ist dieses ewig gestohlene WIR.

Er lebte das gleiche Leben, nur mit einer anderen

Christine, 36, Buchbinderin

Anfangs war Torsten für mich nur ein blöder Vogel. Seine Eltern waren mit meiner allein erziehenden Mutter befreundet, und wenn wir in langen Winternächten am Küchentisch saßen, um über Gott und die Welt zu philosophieren, fiel ihm nur zu vier Themen etwas ein: Motorräder, Mädels, Fußball, Mädels. Ich war genau das Gegenteil von ihm: sehr engagiert in meiner Stadt Leipzig. Alles, was ich machte, hatte einen intellektuellen Hintergrund. Meine Bezugspersonen waren Maler, Musiker, Dichter, Denker und damit arge Egozentriker.

Eine Zeit lang war er aus meinem Gesichtsfeld völlig verschwunden, denn er lebte in Berlin. Als er eines Tages wieder mal bei uns aufkreuzte, war er inzwischen gelernter Dachdecker, arbeitete auf dem Bau, verdiente sein eigenes Geld, besaß eine eigene Wohnung. Plötzlich fand ich sein Anderssein interessant. Er war zwanzig, damit ein Jahr jünger als ich, zwei Meter groß, bodenständig, attraktiv und liebte das Leben. Meine Künstler taten das Gegenteil – sie nahmen es schwer.

Er lud mich nach Berlin ein und einen Monat später besuchte ich ihn. Wir zogen um die Häuser, und ich war glücklich, so einen starken Mann an meiner Seite zu haben. Meine Mutter hatte mir stets und ständig eingebläut: Männer braucht man für gar nichts – sie wollen nur, dass du ihnen das Essen kochst und die Socken wäschst. Bei Torsten hatte ich das Gefühl: An den kannst du dich anlehnen. Der ist einer, der dir auch Binden kauft, wenn du welche brauchst.

Im Frühsommer fuhren wir zwei Wochen in den Urlaub – das war wie ein Versuch, herauszufinden, ob wir einander brauchen. Wir töfften mit seinem Trabi quer durch's Land, krochen nachts an schönen weißen Stränden oder in verwunschenen Buchenwäldern in unser Zelt und hörten die Nachtigallen schlagen. Es war atemberaubend. Vor allem für mich. Wir hatten zu Hause nie Geld für Spaß, Spontaneität, Ungeplantes. Wie auch, wenn eine Mutter ganz allein drei Mäuler stopfen muss. Mit Torsten gab es das alles. Wir verstanden uns supergut, und der Sex mit ihm war ein Hammer. So schön, dass er mich von ihm abhängig machte. Warum, kann ich nicht erklären. Wahrscheinlich roch er für mich genau richtig.

Vier Wochen nach unserem Ausflug ins Paradies wusste ich, dass ich schwanger war. Obwohl ich noch so jung war, wollte ich das Kind. Torsten auch. Darüber war ich sehr glücklich. Um ihm aber das – eventuell vorhandene – Gefühl zu nehmen, dass sein Leben nun von der Wiege bis zur Bahre restlos verplant sei, sagte ich ihm: »Denk bloß nicht, dass ich jetzt einen Heiratsantrag erwarte.« Doch er konterte sofort: »Du spinnst wohl? Du kommst sofort zu mir, und wir kriegen das Kind zusammen.« Auch seine Eltern freuten sich auf ihren ersten Enkel, waren immer für uns da. Als meine Mutter hörte, dass ich schwanger war, sagte sie zu mir: »Entweder du entscheidest dich für mich oder für diesen Mann.« Das Gleiche erwartete sie auch von meiner Schwester, als die sich unsterblich verliebte. Völlig verwirrt und überfordert von diesem absurden, bodenlos egoistischen Anspruch, entschied sie sich dann tatsächlich für unsere Mutter und setzte den Mann vor die Tür.

Ich zog zu Torsten, liebte ihn mit jeder Faser, wollte jede Minute mit ihm zusammensein. Er nutzte das aus, ließ sofort den Despoten raushängen: Du tust das und das, und zwar genau dann, wenn ich es dir sage. Er wollte einfach alles bestimmen. Mit wem ich weggehe, wann ich meine Familie besuchen kann, was ich einkaufe und so weiter und so weiter. Irgendwann machte mein Stoffwechsel schlapp, und ich lag zwei Monate im Krankenhaus. Wahrscheinlich war das alles ein bisschen zuviel für mich – neuer Mann, neue Stadt, schwanger. Kurz nach meiner Entlassung musste ich wieder in eine Klinik. Diesmal in eine Hautklinik, denn ich hatte angeblich einen Tripper. Den konnte ich nur von Torsten haben, denn er war der Einzige, mit dem ich schlief. Als ich ihn fragte, mit wem außer mir er denn so seinen Spaß hätte, begann er herumzudrucksen – dass ich so kompliziert sei als Schwangere, so unausgeglichen. Wie sich herausstellte, hatte ich zwar keinen Tripper, aber einen Mann, der nach Ausgleich suchte.

Nach der Geburt unserer Tochter Henriette war er sehr liebevoll und zärtlich, mir ein wunderbares halbes Jahr ganz nahe. In dieser Zeit heirateten wir auch. Danach löste er sich wieder Stück für Stück von mir, machte nur noch sein Ding. Auf meine Freunde hatte er null Bock. Er war eben ein Dachdecker, besaß zwei Bücher und fand meine Intellektuellen doof. Aber auch das war unwichtig für mich. Ich liebte ihn. Als Henriette neun Monate alt war, fuhr er für zwei Wochen als Betreuer in ein Ferienlager, und ich war tot. Ich wusste nicht, wie ich ohne ihn leben sollte. Seine Abwesenheit war für mich wie körperlicher Entzug. Schon wenn ich früh ins Bad kam, war ich traurig, dass er dort nicht am Waschbecken stand und sich die Zähne putzte.

Er spürte meine Liebe, doch sie engte ihn ein. Gerade im Oktober 1989, als in Berlin die Erde bebte, immer mehr Menschen auf die Straße gingen, um für ihre Freiheit zu demonstrieren. Torsten war immer mittendrin. So gern ich in dieser ja fast revolutionären Umbruchzeit an seiner Seite gewesen wäre – ich konnte nicht. Für mich war das Wichtigste, dass es unserer Tochter gut geht.

Auf einer dieser Demos begegnete er einer Frau, die ihn mit in den legendären »Franz-Club« nahm. Durch sie lernte er meine Freunde, meinen kulturellen Hintergrund kennen und begann, dort kleine Jobs zu übernehmen. Erst mal für nass. Stippvisiten meinerseits waren dort absolut unerwünscht – ich sollte schön brav am heimischen Herd bleiben und das Kind hüten. Torsten kam tagelang spätnachts nach Hause, schlief bis mittags und lebte sein Leben fast ohne uns. Ich litt darunter.

Es gab viele Frauen im »Franz«, die sich für den Vater meines Kindes interessierten. Eine von ihnen besuchte er an einem Wochenende in Frankfurt am Main und gestand mir danach, dass er mit ihr geschlafen hätte. Es war demütigend für mich. Ich tobte und schrie, machte ihn mit Worten nieder, redete ihn in Grund und Boden. In dieser Zeit gab es Androhungen von Gewalt, aber er schlug mich nie.

Ich liebte ihn immer noch, denn er hatte mich aus diesen kleinen, miesen Verhältnissen gerettet, von meiner Mutter befreit. Deshalb ließ ich auch sein Verhältnis in Frankfurt zu. Ich eröffnete ihm: »Wenn du das brauchst, sollst du das haben. Ich werde nie aufhören, dich zu lieben.«

Und er brauchte es. Einmal besuchte uns diese Frau zu Hause und brachte unserer Tochter einen Teddy mit. Sie blieb sogar über Nacht und frühstückte am nächsten Tag mit uns zusammen. Ich sah sie am Tisch sitzen, ihr Frühstücksei löffeln und dachte: »Was hat sie, was ich nicht habe?«

Doch auch sie war nur eine seiner Affären, die vorüberging. Torsten hatte im »Franz-Club« freie Auswahl. Die Damen lagen ihm zu Füßen. Ich kannte sie alle, denn wenn ich spürte, dass da was Neues lief, ging ich in den Club, um sie mir anzusehen. Ich outete mich jedes Mal als seine Ehefrau und ließ nie durchblicken, dass ich leide.

Doch dann kam das Tüpfelchen auf dem i: Beim nächsten Hennenrennen im Club begegnete ich einer großen schlanken blonden schönen intelligenten polyglotten Frau mit den Traummaßen 90 – 60 – 90, und er sagte mir auf den Kopf zu: »Das ist meine Neue.« Mir war sofort klar, dass die nun wirklich eine

Herausforderung war. Er stieg aus ihrem Bett in meins und versicherte mir, dass ich die schöneren Schultern hätte, der Sex mit mir einzigartig wäre und er den nie missen wolle. Dann fuhr er mit ihr in den Urlaub, zeigte mir anschließend die Fotos von dieser Reise und erzählte von ihren Abenteuern. Ich hörte ihm zu, als würde mir jemand erzählen, was heute so alles auf der Arbeit passiert sei, und litt. Sehr.

Lange Zeit hielt er sich an unsere einzige Abmachung, was seine Weibergeschichten betraf: Unsere Wohnung ist tabu. Aber dann kam ich einmal von einer Reise zurück und fand in unserem Bett das eine oder andere lange blonde Haar. Ich stürzte sofort in den »Franz«, griff mir die Frau und schrie ihr ins Gesicht: »Die Grenze ist überschritten! Nicht in unserer Wohnung!« Und sie schrie zurück: »Die Wohnung gehört euch beiden, das hast du nicht zu entscheiden.«

Nachdem wir uns abgeregt hatten, bat sie mich um ein Treffen, denn sie war sichtlich verblüfft über meine heftige Reaktion. Bei Kaffee und Kuchen erzählte sie mir am nächsten Tag, Torsten hätte behauptet, dass ich von all seinen Affären weiß und sie toleriere. Während dieses Gesprächs spürte ich, dass sie mich auch als Konkurrentin sah, und genau das machte mich stark. Ich sagte zu ihr: »Bilde dir bloß nicht ein, dass er mich verlässt!«

»Doch«, sagte sie, »das wird er eines Tages tun.«

Mein Selbstbewusstsein stieg, weil ich es besser wusste, und plötzlich interessierten sich wieder andere Männer für mich. Mit einigen ging ich ins Konzert oder ins Theater und hatte meinen Spaß. Da wachte Torsten plötzlich auf und intervenierte. Einem Freund von mir schlitzte er sogar den Fahrradschlauch auf, um eine gemeinsame Landpartie zu verhindern. Er begriff: Ich bin kein ES, ich bin eine SIE.

Einmal, nach einem Konzert, rastete er vollends aus, obwohl alles ganz harmlos war. Ein Freund lud mich noch auf ein Glas Rotwein ein, und Torsten bekam einen Tobsuchtsanfall: Der

Einzige, der hier jetzt was mit mir trinken würde, wäre er, Schluss, aus, Ende. Er nötigte seine blonde Schönheit ins Auto, knallte die Tür zu, setzte sich hinters Steuer und schrie mir durchs Fenster zu: »Warte hier auf mich, ich bin gleich wieder da.« Das gab mir einen richtigen Schub, denn offensichtlich hielt er nur schwer aus, dass ich wie ein Vogel so frei von Event zu Event flatterte und mein Leben genoss. Ich zog in Erwägung, mich von ihm scheiden zu lassen.

Mein wachsendes Selbstbewusstsein bescherte mir außerdem einen Geliebten – Stefan. Das war ein Kichern, ein Kosen, ein Küssen, und ich zog mich endlich nicht mehr nur wie eine Mutti an. Meine Scheidungsfantasien entwickelten sich, aber es gab da ein kleines Problem mit blonden Locken: Henriette. Sie mochte Stefan gar nicht. Ich wusste, dass sie ihn nie akzeptieren würde – obwohl Torsten ein miserabler Vater für dieses so pflegeleichte, liebe, musische Kind war. Er empfand sie als Belastung, war grob und laut zu ihr. Er drangsalierte sie regelrecht, und hin und wieder gab es auch mal eine Ohrfeige oder einen Klaps auf den Po. Ich versuchte immer, sie zu schützen.

Torsten tobte, als er von meinem Geliebten erfuhr, war wie tot und seine Leidensphase begann. Der Zweimetermann ging in die Knie, und der abgebrochene Zwerg, als den ich mich empfand, nahm ihn in den Arm und sagte: »Jetzt gehen wir zurück auf null und fangen noch mal von vorne an.«

Meine Freunde verstanden nicht, warum ich bei ihm blieb, denn es änderte sich nichts zwischen uns. Torsten kutschierte wieder munter durch die Welt, und wenn er an meinem *Tischlein deck dich* saß, sprach er nur im Befehlston mit mir und seiner Tochter.

Als Henriette in die Schule kam, engagierte ich mich sehr für ihre Klasse. Anfang der Zweiten planten die Eltern mit der Lehrerin eine Fahrt an die Ostsee, aber wie sich herausstellte, fehlte in vielen Familien das Geld dafür. Es sah so aus, als müssten fünf Mitschüler zu Hause bleiben. Ich berief einen außerordentlichen Elternabend ein, um gemeinsam zu überlegen, wie wir es schaffen, dass alle mitfahren können. Und da steht ein Vater auf und sagt: »Ich studiere zwar noch, bin aber bereit, den Betrag für ein weiteres Kind zu übernehmen.« Alle klatschten Beifall. Dann stand Torsten auf und verkündete: »Ich auch.« Zum Schluss konnten alle Kinder mit ans Meer.

Natürlich wollte ich dem Anführer dieser elterlichen Solidargemeinschaft noch einmal die Hand schütteln, und als sich alle voneinander verabschiedeten, fragte ich ihn, wer er sei. Er hieß Nils und war der Vater von Frederike, einem sehr schwierigen, ehrgeizigen Kind, das immer Anführer sein wollte. Meine Tochter spielte oft mit ihr. Wir verabredeten uns für die nächsten Tage auf ein Bier, und so lernte ich auch die Mutter von Frederike kennen: Katrin, eine schöne, stille Frau.

Katrin ist die einzige Frau, die ich je geliebt habe. Ich schloss sie auf der Stelle in mein Herz. Nach unserer ersten Begegnung trafen wir uns regelmäßig, wurden richtig dicke Freundinnen. Sie war sehr spirituell, wollte mich immerzu bekehren, aber das ließ ich nicht an mich heran. Und ihr Mann, der Herr Hauptmann, war das Gegenteil von Torsten. Er kümmerte sich um seine Tochter, die eigentlich gar nicht seine war, kochte, putzte, bügelte. Als Katrin studierte, betreute er das Kind, fühlte sich voll für die Familie verantwortlich. Katrin dagegen besaß so gar keinen Draht zu ihrer Tochter. Wenn Frederike ein neues Kleid oder ein Paar neue Schuhe brauchte, war sie völlig hilflos, denn sie kannte keinen einzigen Laden mit Kinderklamotten. Einmal schleppte ich sie mit unseren Töchtern zu H & M, damit sie mal spürt, welchen Spaß es macht, in Bergen von kunterbunten Ringelsöckchen und Pullovern zu wühlen. Als wir nach zwei Stunden mit mehreren Tüten beladen fröhlich zum Ausgang strebten, sagte sie: »Ihr seid bei uns zum Essen eingeladen.« Ich nahm mit Freuden an, denn zu Hause wartete niemand auf uns. Torsten hatte zu dieser Zeit schon eine eigene Wohnung, kam nur hin und wieder vorbei, um mit mir zu schlafen oder das

Kind und mich zu belehren. Nebenbei hielt er sich eine Geliebte in Hannover.

Schon im Treppenhaus roch es wunderbar nach frischen Tomaten, Basilikum, Knoblauch und Rosmarin. Niels hatte Lasagne für uns gemacht – ein Traum. Ich fühlte mich rundherum wohl. Katrin war meine Freundin und Niels ihr Mann. Als er mich nach dem Essen an die Tür brachte, fragte er: »Warum kannst du mir eigentlich nicht in die Augen sehen?« Ich gab ihm keine Antwort, aber als ich die Treppen hinunterging, wusste ich, warum: Ich hatte mich in ihn verliebt, obwohl er auf den ersten Blick gar nicht attraktiv war – eher so ein Ärmelschonertyp. Bei ihm muss man ein bisschen länger gucken, ehe man sieht, was ihn ausmacht. Das war eine ganze Menge. Sein Verantwortungsbewusstsein, die Fürsorge, die er seiner Familie angedeihen ließ, sein wacher Verstand. Auch von seinen Problemen mit Katrin wusste ich. Er wollte mit ihr schlafen, aber sie nicht mit ihm. Sie sah ihn nur als den Versorger, der ihr Leben managt. Katrin machte Yoga, er ging einkaufen. Ihr tat das gut, denn sie strahlte eine ungeheure innere Ruhe aus.

Nach diesem gemeinsamen Essen ging mir Niels nicht mehr aus dem Kopf. Eines Tages rief ich ihn an und bat ihn um ein Treffen, weil ich nun wüsste, warum ich ihm nicht in die Augen sehen kann. Als wir endlich zusammen auf einer Parkbank saßen, sprudelte es nur so aus mir heraus – wie sehr ich ihn begehre, das aber nicht zulassen könne, da Katrin meine beste Freundin sei. Wir müssten also nicht eine einzige Minute darüber nachdenken, was aus uns beiden werden könnte.

Er akzeptierte das. Damals wusste ich noch nicht, dass er schon lange chronisch fremdging. Weil er für Katrin ein Feind im Bett war, holte er sich seine sexuelle Anerkennung woanders. Aber er liebte sie, wollte sie nie verlassen.

Die Klassenfahrt rückte immer näher, und es war klar, dass Niels und ich mit an Bord sein würden. Als wir mit der Lehrerin letzte Absprachen trafen, stand plötzlich sein Fuß auf meinem und blieb da. Danach kauften wir uns eine Flasche Wein, gingen auf den Kollwitzplatz, tranken sie bis zur Neige leer und quatschten und quatschten. Ich war unendlich glücklich. Zum Abschied küssten wir uns. Um voraussehbaren schrecklichen Verwirrungen aus dem Weg zu gehen, sagte ich: »Das Einzige, was ich mir vorstellen könnte, wäre, dass ich die Nähe nicht mehr aushalte, ohne zuzufassen.« Wir schrieben den 23. Juni 1996.

Torsten wohnte zu diesem Zeitpunkt wieder mal bei mir. Am nächsten Morgen frühstückten wir zusammen. Danach ging er zur Arbeit. Ich wollte an diesem Tag den großen Hausputz hinter mich bringen. Als ich gerade den Staubsauger aus der Kammer holte, klingelte es an der Wohnungstür. Es war Niels mit einer Tüte Schrippen. Er riss mir erst den Staubsauger aus der Hand, dann die Knöpfe von der Bluse und trug mich aufs Bett. Ich hatte mir nie vorstellen können, dass es noch besseren Sex als mit Torsten gäbe – aber der mit Niels war umwerfend. Nach diesem Rausch der Begierde plagte uns dann allerdings beide das schlechte Gewissen: »Auweia, was ist uns da passiert?« Ich dachte dabei aber nicht an Torsten, sondern an Katrin.

Erst in diesem Moment gestand mir Niels seine anderen Frauen, auch, dass er nicht in mich verliebt wäre, aber den Sex mit mir wunderbar fände. Wir taten uns beide gut und fanden in den nächsten Tagen und Wochen die eine oder andere Stunde, in der wir zusammensein konnten. Es war die pure Lust. Nur – ich konnte Katrin immer weniger in die Augen sehen und bat Niels, ihr endlich reinen Wein einzuschenken. Das lehnte er ab. Daraus zog ich meine Konsequenzen und beendete unser Verhältnis. Doch wir konnten nicht voneinander lassen. Schließlich schrieb ich Katrin einen Brief, in dem ich ihr mitteilte, dass ich den Kontakt zu ihr und ihrer Familie abbrechen würde, und sie solle mich bitte nicht fragen, warum. Aber genau das fragte sie mich am Telefon: »Warum?« Und ich sagte: »Ganz einfach, ich schlafe mit deinem Mann.«

Eine Welt stürzte für sie zusammen, und ich war schockiert, dass ich ihr so weh getan hatte – ich liebte sie doch mehr als Niels. Sie war wie eine Schwester für mich. Aber sie wollte davon nichts hören, knallte den Hörer auf. Kurz darauf rief mich Niels an und fragte außer sich vor Wut: »Wie konntest du nur? Dass Frauen nie die Schnauze halten können.«

Katrin packte ihre Koffer, fuhr ein paar Tage weg und forderte Niels auf: »Wenn ich wiederkomme, bist du weg.« Niels zog aus, wir sahen uns auch nicht mehr. Zurück aus dem Urlaub, ging Katrin in den »Franz«, suchte nach Torsten und fragte: »Bist du der Mann von Tine?« Sie wollte uns verraten, aber Torsten wusste von meinem Verhältnis mit Niels. Die beiden waren dann so etwas wie eine verschworene Gemeinschaft. Sie stromerten durch Kneipen und Bars, machten Ausflüge ins Grüne, trafen sich regelmäßig, ohne etwas miteinander zu haben.

Wochen später bat ich Niels um ein Gespräch. Wir trafen uns auf einer Fete, zu der auch Torsten kam. Er war sehr aggressiv, fragte mich laut, wer denn dieser Vogel da an meiner Seite wäre, und laberte wieder das alte Zeug: dass er sich gerade von seiner aktuellen Freundin getrennt hätte und nun wieder mit mir zusammenleben wolle. Ich konnte das alles nicht mehr hören, wich ihm aus. Er drohte mit einem Skandal in aller Öffentlichkeit. Schließlich flüchtete ich vor ihm, aber Torsten jagte mir hinterher. Niels auch. Und während ich mit Torsten in der Wohnung diskutierte, saß er draußen vor der Tür, weil er Angst hatte, dass mir was passiert. Torsten hatte mir schon Türen eingetreten und Tassen und Teller nach mir geworfen.

Mein Noch-Gemahl blieb, und der ganze Hickhack ging weiter. Er traf sich in aller Freundschaft mit Katrin, Niels stand bei ihr, der Frau seines Lebens, auch auf der Matte.

Torsten und ich verbrachten Weihnachten zusammen, und es war wie immer: Die Familie kam, und er ging in den »Franz«. Einen Tag vor Silvester schnürte er sein Bündel und eröffnete mir: »Ich fahre mit Katrin nach Bayern.« Meine Tochter und ich glaubten, unseren Ohren nicht zu trauen. Wenig später standen unsere Freunde mit Champagner vor der Tür. Am 2. Januar kehrte er völlig aufgekratzt zurück: »Ich war noch nie in meinem Leben so verliebt wie in diese Frau, aber ich verlasse dich nicht.« Dann ging er und ließ seine Klamotten zum Waschen da. Ich stopfte sie tatsächlich in die Maschine.

Irgendwann zog er zu ihr und lebte mit ihr das gleiche Leben wie früher bei uns – mit Frau und Kind. Ich fasste es nicht. Was hatte er immer zu mir gesagt: »Ich liebe dich und Henriette, aber ich kann Familie nicht leben.« Und nun lebte er das gleiche Leben, hatte nur Frau und Tochter ausgetauscht! Die ganze Palette der Trauerarbeit kam über mich: Verzweiflung, Selbstmitleid, Todessehnsucht, Hass.

Im Februar fragte ich Niels, ob er mit mir und Henriette Urlaub auf dem Bauernhof machen wolle. Er sagte sofort ja. Es war ein schöner Urlaub, Henriette und Niels mochten sich. Sie hatte plötzlich einen Vater. Am letzten Abend saßen wir am Kamin und schlossen einen Pakt: Wir lieben uns nicht, sind aber absolut gleich gesinnt. Jeder von uns behält seine eigene Wohnung, sein eigenes Leben, aber wir sind füreinander da. Der Partnertausch war abgeschlossen. Nun waren nicht mehr Katrin und Niels und Christine und Torsten ein Paar, sondern Katrin und Torsten und Christine und Niels.

Durch unsere Kinder behielten wir Kontakt zueinander. Torsten begann nun sogar, Henriette zu lieben. Katrin wollte keinerlei Kontakt zwischen Niels und ihrer Tochter, aber Torsten setzte sich für ihn ein, denn schließlich war er ihr lange Zeit ein guter Vater gewesen.

Niels und ich wuchsen zusammen, obwohl wir uns nicht liebten. Im Juni 1997 wurde ich schwanger, und wir entschieden uns beide für das Kind. Heute weiß ich, dass mein zweites Kind auch der Keil war, der mich von Torsten endgültig trennte. Ich schützte mich so davor, ihm wieder zu verfallen. Immer und immer wieder – bis an mein Lebensende. Während der Schwangerschaft schlief Niels mit mir kein einziges Mal. Seine Begründung war skurril: »Ich möchte nicht, dass mein Kind von seinem Vater als erstes den Schwanz sieht.«

Im März 1998 kam Luca zur Welt, und ich wäre bei der Entbindung fast gestorben. Niels weinte wie ein Schlosshund, weil ich zum Kaiserschnitt in den OP musste. Als ich aus der Narkose erwachte, saß er neben meinem Bett, hielt meine Hand und sagte: »Ich gehe jetzt jagen.« Das hieß: Ich habe jetzt eine Familie und kümmere mich um sie. Das war unsere Form von Liebe. Seine Eltern hielten zu uns, wollten uns ein Haus schenken. Ich fragte mich: »Willst du das?«

Ja, ich wollte das. Aber auf keinen Fall wieder von jemandem abhängig sein. Wir sind deshalb nicht verheiratet und haben genau festgelegt, wer was bezahlt.

Im Jahr 2000 trennte sich Torsten von Katrin. Als er zu ihr zurückwollte, wies sie ihn ab. Ich kannte dieses Spiel zur Genüge, trotzdem tat er mir leid. Wir rückten ein bisschen näher zusammen, und auch Katrin redete wieder mit mir. Sie erzählte mir viel über sich und Torsten, weil sie inzwischen genügend Abstand zu ihm besaß, mit ihm die gleichen bösen Erfahrungen gemacht hatte wie ich.

Doch das ist alles nicht mehr wichtig für mich. Ich habe nun mit Niels eine Familie, und er ist mir ein guter Partner. Er kümmert sich um die Kinder und ist immer für uns da. Es gibt aber nichts Spontanes, keine Gespräche über Gott und die Welt zwischen uns. Er ist sehr introvertiert. Wir schlafen auch nicht miteinander.

Also – nur noch ganz selten. Er ist ein alter Schnarchsack, und ich bin keine Verführerin. Ich ackere in meiner Buchbinderei mit kleinem Verlag wie ein Droschkenkutscher, und wenn ich abends neben ihm ins Bett falle, habe ich keine Lust, einfach so unter seine Bettdecke zu greifen. Das braucht Inspiration. Ich will aber auch nicht mit anderen Männern schlafen und er nicht mit anderen Frauen. Wir genießen die Familie. Das ist uns wichtiger als alles andere.

Wenn Niels am Morgen aufsteht und fragt, ob er den Tisch decken soll, dann bin ich beseelt. Ich bin absolut glücklich, weil ich weiß, dass die Kinder glücklich sind. Es kann sein, dass dies alles nur ein Lebensabschnitt für mich ist. Vielleicht entscheide ich mich in zehn Jahren anders, aber das werde ich sehen, wenn es soweit ist.

Er wollte sie und nahm mich

Manuela, 36, Fotografin

Kürzlich habe ich das Buch von Ellen Fein und Sherrie Schneider gelesen: »Die Kunst, den Mann fürs Leben zu finden«. Darin steht, dass die Männer die Jäger sind, ständig Abenteuer und Herausforderungen brauchen. Wenn wir zu lieb zu ihnen sind, werden wir schnell langweilig für sie. So war es wahrscheinlich auch bei Marcel und mir. Ich habe mich nicht von ihm erobern lassen, war eher leicht zu haben. Wenn eine Frau schwer zu bekommen ist, dann ist sie mehr wert.

Ich lernte Marcel im Februar 1987 kennen. Er war Kunde in unserem Fotostudio und baggerte mich an. Mein damaliger Freund Jörg ging häufig fremd. Das machte mich vorsichtig, denn das Thema Aids schwang damals schon heftig in der Luft. Ich hatte Angst davor, mich anzustecken. Verständlich bei den vielen Geliebten, die Männer wie er hatten. Als ich Marcel kennen lernte, schien bei ihm alles anders zu sein, und ich trennte mich von meinem Freund.

Der Sex mit Marcel riss mich zwar nicht vom Sockel, er war träge und phantasielos, aber ansonsten stimmte alles: Er sah gut aus, war groß, stattlich, hatte in den USA studiert und engagierte sich wie ich in der CDU. Er wirkte durch seine langweilige Art seriös und anständig. Alles passte zusammen.

1987 machte er mir im Wonnemonat Mai einen Heiratsantrag, aber das ging mir alles viel zu schnell. Deshalb verlobten wir uns am 8.8.87 erst einmal und hatten somit ein Probejahr. Um ihn weiterhin von seinen Heiratsplänen abzubringen, forderte ich von ihm: »Wenn es denn sein muss, dann am 8.8.88 in der Kaiser-Wilhelm-Gedächtniskirche oder gar nicht.« Weil er mich unbedingt zu seiner Ehefrau machen wollte, stimmte er meinen Bedingungen vorbehaltlos zu. Ich passte in sein Weltbild. Sogar Diepgen kam zu unserer Hochzeit. Nach der Trauung eröffneten wir den Radiosender 88,8 – ich, der kleine Lehrpieps, und Marcel, der weltgewandte, studierte Mann. Das Brautkleid hatte mir Helena, eine Freundin von Marcel, genäht. Erst später begriff ich, was sie sonst noch war.

Was dann kam, war eine gutbürgerliche, langweilige Ehe, die mir genügend Raum ließ, als Fotografin Karriere zu machen. Eine Entwicklung, die ihm gar nicht behagte. Als ihm bei meiner ersten Ausstellung ein älterer Herr, ein Freund meines Vaters, zu seiner erfolgreichen Frau gratulierte, verließ er die Veranstaltung. Einmal rastete er fast aus, als ihn ein prominenter Besucher mit meinem Nachnamen ansprach. Er war auch sehr eifersüchtig auf meine Schwester, weil wir uns so gut verstanden.

Unser Umgang miteinander wurde sehr subtil. Lauter kleine Gemeinheiten spickten unseren Alltag. Manchmal verletzte ich ihn, ohne es zu wollen. Beispielsweise, als ich ihn auf einer Geburtstagsparty um die Hüfte fasste und zu einer gemeinsamen Freundin sagte: »Ich bin sehr froh, dass mein Mann so pummelig ist, denn da weiß ich – er bleibt mir treu.« Sicher wäre besser gewesen, ich hätte gesagt, dass ich jedes Gramm an ihm liebe. Er fühlte sich bis ins Mark getroffen und hungerte sich 15 Kilo runter.

Wenig später holte er zum Gegenschlag aus, haute mir meine Kinderlosigkeit um die Ohren: »Du bist ja gar keine richtige Frau, du wirst ja nicht mal schwanger.« Das konnte natürlich nur an mir liegen. Er lehnte es ab, zum Arzt zu gehen und sich untersuchen zu lassen.

Als 1992, nach vier Jahren Kinderlosigkeit, unser Sohn Gordon zur Welt kam und ich all meine Kraft erst einmal für das Baby brauchte, besuchte er häufig Helena. Das hatte er auch in der Schwangerschaft schon getan. Sie litt unter Bulimie, und weil ich damals noch völlig ahnungslos war, dachte ich mir nichts dabei, wenn er sie trösten ging. Ich war kein bisschen eifersüchtig, denn ich selbst würde nie auf die Idee kommen, was mit einem verheirateten Mann anzufangen – schon gar nicht, wenn seine Frau ein Kind erwartet.

Nach Gordons Taufe veranstalteten wir einen Babybrunch. Marcel ging mit seinem Sohn auf dem Arm überall herum und war sichtlich stolz auf ihn. Als aber Gordons Windeln voll waren, hielt er ihn angeekelt von sich weg und sagte zu mir: »Nun kümmere dich mal – dein Sohn braucht frische Windeln.«

Marcel hackte immer auf mir herum. Er fand mich zu dick, zu doof, war böse, weil ich mir meine schönen langen Haare abschneiden ließ. Außerdem beklagte er, dass ich mich nicht weiterentwickeln würde. Es machte ihm sichtlich Spaß, mein Selbstbewusstsein zu demontieren. Als wir Silvester 1993 unsere letzten Gäste an der Tür verabschiedeten, sagte er ihnen mit einem abschätzigen Blick auf meinen Hintern: »Früher hatte ich mal eine schöne schlanke Frau. Jetzt ist sie nur noch fett.« Jede meiner Schwächen hielt er mir vor. Ich gebe zu, dass ich nicht sehr ordentlich bin. Für ihn war ich deshalb eine Schlampe. Unser Sohn war in den ersten Jahren sehr krank, und manchmal fiel es richtig schwer, ihn früh aus dem Bett zu bekommen. Marcel warf mir allen Ernstes vor, mir käme das gerade recht, weil ich morgens selber gerne länger schlafen würde. So ein Blödsinn – ich bin es, die seit Jahren jeden Morgen um Punkt neun unser Fotostudio aufschließt.

1994 kam der Knackpunkt für uns. Ich bereitete gerade eine Ausstellung mit Fotos von meiner Schwester und mir in Wien vor, und er war absolut nicht bereit, mich dabei zu unterstützen. Stattdessen half mir mein Exfreund Jörg, der mich sogar nach Wien begleitete. Meinem Mann war das egal.

Jörg und ich landeten nach Jahren wieder im Bett, und mir wurde in seinen Armen bewusst, was ich die ganze Zeit vermisst hatte. Jörg war so ein liebevoller, phantasievoller Liebhaber. Ich blühte unter seinen Küssen auf, fühlte mich endlich nicht mehr einsam und war damit absolut in der Zwickmühle, denn fremdgehen kam für mich eigentlich überhaupt nicht in Frage.

Zurück in Berlin, gestand ich Marcel: »Ich habe mit Jörg geschlafen. Ich kann nicht mehr mit dir zusammenleben.« Er blieb völlig kalt. Eine Woche später zog ich aus. Unser Lebenstraum zerplatzte, und ich heulte Rotz und Wasser.

Ich ging zu Helena, unserer gemeinsamen Vertrauten, um ihr mein Herz auszuschütten, und da erzählte sie mir, dass eigentlich sie immer Marcels Traumfrau gewesen sei. Aber sie wollte ihn nicht, hatte seine Liebe abgewiesen.

Mir fiel es wie Schuppen von den Augen: Er wollte sie und nahm mich. Was für ein Betrug! Ich war seine zweite Wahl! Das empfand ich als schlimmer als den körperlichen Betrug. Deshalb war mir auch völlig egal, ob die beiden nun miteinander geschlafen hatten oder nicht. Helena war für Marcel so was wie Camilla Parker Bowles für Prinz Charles. Er hat mich nur geheiratet, weil er die andere nicht bekam. Deshalb wollte er auch, dass ich meine Haare trug wie sie und ihre Kleidergröße: 32.

Ich war total geschockt und fand trotzdem nicht die Kraft, mich endgültig von ihm zu trennen. Ich hatte ja das Kind. Als Marcel 1994 nach München zog, kamen wir uns sogar wieder näher und führten bis 1997 eine Wochenendehe. Die subtilen Fiesheiten gingen weiter, ich litt andauernd unter Migräne und bekam epileptische Anfälle. Das erste Mal war er dabei, als ich mir fast die Seele aus dem Leib kotzte und vor lauter Schmerzen die Zunge zerbiss. Unser Bett war voller Blut und Urin. Er ließ mich im Dreck liegen, rief nicht mal den Notarzt, sondern legte sich im Wohnzimmer auf die Couch und schlief. Ich hätte krepieren können, er hätte es nicht verhindert. Am nächsten Morgen kam er mit einer Tasse Kaffee ins Schlafzimmer und sagte: »Du hattest in der Nacht einen Anfall, vielleicht hilft dir der Kaffee wieder auf die Beine.«

Wie sich später herausstellte, hatte ich einen Tumor im Gehirn. Zum Glück war er gutartig. Trotzdem brauchte ich psychische Betreuung, um die kaputte Welt, in der ich lebte, vom Kopf wieder auf die Füße zu stellen. Das schaffte ich nicht allein.

Sobald es mir besser ging, begann Marcel erneut, mich zu demontieren. Er wollte, dass ich am Wochenende nur für ihn und das Kind da bin, keine neuen Ausstellungen mehr plane, meine Kreativität nicht im Fotostudio, sondern in unserer Küche auslebe. Er sagte: »Wenn du weiter Karriere machen willst, kann ich dich nicht mehr lieben.«

»Okay«, gab ich zurück, »wenn es so ist, dann lasse ich mich scheiden.« Weil ich wollte, dass unsere Trennung ganz schnell über die Bühne geht, verzichtete ich auf Unterhalt für mich, den Versorgungsausgleich, auf einfach alles. Nur unser Sohn sollte nicht auf seinen Vater verzichten. Ich beschwor Marcel, sich um ihn zu kümmern, immer für ihn da zu sein, obwohl ich bereits Migräne bekomme, wenn ich nur daran denke, dass er unseren Sohn jeden Samstag bei mir abholt.

Im März 1998, im zehnten Jahr unserer Ehe, waren wir geschieden. Nicht einen Tag habe ich Marcel seitdem vermisst. Wenn ich von ihm träume, sind es Albträume.

Trotz all dieser bitteren Erfahrungen hat mich die Beziehung zu Marcel stärker gemacht. Ich wünschte mir, noch mal achtzehn zu sein, mit meinem Aussehen von damals und meinem Wissen von heute. Dann könnte ich das Erlebte für mich nutzen. Dann wäre ich eine Waffe. Dann würde ich die Männer besiegen. Ich würde mich gefühlsmäßig von ihnen nicht mehr kaputtmachen lassen.

Nach der Scheidung wollte ich nur eins – Single sein und bis zum Ende meiner Tage bleiben. Mich nur noch um meine Karriere und meinen Sohn kümmern. Oder umgekehrt, bis er auf eigenen Füßen steht. Doch dann lernte ich einen Mann kennen, der Ähnliches durchmachen musste wie ich. Er heißt Stefan.

Wir treffen uns seit vier Jahren regelmäßig und genießen jede Minute, die wir miteinander verbringen. Am Anfang wies ich ihn ab, wenn er zu viel Nähe von mir wollte, stellte ihm ein paar Mal sogar die Tasche vor die Tür. Doch er kämpfte um mich und eroberte so mein Herz.

Unser Sex ist sensationell. Vor allem, weil Stefan nur Spaß daran hat, wenn ich dabei zum Höhepunkt komme. Wir sind total leidenschaftlich und romantisch. Manchmal mieten wir uns am Wochenende in München, Wien oder Paris ein Hotelzimmer und müssen auf dem Weg dorthin von der Autobahn runter, weil wir so gierig nach unseren Händen auf unserer Haut sind.

An der Seite von Marcel traute ich mich gar nicht mehr, in den Spiegel zu sehen, weil mir vor dem Anblick meiner Hüften grauste. Dieser Mann hatte es geschafft, mich darauf zu reduzieren. Marcel sagte immer zu mir: »Entweder du bist so, wie ich will, oder ich liebe dich nicht mehr.« So ein Schrott: Liebe stellt keine Bedingungen.

Jetzt bin ich nicht mehr traurig, dass ich Größe 46 tragen muss. Es heißt nämlich, Menschen mit viel Fettgewebe produzieren mehr Hormone und sind dadurch leidenschaftlicher. Stefan sagt das auch.

Null Bock auf
»Trautes Heim, Glück allein«

Elena, 37, Ärztin

Kurz nach meinem 30. Geburtstag, den andere schon gar nicht mehr feiern wollen, weil sie so ähnlich denken wie Katharine Hepburn: »Je älter man wird, desto mehr ähnelt die Geburtstagstorte einem Fackelzug«, lernte ich Christian kennen. Er war 33, Tierarzt und arbeitete eine Zeit lang in einer Praxis in Hannover. Ich lebte damals in Darmstadt, doch weil wir sehr verliebt waren, nahmen wir das ohne zu zögern in Kauf und pflegten unsere Beziehung am Wochenende – sehr intensiv.

Dann verlor er seinen Job und kam zurück nach Darmstadt. Natürlich fand ich es traurig, dass er nun arbeitslos war, aber ich dachte, meine Nähe, die Liebe, die ich für ihn empfand, könnte ihn über einiges hinwegtrösten. Aber wie sich zeigte, war ich mit diesen Überlegungen absolut auf dem Holzweg. Christian trennte sich von mir. Seine Begründung lautete: »Ich will meine Unsicherheit nicht mit dir teilen.« Sprach's und ging.

Doch so leicht ließ ich mich nicht aufs Abstellgleis schieben. Ich liebte ihn, wollte ihn behalten und begann, um ihn zu kämpfen. Zuerst war er sehr abweisend, ließ sich dann aber nach und nach wieder auf mich ein.

Mein Glück war unbeschreiblich, dass dieser intelligente, attraktive Mann, der soviel Lebensfreude ausstrahlte, wieder zu mir gehörte. Ich fühlte mich rundherum wohl und genoss nicht nur die Tage, sondern auch die Nächte mit ihm. Wir schliefen gerne miteinander. Aber einmal, als wir gerade eng umschlungen im Bett lagen, sagte er zu mir: »Das heißt aber nichts.«

Das hat mir sehr weh getan.

Im Frühjahr 1995 zog er trotzdem wieder bei mir ein. Ich habe keine Ahnung, was in ihm vorging, warum er sich doch für mich entschied. Jedenfalls machten wir gemeinsame Pläne für die Zukunft und flogen im Herbst vier Wochen nach Australien. Er arbeitete inzwischen auch wieder als Tierarzt.

Der Urlaub war unvergleichlich. Wir mieteten uns einen Landrover, fuhren quer durchs Land, stoppten vor Kängurus, beobachteten Koalabären in ihren Baumwipfeln, genossen den tropischen Regenwald, die Eukalyptussavanne und badeten im Ozean. Einmal überließen uns wildfremde Australier ihr Haus am Meer. Wir saßen auf der Terrasse und beobachteten beim Barbecue Wale. Später verbrachten wir ein paar Tage auf einer Insel, die nie mehr als zehn Menschen bewohnen durften. Weil ich Ruhe brauchte, fühlte ich mich wie im Paradies. Es war herrlich.

Doch Christian hatte Lust auf Fete. Er litt ein wenig unter der für mich idyllischen Zweisamkeit. Ich bevorzugte die etablierte Schiene, er die studentische.

Zurück in Darmstadt, dachten wir über eine gemeinsame Wohnung nach. Meine war auf Dauer zu klein und zu ungünstig geschnitten für uns beide. Sie bestand nur aus Durchgangszimmern. Als wir endlich eine richtig schöne mit viel Platz für uns entdeckten, war er schon wieder sehr ambivalent. Sein Job ödete ihn an, und er fand, dass das Einzige, was relativ gut klappen würde, unsere Beziehung wäre. Glücklich sah er allerdings nicht aus, als er mir das sagte.

Beim Renovieren merkte ich erst recht, dass er eigentlich null Bock hatte auf »Trautes Heim, Glück allein.« Obwohl er sehr geschickte Hände besaß, kam er einfach nicht in die Pötte. Nachdem in einem Zimmer die Tapete endlich frisch an der Wand klebte, wurde er immer übellauniger, war oft unterwegs.

Es gab Szenen. Häufig saß er zwischen Farbeimern, Gipstüten, Besen und Leimtöpfen am Tisch im Wohnzimmer, telefonierte stundenlang heiter und gelöst mit Freunden. Wenn ich ins Zimmer kam, verstummte er. Häufig blieb er sogar über Nacht weg. Wenn ich ihn fragte, was los sei, sagte er: »Gar nichts.« Das ging so über Wochen, und ich glaubte ihm nicht.

Als die Wohnung endlich komplett renoviert war, beschlossen wir, im März 1995 eine Woche in Kanada und eine Woche auf den Malediven auszuspannen. Obwohl wir das beide entschieden, schien er mir immer noch sehr gedeckelt. Er freute sich nicht über die Wohnung, nicht auf die Reise.

Am 17. Februar – ich erinnere mich so genau an dieses Datum, weil meine beste Freundin an diesem Tag Geburtstag hat – lagen wir in unserer neuen Wohnung abends im Bett. Er wollte seine Ruhe haben, aber ich konfrontierte ihn mit der Wahrheit:»Du hast eine andere.«

Diesmal wich er mir nicht aus, sondern gab es sofort zu. Ich rang zuerst nach Luft und sagte schließlich:«Dann musst du ausziehen, am besten gleich morgen.«

Es gab keine Zukunft mehr für uns. Wenn man zusammenzieht, damit eine Beziehung etabliert und der Partner in dieser Zeit etwas mit einer anderen Frau anfängt, bringt das nichts. Natürlich ist mir klar, dass eine gute Beziehung auch einen Seitensprung aushalten muss, denn man weiß ja nie, was einem selbst so alles passieren kann. Aber bei Christian und mir lag der Fall ein bisschen anders. Da war nicht nur die Sehnsucht nach anderer Haut, nach prickelnderem Sex in ihm.

Schon vorher dachte ich manchmal, wenn ich ihn so maulig neben mir her trotten sah: Ist das wirklich der Richtige? Ich hatte mich hundert Prozent auf ihn eingelassen, mich ihm geöffnet, aber es gab natürlich Ebenen, auf denen wir nicht zusammenpassten. Zum Beispiel meine Sehnsucht nach Ruhe und Geborgenheit und seine nach Entertainment und Fun. Die Einsicht war schmerzhaft, aber ich wusste: Es geht nicht mehr.

Ich hatte schon einmal um ihn gekämpft – diesmal war es für mich vorbei. Ein paar Tage später zog er zu seinem Bruder.

Die andere sah ich später auf einer Fete, zu der wir unglücklicherweise beide eingeladen waren, Hand in Hand mit ihm stehen. Sie war eine Studentin von ihm, sechs Jahre jünger als ich. Bei ihrem Anblick fühlte ich mich alt und schäbig und wusste: Es ist ihm einfach passiert.

Ich war sehr gekränkt. Es ist einfach deprimierend, wenn eine besser ist als man selbst. Anderthalb Jahre habe ich mich gequält, um das zu überwinden.

Das damalige Leid sprach einen meiner Grundkonflikte an – das nicht akzeptierte, das unerwünschte Wesen zu sein. Meine Eltern wollten mich auch nicht. Ich war ein absolut unerwünschtes Kind. Als meine Mutter schwanger war, mussten die beiden heiraten – wie das in gutbürgerlichen Häusern so üblich ist. Die Hochzeit wurde von ihren und seinen Eltern einfach festgesetzt, Widerspruch zwecklos. Und meine Mutter war nur über eins froh: Dass ich erst zwei Wochen nach der Trauung zur Welt kam, denn so konnte gesagt werden, ich sei ehelich geboren.

Zu diesem Zeitpunkt hatte mein Vater erst sein Abi in der Tasche und noch keinen Beruf. Die beiden waren viel zu jung für eine Familiengründung. Das war völlig außerhalb der Norm, weil man im Westen ja erst viel später Kinder bekam – vor allem in Akademikerkreisen. Mein Vater brachte es trotzdem bis zum Chefarzt, meine Mutter studierte später Psychologie. Die beiden sind bis heute sehr rational. Es gibt in unserer Familie wenig Raum für Emotionen. Die beiden lassen sich nie gehen.

Als ich nach der ersten Trennung von Christian bei ihnen Trost suchte und an ihrem Abendbrottisch zu weinen begann, sagte mein Vater: »Das Wichtigste ist doch, dass du dich in deinem Beruf selbst verwirklichst.« Vor allem darauf legten sie bei mir und meiner Schwester wert – auf eine gute Ausbildung und auf Unabhängigkeit. Es gibt in unserer Familie auch keine Tradition des »Umeinanderkümmern«. Sie rufen nie bei mir an. Und wenn ich meiner Mutter am Telefon von meinen Problemen erzähle, dann beschwert sie sich nur, dass ich ihr eine Last auf die Schulter lade, die sie nicht mittragen will. Das ist einer meiner Grundkonflikte. Deshalb hat mich auch dieses Verlassenwerden so verletzt. Christian hatte einfach aufgehört, mich zu lieben.

Die andere hat er zwei Jahre später geheiratet. Wenig später bekam sie ein Kind. Das fand ich noch einmal unglaublich demütigend. Ich wollte immer eine feste Beziehung, die Ehe, Kinder. Er nie. Und dann heiratet er die andere nach kurzer Zeit und wird Vater! Obwohl ich damals schon in einer neuen Beziehung lebte, machte mir das richtig was aus. Ich wollte ein Kind, und er wird Vater! Das war hart. Bei mir war überhaupt nicht absehbar, dass ich einen Mann finde, mit dem ich Kinder in die Welt setzen will. Ich lebte noch allein in der großen, einst gemeinsamen Wohnung.

Inzwischen steht ihre Ehe auf der Kippe. Manchmal treffe ich mich mit Christian, und wir führen gute Gespräche miteinander. Dazu war ich erst nach drei Jahren fähig. Außerdem finde ich immer noch, dass er einen Knackarsch hat. Das Thema Partnerschaft ist für uns aber vom Tisch.

Vor dreieinhalb Jahren lernte ich einen anderen Mann, Manfred, kennen und wollte, dass er zu mir zieht. Er warb sehr um mich. Im Mai 2001 bekamen wir unseren Sohn. Inzwischen bin ich wieder von ihm schwanger, aber ich denke, dass ich mich von ihm trennen werde. Sogar seine Eltern raten mir, ihn rauszuschmeißen. Er ist auch für sie ein extrem aggressiver Mensch. Nicht tätlich, aber verbal. Wir sind auch nicht verheiratet, weil er das grundsätzlich ablehnt, da »Frauen die Männer nur ausnehmen«.

Es ist schwer, gerade als Schwangere, sich vom Vater der Kinder zu trennen, weil das in meinem bürgerlichen Umfeld völlig unakzeptabel ist. Alle hängen der bürgerlichen Familie als Ideal nach. Und eine Abtreibung kam für mich überhaupt nicht in Frage. Das ist für mich völlig unakzeptabel.

Nun denke ich, wenn ich ein Kind allein groß kriege, dann sicher auch ein zweites. Ohne Partner ist das natürlich schwer. Ich kenne viele Alleinstehende, die unglücklich sind. Aber noch unglücklicher sind die, die in falschen Beziehungen leben.

Ich bin das Kind meiner Eltern – sehr kontrolliert, sehr verbindlich – und will, dass die Trennung, die mir bevorsteht, glimpflich abläuft. Obwohl ich aus tiefster Seele monogam bin, würde ich Manfred betrügen, mich auf einen anderen einlassen, wenn es denn einen gäbe, der mir gefällt. Aber im Unterschied zu anderen würde ich es meinem Partner sofort sagen, ihn nie im Unklaren lassen über mein Tun.

Jetzt, mit 37 und ein zweites Mal schwanger, kann ich mir immer noch vorstellen, auf jemanden zu treffen, den ich liebe, der mich liebt und mit dem ich ein drittes Kind bekomme. Das Prinzip Hoffnung ist tief in mir verwurzelt.

Ich möchte keine Geliebte sein

Ulla, 42, Wissenschaftlerin

Siegfried hat mich zweimal in meinem Leben aus der Bahn geworfen. Das ist Fakt. Fakt ist aber auch, dass ich mich zweimal auf ihn einließ, obwohl schnell klar war, dass er sich keinen Deut verändert hatte. Ich konnte einfach nicht glauben, dass er mich noch einmal so verletzen würde. Obwohl ich ihn darum bat, es nicht zu tun. Obwohl ich die einzige Frau bin, die er wirklich je geliebt hat, wie er sagte. Obwohl ich ihm vertraute.

Wenn mich heute jemand betrügen würde, bekäme er keine zweite Chance von mir. Niemals. Sollte ich noch jemals einem Mann begegnen, der mir gefällt (und ich ihm), würde ich mir seinen Pass zeigen lassen, damit ich sehen kann, ob er verheiratet ist und für wie viele Kinder er zu sorgen hat. Ansonsten kommt kein Mann auf Dauer in meine Wohnung. Und mein Bett gehört mir. Das sage ich ohne Frust und Schwermut. Es hat seine Vorteile, glauben Sie mir. Und jetzt erzähle ich Ihnen meine Geschichte.

Es war im Studentensommer 1979, wir arbeiteten auf dem Bau des Gewandhauses in Leipzig. Als er eines Morgens durch die Tür zum Speisesaal kam, wusste ich: Der ist es! Das ist mir nie wieder passiert. Am Abend in der Disco sah ich ihn wieder und ging kurz entschlossen auf ihn zu. Ohne Worte tanzten wir die ganze Nacht miteinander, gingen zum See hinunter, schwebten gemeinsam durchs Wasser. Ich spürte dieses Gefühl absoluten Glücks. Er hieß, wie schon gesagt, Siegfried, studierte Soziologie, ich Physik. Er war 24, ich 20.

Wir sahen uns noch öfter in jenem Studentensommer. Als wir wieder eines Nachts am See saßen, erzählte er mir, dass er ein Kind hat. Ich fragte nach dessen Mutter. Er antwortete ausweichend, aber mich beunruhigte das nicht. Die Harmonie zwischen uns war so beglückend, wir waren uns so nahe – da würde er mich nicht belügen. War es nicht ein Zeichen des Vertrauens, dass er mir von dem Kind erzählte?

Nach dem Studentensommer fuhr ich zurück nach Berlin, er nach Thüringen – ohne das Versprechen auf ein Wiedersehen. Aber er schenkte mir vor der Abfahrt eine rote Rose. Für mich war völlig klar, dass wir zusammengehören, dass es mit uns weiter geht. Er hatte meine Telefonnummer. Ich wartete auf eine Nachricht, sehnte mich nach ihm. Aber er meldete sich nicht.

Es klingt verrückt, aber ich kannte nur seinen Namen und den Namen des Ortes, in dem er wohnte. Also setzte ich mich in den Zug, fuhr dorthin und fragte bei der Polizei nach Siegfrieds Adresse. Die kannten seine ganze Familie, denn sein Vater war Schuldirektor im Kreis. Weil sie meine Not sahen, brachten sie mich netterweise mit ihrem Dienstwagen direkt vor seine Haustür. Doch Siegfried war nicht da. Nur seine Tante. Die guckte mir lange in die Augen und sagte dann: »Weißt du, der Siegfried heiratet nächste Woche. Er ist in Karl-Marx-Stadt bei seiner Braut. Sie ist eine berühmte Schwimmerin. Kennst du sie?« Nein, ich kannte sie nicht.

Ich war wie versteinert. Jetzt verstand ich sein Ausweichen am See – er lebt mit Frau und Kind zusammen, und er wird sie heiraten. Mein Kopf war leer. Die Tante war voller Mitleid und füllte mir ein Schälchen von ihrem selbstgemachten Apfelkompott ein. Jahre später erzählte mir Siegfried, dass seine Tante mich auf Anhieb sehr mochte und es bedauerte, dass er sich nicht für mich entschieden hatte. Damit wickelte er mich zwanzig Jahre später sogar ein.

Noch am gleichen Tag trampte ich mit verwirrten Gefühlen zurück nach Hause und verstand die Welt nicht mehr. In Berlin griff ich mir auf der Post sämtliche Telefonbücher von Karl-Marx-Stadt, suchte alle Nummern zum Nachnamen der Frau, die er heiraten wollte, heraus und rief sie nacheinander an. Ich erzählte allen, die abnahmen, ich sei eine Bekannte von beiden und müsse ihn dringend sprechen. Als ich endlich ihren Bruder an der Strippe hatte, sagte der mir, dass die beiden gerade unterwegs seien. Also gab ich ihm meine Telefonnummer und bat darum, dass Siegfried mich zurückruft, was er auch tat.

Ich wollte eine Erklärung für das, was ich nicht verstand. Heute erinnere ich mich nur an Gestammel. Die Ferien waren dahin. Zu Semesterbeginn sahen wir uns in Leipzig wieder. Er wohnte mit Frau und Kind im selben Studentenwohnheim wie ich. Als ich ihm im Treppenhaus begegnete, erwartete ich immer noch eine Erklärung, aber er begann wieder zu stammeln – er hätte heiraten müssen, wegen des Kindes, und die Hochzeit wäre nicht mehr rückgängig zu machen gewesen. Offenbar genügte es mir damals, denn ich verstand das.

Wir sahen uns ab und zu. Er besuchte mich auf meinem Zimmer, wenn ich allein war. An mehr kann ich mich nicht erinnern. Aus heutiger Sicht war die Situation sehr belastend für mich, denn ich war ihm verfallen. Jedenfalls fühlte ich so. Nach ein paar Wochen lud er mich ein, mit ihm nach Thüringen zu fahren. Sein Vater hatte ihm sein Auto geliehen, das er zurückbringen musste. Ich wartete in einer Kneipe auf ihn, und als er von seinen Eltern wiederkam, hatte er den Schlüssel für eine Wohnung in seiner Tasche, in der wir übernachten konnten. Die war zwar möbliert, wirkte aber kalt, unbewohnt. Im Kühlschrank stand nicht mal ein Mineralwasser. Also kauften wir Butter, Brot, Käse, Wurst, ein paar Kerzen und Wein und machten es uns dort einigermaßen gemütlich. Weil wir beide ein bisschen froren, schlug er vor zu baden. Das ging aber nur zusammen, da das heiße Wasser im Boiler nicht für zwei reichte. In der Wanne gestand er mir dann beim Rückeneinseifen, dass er für die Stasi arbeitete, der auch diese Wohnung gehörte. Er wurde als Fallschirmspringer in einer Spezialeinheit ausgebildet. Zwanzig Jahre später besuchten wir gemeinsam Prora und Gransee, die Stätten seiner Ausbildung zum Auslandsagenten, Manipulation inbegriffen – 007 lässt grüßen.

Warum er mir das damals erzählte, weiß ich nicht. Ich war wie versteinert. Aber ich blieb da. Wo sollte ich auch hin – mitten in der Nacht im unbekannten Thüringen? Doch schlafen konnte ich in diesem Moment nicht mit ihm, es wäre das erste Mal zwischen uns gewesen. Der Schock saß zu tief, auch wenn er mir immer wieder versicherte, er wäre mit mir nur in dieser Wohnung, um endlich mit mir allein zu sein.

In Leipzig gingen wir dann getrennte Wege, aber ich wartete auf ihn. Er kam manchmal zu mir, wenn meine Mitbewohnerin auf Achse war, aber er blieb nie sehr lange. Oft versprach er auch nur zu kommen, kam dann aber nicht. Sicher waren es seine großen blauen Augen, sein blondes, langes Haar, seine sportliche Figur, der Duft seines Körpers – diese Mischung aus Terence Hill und Klaus Kinski –, die mich das alles schlucken ließen. Ich war immer noch überzeugt, dass wir zusammengehörten und zusammenkommen würden. Und ich wartete und wartete – leer im Kopf – auf Siegfried. Natürlich wollte ich eine klare Entscheidung von ihm. Natürlich kam ich mit dieser Situation nicht zurecht, war völlig durchgedreht, konnte nicht lernen, mich nicht auf das Studium konzentrieren, hatte nur Sehnsucht nach ihm.

Ein halbes Jahr später begann für mich ein Praktikum in Berlin und er versprach, mich in dieser Zeit zu besuchen. Als er sich nicht meldete, schickte ich ihm ein Telegramm ins Studentenwohnheim, in dem stand: »Wann kommst Du? Ich warte auf Dich.« Keine Unterschrift. Der Text war eindeutig, und ich wusste, dass mit hoher Wahrscheinlichkeit seine Frau das Telegramm öffnen würde. Es war mir egal, denn so könnte es wenigstens eine Entscheidung geben. Ein Kommilitone aus meinem Studienjahr überbrachte mir dann einen Brief von ihm, in dem stand, dass ich ihn endlich in Ruhe lassen solle, weil er seine Ehe nicht weiter gefährden wolle. Zwanzig Jahre später verbrannten Siegfried und ich diesen Brief dann gemeinsam. So lange hob ich ihn auf ...

Doch damals lag ich erst einmal drei Tage regungslos im Bett, bis meine Mutter eingriff, mich mit Gewalt aus meiner Lethargie riss. Ich erholte mich nur langsam. Es war eine so unerträgliche Erniedrigung für mich. Ich schlief mit jedem halbwegs Akzeptablen, der mir über den Weg lief, wollte Siegfried rausbrennen aus mir. Erst in Leipzig kam ich wieder zu mir, ging ihm nun konsequent aus dem Weg.

Befreit von den Qualen dieser unseligen Liebe und des Wartens, lernte ich schließlich André, den Vater meiner Kinder, kennen. Im Frühjahr 1982, genau in der Prüfungszeit, wurde ich das erste Mal schwanger. Als ich im fünften Monat war, kam plötzlich Siegfried in mein Zimmer und wollte mit mir reden. Wir hockten uns in die Duschkabine, weil ich das Zimmer ja mit einer Kommilitonin teilte und sie keine Anstalten machte, uns ein paar Minuten alleine zu lassen. Das wäre allerdings auch gar nicht nötig gewesen, denn er erzählte mir nur, dass er demnächst zurückkehrt nach Thüringen.

»Schön«, sagte ich, »und ich bin im fünften Monat schwanger.« Er wollte seinen Arm um mich legen und mich küssen. Ich war angewidert, stieß ihn zurück. Nicht mal vor einer schwangeren Frau machte er Halt. Nach diesem Treffen dachte ich, dass diese unselige Geschichte für mich nun ein für alle Mal erledigt wäre. André und ich führten, was man ein normales Familienleben nennt. Wir liebten unsere Tochter. 1986 bekam ich unser zweites Kind. Später änderte sich unsere Beziehung, allerdings schleichend. Wir lebten zwar in einer gemeinsamen Wohnung, aber ab einem gewissen Punkt nur noch nebeneinander her. Da war mit einem Mal nichts mehr zwischen uns. Mittlerweile trank er sehr viel und raubte mir mit seinen alkoholischen Exzessen den letzten Schlaf. 1994, zwölf Jahre später, verließ mich André, ging zu einer anderen. Ich kam abends aus meinem Institut nach Hause, und er war weg. Ich habe es am fehlenden Rasierzeug gemerkt. Es berührte mich nicht allzu sehr. Ich trug es mit Fassung, rief meine Mutter an, damit sie mir hilft, das Leben allein mit den zwei Kindern zu organisieren. Etwa drei Wochen brauchte ich, um mich neu zu strukturieren, dann ging es mir hervorragend. Ich fühlte mich frei, hatte beruflichen Erfolg, promovierte und bekleidete eigene Projekte an unserem Institut. Unsere Tochter verkraftete die Trennung von ihrem Vater gut, unser Sohn allerdings litt noch lange darunter.

Es war im Februar 1998, als ich im Internet nach einer Adresse in Suhl suchte und die einer Immobilienfirma fand, unter der Siegfrieds Nachname stand. Mir war intuitiv klar, dass das seine Firma war. Ich schrieb mir die Nummer auf, legte sie weg und war mir sicher, dass ich dort nie anrufen würde.

Eine Woche später rief er mich an. Das war, ich schwöre es, ein Zufall, oder wie eine Freundin sagt – Bestimmung. Ich hätte ihn jedenfalls nicht angerufen. Wir schwatzten miteinander, zwanzig Jahre sind eine lange Zeit. Seine Frau und er hatten sich 1985 scheiden lassen. Seine beiden Söhne lebten bei ihr. Die Zeit um und nach der Wende war für ihn hart. Kein Wunder. Mit seiner Vergangenheit war es schwer, Fuß zu fassen, aber er hatte es geschafft. Ich fragte ihn auch, ob er frei sei. »Ja«, antwortete er, »ich bin frei in meinen Entscheidungen.« Daraus schlussfolgerte ich: Er ist frei, nicht gebunden, keine Frau – wie wunderbar. Wir telefonierten täglich. Schon am Telefon stellte sich die alte Vertrautheit ein.

Eine Woche später trafen wir uns in Berlin, und es war wie zwanzig Jahre zuvor: Ich sah ihn und wusste: Der ist es! Immer noch. Ich war sofort wieder verliebt in ihn. Ich fühlte mich glücklich und wohl. Wir gingen zu mir nach Hause, und er blieb über Nacht. Ich war gespannt. Wenn er nur auf eine kurze Nacht mit einer Verflossenen aus war, würde er danach auf

Nimmerwiedersehen verschwinden. Falls nicht, wollte ich mich auf ihn einlassen. Das war wie ein Experiment für mich: Wir öffnen uns, lassen alles zu. Ich sagte ihm allerdings in der ersten Nacht, dass ich nur eine auf gegenseitigem Vertrauen basierende Beziehung akzeptiere. Ich wollte keine Geliebte, sondern Partnerin sein.

Er kam wieder, und ich dachte, unsere gemeinsame Zukunft würde großartig sein. Wie schon gesagt, wir telefonierten täglich. Unsere Telefonrechnungen verfünffachten sich. Siegfried kam im Wochenrhythmus nach Berlin. Entweder am Wochenende oder in der Woche zwei, drei Tage. Nach vierzehn Tagen stellte er mich seinem Bruder und dessen Freundin vor, die ihn in die Stadt begleitet hatten. Für mich war das ein Zeichen seiner ernsten Absichten. Ich wurde in die Familie eingeführt! Ich wusste damals noch nicht, dass sein Bruder verheiratet war und solche Ausflüge für Treffen mit seiner ebenfalls verheirateten Geliebten nutzte.

Während eines gemeinsamen Bummels sagte mir Siegfried dann wie nebenbei: »Da ist übrigens noch ein Kind.« Wie aus der Pistole geschossen kam meine Frage hinterher: »Und die Mutter?« Und er antwortete: »Naja, die ist auch noch da, aber es ist nichts mehr zwischen uns.« Nun wollte ich von ihm wissen: »Wird das Problem gelöst?« Und er sagte: »Ja.«

Ich vertraute ihm, nahm diese Aussage als Entscheidung für mich. Die Sache war für mich vorerst erledigt. Er würde mir doch nicht noch einmal so weh tun.

Dann stand Ostern vor der Tür, und Siegfried und ich wollten an die Ostsee fahren. Die Kinder waren an die Großeltern verkauft, und ich wartete auf ihn. Er tauchte aber nicht auf. Keine Nachricht, kein Anruf. Ich versuchte, ihn über Handy zu erreichen, aber da sagte diese furchtbare Stimme immer nur: »Der gewünschte Gesprächspartner ist nicht erreichbar ...« Ich war wie betäubt. Ich wartete. Meine Mutter sah sehr wohl, wie ich litt. Sie schimpfte mit mir: »Er hat ein Kind. Der Kerl ist bestimmt mit seiner Familie im Skiurlaub und lässt es sich gut gehen. Der macht sich keine Gedanken um dich. Und du sitzt hier und vergeudest deine Zeit. Lass die Finger von dem. Er schadet dir.«

Manchmal sollte man auf die Mutter hören.

Aber ich konnte nicht von ihm lassen, hatte das absolute Bedürfnis, nur mit ihm zusammenzusein. In seinen Armen war ich glücklich. Der Sex mit ihm war wundervoll, nicht weil er es gut »konnte« – es lag einfach an ihm. Vielleicht strömt sein Körper ja irgendwelche Duftstoffe aus, auf die ich voll abfahre. Ich nahm sieben Kilo ab, einfach so, ohne etwas dafür tun zu müssen. Ich fühlte mich schön. Ein Kollege von mir sagte, dass er noch keine Frau gesehen hätte, die so verliebt gewesen sei wie ich. So fühlte ich mich auch. Ostermontag kreuzte er dann endlich bei mir auf. Meinen Missmut konterte er mit absolut schlechter Laune seinerseits. Wir fuhren trotzdem an die Ostsee, und ich zeigte ihm Zingst, Prerow und Ahrenshoop. Er kannte diese Orte überhaupt nicht. Es wurde dann doch zauberhaft.

Auf dieser Reise wollte ich endlich von ihm wissen, wie sein Verhältnis zur Mutter seines Kindes sei: »Du hast immer 1A gebügelte Hemden an, und eine Frau, die von ihrem Mann nichts mehr wissen will, stellt sich nicht für ihn ans Bügelbrett.« Er sagte nichts dazu, aber nach diesem Ausflug trug er nur noch T-Shirts oder Pullover – der Bequemlichkeit halber, wie er sagte. Auffällig war auch, dass er in meiner Wohnung nie etwas liegen ließ. Außer seinem Geruch in meiner Bettwäsche erinnerte nichts an ihn. Keine Zahnbürste, kein Rasierapparat, keine Hausschuhe, kein Zettelchen mit einem lieben Wort. Seine früheren Ausbilder waren eben gründlich.

Im Mai trafen wir uns einmal in Thüringen, und als ich ihn mit der Frage löcherte, warum er denn nie sein Handy an hat, gestand er mir: »Ich bin verheiratet.« Noch ein Schock, dabei hatte ich ihm von Anfang an gesagt: Ich möchte keine Geliebte sein. Ich möchte eine würdige, partnerschaftliche Beziehung. Er hatte das nicht respektiert. Richtig verblüfft war ich, als er mir seine Wohnung zeigte. Wo war seine Frau? Wo sein Kind? Was wäre, wenn sie unerwartet auftauchten? Heute bezweifle ich, dass es wirklich ihre gemeinsame Wohnung war. Vielleicht nur eine Musterwohnung seiner Firma. Rätselhaft.

Wenn er mir von seiner Frau erzählte, beteuerte er, dass es zwischen ihnen schon längst nicht mehr stimmt, er sie aber aus finanziellen Gründen nicht verlassen könne. Eine Scheidung wäre sein Ruin. Außerdem behauptete er inzwischen, das Kind sei gar nicht von ihm. Er wäre zum Zeitpunkt der Zeugung im Ausland gewesen, definitiv. Warum erzählte er mir das? Ich fragte wieder: »Wird das Problem irgendwann gelöst?« Und er antwortete: »Ja, aber auf meine Weise. Irgendwann. Ohne Geldsorgen.«

Damit versuchte ich zu leben. Ich vertraute ihm immer noch. Im Sommer 1998 fuhren wir zusammen nach Italien, an den Lago Maggiore. Die Tage mit ihm waren traumhaft. Sehr italienisch. Eigentlich wollte er etwas später noch einmal mit mir und den Kindern ein paar Tage wegfahren, und zu Weihnachten mit uns in die Berge, aber er enttäuschte uns auch diesmal, kam einfach nicht, ließ uns warten. An Ausreden mangelte es ihm nie: Zu viel zu tun, seine Tochter sei schwer krank, die Steuererklärung beanspruche ihn mehr als sonst, die Wäsche aus dem letzten Urlaub mit seiner Familie müsse noch gewaschen werden. Von Scheidung war nie die Rede.

Doch, einmal sagte er etwas von einem Scheidungstermin. Wir telefonierten vorher lange miteinander. Danach ließ er sich von mir trösten, weil es noch nicht ausgestanden sei. Heute weiß ich, dass es diesen Termin nie gab.

Unsere Beziehung dauerte drei Jahre. Ich war in Berlin, er in Thüringen. Er rief mich jeden Morgen um acht an. Ich besuchte ihn nicht oft, da ich im Hotel wohnen musste, was ich als erniedrigend und zu teuer empfand. Wenn ich kam, ließ ich ihn das Hotelzimmer zahlen. Er hätte schon längst in eine kleine eigene Wohnung ziehen und klare Verhältnisse schaffen können. Er war immerhin Immobilienmakler. Er brachte auch oft Prospekte von Wohnungen und Häusern mit, die er sich mit mir gemeinsam anschauen wollte. Dazu kam es aber irgendwie nie.

In dieser Zeit flog ich beruflich dreimal in die USA. Zweimal besuchte er mich dort. Das erste Mal wohnten wir in einem Hotel, das zweite Mal bei Bekannten. Nirgendwo schien er mir glücklicher, entspannter als in dieser Zeit in Kalifornien. Alle Probleme waren weit, weit weg, und das Handy funktionierte dort sowieso nicht. So hätte es immer zwischen uns sein können – aber er ließ es nicht zu.

Als Siegfried dann auch das dritte Weihnachtsfest nicht mit uns feierte, war mir klar: So durfte es nicht weitergehen. Er hatte nicht mal Bescheid gesagt, dass er fortbleibt. Vom 21. bis zum 26. Dezember 2000 schien er wie vom Erdboden verschluckt. Ich wusste nur, dass er vor dem Fest wegen dringender Geschäfte mit seinem Geschäftspartner nach Italien musste. Ich rief dann Jana, die Freundin des Geschäftspartners, an, um von ihr zu erfahren, wie ich die beiden erreichen kann. Einen Moment stutzte sie am Telefon, dann sagte sie: »Du, mein Mann und ich sind gerade zusammen in Island. Wo Siegfried ist, weiß ich gar nicht. Es war abgemacht, dass er mit dir nach Italien fährt, und ich dachte, er sei mit dir dort.«

Jana hatte mir schon vorher einmal gesagt, dass Siegfried lügt, sobald er den Mund aufmacht, und dass er sich nie von seiner Frau trennen würde. Ich hatte es ihr damals einfach nicht abgenommen. Als ich ihn einmal damit konfrontierte, reagierte er sehr wütend und war sauer, dass sie sich in seine Angelegenheiten einmischt. Zum Vorwurf selbst nahm er nicht Stellung.

Jetzt glaubte ich ihr. Trotzdem, es war vertrackt, wartete ich so sehr auf ein Zeichen von ihm. Ich hörte das Telefon klingeln, obwohl es nicht klingelte. Er ging mit meiner Zeit um, als wäre sie nichts wert, fand stets neue Ausreden, warum er nicht kommen kann. So war es eigentlich immer. Einmal hatte seine Mutter einen Unfall, sie läge im Krankenhaus, sagte er. Ich rief bei ihr zu Hause an und gab mich als ehemalige Kommilitonin von ihm aus. Sie war zu Hause. Es war das einzige Mal, dass ich ihn kontrollierte – Volltreffer. Er hatte gelogen.

Dann fiel ihm auf der Fahrt zu mir angeblich eine Tür vom Auto ab, und er musste dringend eine Werkstatt finden. Ein anderes Mal hatte er seinen Koffer vor der Haustür stehen lassen und musste deshalb auf der Hälfte der Strecke umdrehen. Oder er stand im Stau. Meine Devise lautete: Spioniere ihm nicht nach, vertraue ihm. Erstens kostet Nachspionieren Zeit, und zweitens wird es sowieso irgendwann rauskommen, wenn er lügt. Davon war ich überzeugt. Und manchmal dachte ich: Warum wird uns eigentlich permanent suggeriert, dass ein Leben ohne Mann, ohne Partner, nichts wert ist? Viele Frauen geben ihr eigenes Leben auf für »ihn«. Gehörte ich nicht schon längst dazu? Dabei hatte ich beruflichen Erfolg, arbeitete bei der NASA in den USA und hielt in Japan Vorträge auf Konferenzen. Ich kann nicht sagen, dass ihn das mit Stolz erfüllte. Im Gegenteil. Er versuchte mich bei jeder Gelegenheit klein zu machen: »Wissenschaftler sind Schmarotzer, die nur unsere Steuergelder verplempern.« Wenn ich ihm hin und wieder verdeutlichte, was Wissenschaftler alles erschaffen: »Zum Beispiel dein Auto, das du so gerne fährst«, winkte er genervt ab. Wie unverzichtbar Immobilienmakler in dieser Gesellschaft sind, wollte ich ihm nicht entgegenhalten.

Silvester, wieder allein, entschied ich dann, dass endgültig Schluss ist, obwohl mir vor dem Umschalten auf ein Leben ohne ihn graute. Kurz nach Silvester rief ich Jana noch einmal an und bat sie, mir zu sagen, in welcher Kanzlei die Frau von Siegfried arbeitet. Ich wollte das Problem dorthin packen, wo es hingehört. Nicht ich war das Problem. Das lag zwischen ihm und seiner Frau, wenn er fremdging. Und ich wusste, wenn seine Frau involviert ist, wird endgültig Schluss sein. Keine Anrufe, kein Warten und endlich keine Lügen mehr.

Meine Tochter fand, dass ich rachsüchtig sei, doch ich widersprach. Ich wollte das Problem für mich ein für alle Mal aus der Welt schaffen und nicht seine Frau verletzen. Die Erkenntnis an sich würde schmerzhaft genug für sie sein. Ich dachte lange darüber nach, was ich an ihrer Stelle empfinden würde, wenn ich die Wahrheit erführe. Ich hätte mir gewünscht, es von ihm selbst zu erfahren. Ich wollte, dass sie entscheidet, ob sie die Geschichte von ihm, von mir oder vielleicht gar nicht hören will.

Bei unserem ersten Telefonat sagte ich deshalb zu ihr: »Hallo, ich bin eine Bekannte Ihres Mannes und will Ihnen die Gelegenheit geben, mir Fragen zu stellen.« Dann gab ich ihr für den eventuellen Rückruf meine Telefonnummer, sagte aber nicht, worum es geht. Ich erwartete, dass sie Siegfried, ihren Mann, nach unserem Gespräch sofort fragen würde, was das denn für eine Bekannte wäre, die sie da gerade angerufen hat, und ob er ihr etwas zu sagen hätte. Ich weiß nicht warum, aber sie sprach nicht mit ihm. Vielleicht war ja sein Handy wie immer aus.

Nach einer Stunde klingelte mein Telefon und sie fragte: »Worum geht es denn?« Und ich antwortete: »Um Ihren Mann. Wollen Sie die Geschichte hören?« Als sie bejahte, erzählte ich ihr die ganze Story, stellte ihr aber frei, jederzeit abzubrechen.

Wir telefonierten zwei Stunden, und sie war völlig überrascht, bis dahin vollkommen ahnungslos. Sie schilderte mir das schönste Weihnachten und Silvester, das sie je zusammen gefeiert hätten. Ihr Mann wäre so voller Liebe für sie und das Kind gewesen. Mir sagte er, dass er Weihnachten hasst.

Einmal hätte ihr jemand etwas von einer Geliebten gesteckt, aber sie empfand das als völlig absurd, schob es weg. Klar hätte es auch in ihrer Ehe Probleme gegeben. Die gäbe es überall. Er sei ja auch nie da. Außerdem wäre Siegfried so schwer zu erreichen, sein Handy immer aus. Ich erzählte ihr von den Bekannten aus ihrem Bekanntenkreis, mit denen ich durch Siegfried verkehrte. Ich erzählte ihr auch, dass ich von den meisten dieser Bekannten auch die Geliebte kannte. Es gäbe einen Kreis der Geliebten und einen Kreis der Ehefrauen, die sich niemals kreuzten. Aber in der Kleinstadt wüssten alle außer den betroffenen Ehefrauen Bescheid.

Zum Schluss sagte ich ihr, dass ich alles, was mich an ihn erinnert, nicht mehr behalten möchte. Ich wollte ihn aus meinem Leben katapultieren. Da ich keine Adresse von ihm besaß – die gab er mir nie, war außerdem inzwischen umgezogen –, würde ich den ganzen Kram an sie in die Kanzlei schicken. Sie könne es ihm geben, es sich selber anschauen oder wegschmeißen – mir war das egal.

Gleich nach unserem Gespräch stopfte ich alles in einen Karton: einen BH, den er mir geschenkt hatte, einen Anorak gegen die kalte Brise an der Ostsee, ein Parfüm, mit dem er sie und mich gleichzeitig beglückte. Ein Freund von Siegfried hatte es mir verraten. Die Kiste war im Nu voll. Obenauf legte ich die Fotos, die ich mir vor dem Verschnüren noch einmal ansah. Besonders aufmerksam die aus Frankreich, wo ich mit ihm war, als ich dort einen Vortrag bei der französischen Raumfahrtbehörde hielt. Es waren traumhafte Tage, Abende und Nächte in der Stadt an der Seine. Ich wunderte mich damals lediglich, dass er meist nur Häuser und Straßen fotografierte. Ziemlich langweilig. Ich blieb immer im Hintergrund. Heute ist mir klar, warum: Ich sollte einfach nirgendwo drauf sein. Dann konnte er die Bilder unbesorgt auch zu Hause zeigen, als Beweis sozusagen. Dies ist nur so ein Detail, das mir in diesem Augenblick auffiel. Wie schon gesagt – seine Ausbildung bei der Stasi war wirklich gut.

Nachdem seine Frau meine Post erhalten hatte, rief sie mich noch einmal an und fragte, ob die Daten auf den Fotos wirklich die Zeit angeben, in der sie aufgenommen wurden. Als ich bejahte, sagte sie, er hätte ihr erzählt, dass er zur Fußballweltmeisterschaft nach Paris gefahren sei. Dabei interessierte er sich nicht die Bohne für Fußball.

Ein paar Fotos hatten wir auf dem Darß geschossen. Auf einem waren wir auf dem Leuchtturm zu sehen, wie wir uns gerade küssen. Auf einem anderen tobten wir den Strand entlang. Er sagte mir damals, trunken vor Freude: »Hier müsste man mal mit dem Wohnwagen herfahren.« Das tat er dann auch – mit seiner Frau und seinem Kind.

Als sie die Fotos in den Händen hielt, begriff sie, was da gelaufen ist: Mit mir hat er das alles entdeckt, mit ihr alles wiederholt. »An diesen Orten waren wir auch überall«, sagte sie leise. Was sollte ich ihr erwidern?

Ich bot ihr ein Treffen an, weil sie mir sehr verzweifelt schien. Schon deshalb, weil sie zwischen unseren Telefonaten am 2. Januar und am 5. Januar vergeblich versuchte, mit ihm zu sprechen. Wenn sie morgens zur Arbeit ging, schlief er noch, und abends war er nie da. Sie fragte mich, wie ich mich oder wie Siegfried sich wohl entscheiden würde. »Das ist mir jetzt aber zu passiv«, antwortete ich. »Warum machen Sie Ihre Entscheidung von der meinigen oder der seinigen abhängig? Haben Sie keine eigenen Wünsche und Träume?«

»Doch«, sagte sie, aber das kam auch sehr leise.

Als er mich schließlich anrief, klang es so, als wüsste er bereits, dass irgendetwas passiert ist. Als er danach fragte, sagte ich: »Geh nach Hause und sprich mit deiner Frau!«

Seitdem habe ich nichts mehr von Siegfried gehört. Ich weiß nicht, ob sie noch zusammen sind. Ob ich es wissen will? Nur nicht drin bohren.

Im Februar 2001 war ich wieder in den USA. Der Abstand tat mir gut. Ich sprach natürlich mit Freunden, die Siegfried kannten, über die Trennung. Zum Trost bekam ich die Trennungsgeschichten von halb Kalifornien serviert. Erschreckend war das Muster, das hinter all diesen Geschichten, meiner eingeschlossen, steckte. Keine unterschied sich in ihrer Erbärmlichkeit wesentlich von den anderen. Der Unterschied lag nur im Ausgang – tragisch oder weniger tragisch. Ich kam darüber hinweg.

Übrigens: Als ich Weihnachten beschloss, mich von Siegfried zu trennen, eröffnete mir ein langjähriger, verheirateter Kollege, den ich sehr mochte, dass er seit einem halben Jahr nachts nicht mehr schlafen könne, weil ich in seinen Wachträumen die Hauptrolle spiele. Er sei dagegen völlig machtlos. Ich sagte ihm: »Klär das mit deiner Frau«, aber er fand, das ginge nur ihn was an. Er wolle sie damit nicht belasten und sich auch nicht von ihr trennen. Danach hatte ich ihn auch gar nicht gefragt.

Na, wenn das kein Muster ist!! Inzwischen redet er mit mir nur noch das Nötigste, und so gehen mir kollegiale Unterstützung und fachlicher Austausch verloren.

Finde dich damit ab –
so was passiert nun mal

Zora, 42, Friseurin

D as »Café Nord«, eine Nachtbar in der Schönhauser Allee, war in den Siebzigern in Ostberlin absoluter Kult. So wie heute das »Oxymoron« in den Hackeschen Höfen. Dort lernte ich, damals 18, Peter, damals 25, kennen. Er stand an der Bar, trank Gin mit Zitrone und Eis und war absolut mein Typ. Er roch gut, trug tolle Klamotten, tanzte wie John Travolta und war Volleyballtrainer für den Nachwuchs. Kurz nach Mitternacht war er verschwunden, und ich kannte nicht mal seine Telefonnummer.

Drei Wochen später trafen wir uns zufällig in der Friedrichstraße. Er ging gerade mit seinem Cocker Gassi, und als der interessiert an meinem linken Bein herumschnupperte, sagte Peter: »Ach nee, wir kennen uns doch.«

Ich wurde knallrot und fragte: »Wollen wir nicht mal zusammen einen Kaffee trinken?« Dann tauschten wir unsere Telefonnummern aus, vereinbarten einen Treff in der Mokka-Milch-Eisbar, und als er mir bei einem Nougatbecher mit Sahne gegenübersaß, habe ich ihn einfach nur noch angeschmachtet. Am Abend landeten wir auf seiner schmalen Couch. Wir hatten uns kaum berührt, da ging die Post ab. Der Sex mit ihm war atemlos, uferlos.

Drei Monate später hängte ich meine Kleider und Blusen in seinen Schrank, briet ihm jedes Wochenende blutige Steaks, schob ganze Bleche Streuselkuchen mit viel Butter in den Ofen und fand unser Leben schön – obwohl er sehr oft weg war. So viele Dienstreisen. Vor allem nach Dresden. Aber ich vertraute ihm. Einmal kam er von dort zurück und hatte das neueste Album von den »Stones« dabei. Das war zu DDR-Zeiten so was wie ein Fünfer im Lotto, und ich fragte ihn, wie er denn an diese brandneue LP gekommen sei. Da wurde er plötzlich sehr einsilbig, brubbelte was von einem Kollegen mit Westverwandtschaft und verkrümelte sich unter seine Kopfhörer.

Am nächsten Tag hatte ich Spätschicht, und als die Tür hinter ihm ins Schloss fiel, ritt mich der Teufel und ich kramte in seiner Tasche herum. Ich fand unter seinen verkrumpelten Socken und T-Shirts Nacktfotos von ihm und seiner ehemaligen Freundin, die inzwischen in den Westen ausgereist war. Die beiden hatten sich am Wochenende in Prag getroffen und ihre Liebesspiele auf Polaroids verewigt, auf denen unten das Datum stand. Sie hatte sie inniglich signiert: »Bussi und Küssi. In Liebe. Deine Viola.«

Ich war unsagbar traurig, heulte zwei, drei Badetücher voll und überlegte, wie ich ihm sagen soll, dass ich die Bilder gefunden habe. Als er abends kam und meine verquollenen Augen sah, fragte er voller Zärtlichkeit: »Was ist denn passiert. Komm doch mal her.« Er nahm mich in den Arm, schob mich dann aber brüsk weg, weil ich sein hellblaues Lieblingshemd mit schwarzer Wimperntusche verschmiert hatte.

Ich war so geschockt über seine Reaktion, dass ich die Bilder aus seiner Reisetasche zog und ihm vor die Füße warf. Er war völlig verdattert und sagte: »Was fällt dir ein, in meinen Sachen herumzuschnüffeln? Jetzt musst du dich damit abfinden – es ist nun mal passiert.« Er meinte das in vollem Ernst: Finde dich damit ab, so was passiert nun mal. Ich stehe hier und kann nicht anders.

Aber ich, ich konnte anders. Ich stopfte mein Zeug in drei Plastiktüten und ging zu meiner Mutter. Wie im Film. Am nächsten Morgen stand er mit roten Rosen vor dem Salon, in dem ich gerade eine Kundin gründlich einseifte. »Ist der süß«, flüsterte meine Chefin, als er wie ein Götterbote vor mir stand und mich anflehte: »Komm zu mir zurück!« Wie im Film. Und ich stand da und konnte nicht anders. Er war tatsächlich süß.

Die sechs Jahre, die nach dem Happy End folgten, waren voller Höhen und Tiefen – aber insgesamt erfreulich. Nach drei Jahren kam Anna, unsere Tochter, zur Welt, und ich dachte: So, jetzt sind wir zu dritt, eine richtige Familie, und Peter ist dein Mann.

Wir waren aber nicht wirklich eine Familie. Peter war ständig auf Achse, und wenn er nach Hause kam, wollte er eigentlich nur noch seine Ruhe. Sex? Nein, danke! Mir fehlten so ein paar Streicheleinheiten, aber fremdgehen wollte ich nie, obwohl ich reichlich gekonnt hätte. Ich arbeitete damals in einem Herrensalon, und ein kleiner Flirt gehörte zum Waschen und Schneiden dazu. Das reichte mir auch aus. Einmal bin ich mit einem meiner Kunden ins Café gegangen, aber das war's dann auch. Selbst dabei hatte ich ein schlechtes Gewissen.

Eigentlich wollten wir nie heiraten, aber kurz nach Peters 32. Geburtstag hatte sein Vater einen Herzinfarkt. Es war sein dritter. Er erholte sich wieder, aber aus Angst, den vierten nicht mehr zu überleben, bat er uns: »Heiratet bitte! Nehmt es als meinen letzten Wunsch.«

Wir taten es – ihm zuliebe. Am Morgen unserer Hochzeit standen wir in der Küche, gossen uns einen Whiskey ein und überlegten tatsächlich, ob wir das Ganze nicht abblasen sollten. In den letzten Monaten hatten wir uns mehr gestritten als geküsst. Nach dem dritten Whiskey sagten wir dann aber: Okay, wir heiraten!

Das Standesamt war furchtbar, die Standesbeamtin war noch furchtbarer, aber der Whiskey wärmte uns. Nach der grauslichen Zeremonie gingen Peter und ich »schön essen« und feierten am Abend mit Freunden und der Familie in unserer Wohnung. Es war kein rauschendes Fest.

Die Hochzeit änderte nichts an unserer Beziehung, obwohl ich gehofft hatte, dass nun alles besser wird. Es wurde aber nichts besser. Peter war ständig müde und hatte überhaupt keine Lust mehr, mit mir zu schlafen. Ich durchstreifte die teuersten Dessousläden Berlins, kaufte mir Negligés, badete und ölte mich jeden Abend, bevor er kam. Aber er wollte mich nicht. Ich war traurig, wusste überhaupt nicht, was los ist, wollte mit ihm reden, aber er wiegelte ab: »Du kennst doch meinen Stress. Ich bin so viel unterwegs, und wenn ich mal zu Hause bin, dann will ich einfach nur meine Ruhe haben.«

Ende Mai war er noch mehr unterwegs, auch an den Wochenenden. Immer öfter trainierte er mit seinem Nachwuchs in Dresden. Als ich ihn fragte, ob sein Sportclub dort eine Filiale eröffnet hat, reagierte er gar nicht darauf.

Und dann klingelte es an einem Samstag an unserer Wohnungstür. Eine junge Frau mit langen, dauergewellten blonden Haaren stand vor der Tür. Sie war schwanger und sagte: »Guten Tag. Ich bin Simone, die Freundin von Peter – wann geben Sie ihn endlich frei?«

Ich musste dreimal schlucken, bevor ich sagen konnte: »Kommen Sie doch herein. Möchten Sie einen Kaffee, oder lieber Tee?« Ich war völlig perplex – das sollte die Geliebte von Peter sein? Natürlich wusste ich, dass er immerzu flirtete, aber dass er fremdgeht, hätte ich nie gedacht. In diesem Moment ahnte ich auch noch nicht, dass das Kind von ihm ist.

Wir sahen in der Küche schweigend zu, wie der Kaffee durch die Maschine lief, und da wurde mir ihr dicker Bauch endlich bewusst. Ich bot ihr einen Platz an. Als sie saß, sagte sie: »Peter hat Ihnen ja schon erzählt, dass es mich gibt. Er hat mir versprochen, dass er sich scheiden lässt und mit Ihnen auch schon darüber geredet hat. Aber Sie wollen nicht, weil Sie ja erst ein Jahr verheiratet sind.«

Ich war völlig baff und sagte: »Nein, das Wörtchen Scheidung ist zwischen uns noch kein einziges Mal gefallen. Ich

wusste ja bis vor fünf Minuten noch nicht mal, dass es Sie gibt.«
Jetzt war sie erstaunt: »Aber er hat mir doch Ihre Gespräche in
allen Einzelheiten erzählt!«

»Wollen wir einen Sekt zusammen trinken?«, fragte ich. Und
sie darauf: »Na ja, ich bin schwanger. Aber besondere Um-
stände verlangen besondere Reaktionen. Also: gern.« Ich ließ
den Korken knallen, füllte unsere Gläser und prostete ihr zu:
»Peter hat zwar noch nicht mit mir über eine Scheidung gespro-
chen, aber du kannst ihn haben.« Nach zwei Minuten hatte ich
bereits drei Gläser intus. Sie trank langsam ihren Kelch aus und
sah dabei aus wie eine, die weiß: So, das habe ich geschafft.

Langsam kochte die Wut in mir hoch, als ich sie da so dick
und doof sitzen sah, und dachte: So, jetzt ist es aber gut. Das
reicht jetzt. Es wäre schön, wenn du endlich gehen würdest.
Aber sie schien sich in meiner Küche inzwischen wohl zu fühlen, nippte weiter an ihrem Sekt. Also sagte ich mit leidlich
moderater Stimme: »Leider kann ich nicht weiter mit dir plau-
dern, ich muss nämlich noch arbeiten.«

Als sie weg war, wollte ich eigentlich ein bisschen heulen,
aber es kam keine einzige Träne. Erst als meine Tochter mit
ihrer Omi nach Hause kam, liefen sie mir übers Gesicht. Nachdem ich meiner Mutter den ganzen Schlamassel erzählt hatte,
bemerkte sie: »Ich hab' dir gleich gesagt, dass der Kerl nichts
taugt. Der ist nicht der Richtige für dich.«

Sie blieb, machte für Anna und mich Eierkuchen mit Apfel-
mus, aber ich bekam keinen Bissen hinunter. Kein Wunder. Ich
hatte an diesem Samstag bereits eine Menge schlucken müssen.
Mit Peter reden konnte ich leider nicht, da es damals noch
keine Handys gab. Am Abend sah ich mir mit Anna das Sand-
männchen an, brachte sie danach ins Bett – alles wie mecha-
nisch – und dachte immer nur: Wie konnte dir das passieren?
Wie konntest du so blauäugig sein?

Als Peter am Sonntagabend kam, begrüßte er mich mit:
»Hallo Schatz, das war heute wieder super anstrengend.« Dann

gab er mir ein Küsschen auf die Wange und fragte nach drei Minuten Stille: »Du bist so schweigsam. Ist was passiert?«

Und ich antwortete: »Ich hatte gestern Besuch.«

Er: »Bevor du weiterredest – sie bedeutet mir nichts.«

Und ich: »Bevor du weiterredest – ich bin morgen beim Anwalt.«

Dann schwiegen wir eine ganze Weile.

Irgendwann holte er tief Luft und meinte: »Ich wollte es dir schon die ganze Zeit erzählen.«

Ich: »Vor unserer Hochzeit?«

Er: »Da war doch noch gar nichts.«

Ich: »Ach nein? Sie hat gesagt, das mit euch läuft schon über ein Jahr.«

Er: »Ich habe nur einmal mit ihr geschlafen, und sie ist gleich schwanger geworden. Damit wollte sie mich binden. Aber du hast doch selbst gesehen – sie sieht aus wie ein Landei.«

Ich: »Sie glaubt, dass du sie heiraten und mit ihr bis ans Ende eurer Tage zusammenleben willst.«

Er: »Das habe ich nie im Leben zu ihr gesagt.«

Ich: »Wie oft seht ihr euch?«

Er: »Alle 14 Tage.«

Mir war nun klar – seine angeblichen Seminare in Dresden waren gemeinsame Wochenenden bei ihr. Ich hatte Sehnsucht nach meiner Mutter, aber er bat mich zu bleiben, zu reden. Er wollte mich nie verlassen und sagte wieder: »So was passiert halt, Zora.«

»Und wie oft ist dir ›so was‹ schon passiert?«

»Das erste Mal.«

Dieser Mann log immer noch, und ich wollte dem Ganzen ein Ende machen. Ich sagte zu ihm: »So was kann dir jetzt ganz oft passieren, denn du bist frei.«

Und er: »Wenn du das nicht alles so dramatisieren würdest, wäre doch jetzt alles wieder in Ordnung. Ich weiß ja noch nicht mal, ob das Kind wirklich von mir ist.«

Was soll man dazu sagen? Wie verhält man sich in so einer Situation ordnungsgemäß? Ich hatte keine Ahnung, war völlig hilflos und ging ins Bett. Er holte sich ein Bier aus dem Kühlschrank und machte den Fernseher an. Kurze Zeit später kam er ins Bett und wollte tatsächlich mit mir schlafen.

Ich stieß ihn weg und sagte: »Ich ekle mich vor dir.« Irgendwann im Morgengrauen sind wir nebeneinander eingeschlafen.

Am nächsten Tag rief ich meinen Anwalt nicht mal vorher an, um einen Termin auszumachen – ich ging sofort zu ihm. Ein Jahr später, genau an unserem ersten Hochzeitstag, waren wir geschieden.

Zwei Wochen wohnte er nach diesem legendären Störfall noch in unserer Wohnung – weil er keinen Plan hatte, wohin er gehen sollte. Wie hilflos die Männer in solchen Situationen sind. Sonst wissen sie immer, wo ein gemachtes Bettchen für sie steht. Wir redeten kein Wort mehr miteinander. Manchmal legte er mir einen Zettel auf den Tisch, auf dem stand, wo er hingefahren ist und wann er wiederkommt. Ich war froh, wenn er weg war.

Nach acht Wochen waren wir das erste Mal bei der Scheidungsrichterin. Die guckte mich so eindringlich an, dass ich heulen musste. Sie sagte: »Sie haben zusammen eine kleine Tochter, und ich sehe doch, wie sehr Sie das alles mitnimmt. Wollen Sie sich wirklich scheiden lassen?«

Sie hatte mich gefragt, doch Peter ließ mich gar nicht zu Wort kommen. Er blaffte die Richterin an: »Ich möchte Ihnen sagen, dass wir heute hier sind, um uns scheiden zu lassen, und dass wir nicht den Wunsch haben, von Ihnen wieder zusammengekittet zu werden.« Eine Stunde mussten wir ihr dann von unserer Ehe erzählen – wie oft wir noch Sex hatten, ob er sich um unsere Tochter gekümmert hat, wann wir das letzte Mal gemeinsam im Urlaub waren. Weil sich das in der Theorie alles noch ganz nett anhörte, habe ich die Geliebte ins Spiel gebracht. Peter verleugnete sie nicht, behauptete aber, dass die

Geschichte so nicht stimmt, wie ich sie erzähle. Nach all diesem *Ja* oder *Nein, Falsch* oder *Richtig* schickte uns die Richterin vor die Tür, und ich heulte immer noch. Nach einer Viertelstunde fragte sie mich noch einmal: »Zora, sind Sie sicher, dass Sie sich scheiden lassen wollen?«

»Ja.«

Dann bezahlte ich an der Kasse 140 Mark, er 300 Mark, und alles war vorbei. In der Eckkneipe nebenan bestellten wir uns einen Sekt, und er ätzte: »So, jetzt hast du ja, was du wolltest.« Ich glaubte, ich höre nicht richtig. Dann begann er sofort um Bettlaken, Bücher, Biergläser zu kämpfen. »Das Kaffeegeschirr gehört mir«, sagte er, »das hat mir meine Tante aus Wuppertal geschenkt.« Ich habe mein Glas hingestellt, den Sekt bezahlt und bin gegangen.

Simone, der kleinen Blonden mit den schwarzen Schuhen, hat das alles nichts genutzt. Peter hat mit ihr nicht einen Tag zusammengelebt. Aber das Kind war von ihm.

1991, fünf Jahre nach unserer Scheidung, habe ich einen eigenen Salon eröffnet. Der Laden brummte. Als mein Ex mitbekam, wie gut das Geschäft läuft, sagte er zu mir: »Jetzt wärst du ja wieder eine Frau für mich.«

Der Hickhack zwischen uns ging trotz Scheidung weiter. Weil er mir das Auto überlassen hatte, zahlte er für Anna keinen Unterhalt. Als ich monatelang keinen Urlaub machen konnte, bat ich ihn, mit Anna wenigstens mal an die Ostsee zu fahren. »Kann ich machen«, sagte er, »aber dann bekomme ich die Reisekosten von dir – 1200 Mark.«

Damals dachte ich, mir würde das alles nicht mehr passieren. Ich wollte keinen Stress mehr. Ich wollte keine Familie mehr. Ich wollte keine kranke Zweisamkeit mehr. Ich wollte meinen Seelenfrieden. Doch ein paar weitere bittere Erfahrungen blieben mir nicht erspart.

Nach der Scheidung lernte ich Jörg kennen. Der war lieb, zuverlässig, kümmerte sich um Anna, die sogar Papa zu ihm sagte. Nach dem Trubel der ersten Ehe tat er mir gut. Er war erholsam, bis mir auffiel, dass er eigentlich zu allem ja und amen sagte, nur um seine Ruhe zu haben. Irgendwann war er sogar zu träge, mit mir zu schlafen. Nur wenn im Fernsehen ein Sexfilm lief, holte er sich neben mir einen runter. Ich schickte ihn nach sechs Jahren zu seiner Mutter zurück.

Ich blieb drei Jahre solo – bis ich Frank kennen lernte. Der war süchtig nach mir, der wollte von früh bis spät *Sex Sex Sex* – so richtig mit langem Vorspiel, leidenschaftlichen Küssen und allem Pipapo. Wenn Frank früh die Augen aufschlug, dachte er nicht an Kaffee und frische Brötchen, sondern an die nächste Stellung. Er tat »es« jeden Tag mindestens dreimal. Einmal mit mir, einmal mit der Dusche und einmal im Büro mit sich selbst. In der Mittagspause schloss er seine Tür ab, stellte sich ans Waschbecken und holte sich vor seiner 5-Minuten-Terrine erst mal einen runter. Hin und wieder erzählte er mir davon.

Das ging vier Jahre so, und im ersten und zweiten Jahr hatte ich noch Spaß an seiner Gier. Dann nicht mehr. Einmal kaufte er mir Highheels und ein superkurzes Lackkleid, das den Busen frei ließ. Er war geil, wenn ich das trug. Beim ersten Mal fand ich mich schön in dem Teil. Aber danach war ich eigentlich nur noch restlos bedient, wenn er mich schon vom Auto aus anrief und ins Telefon sabberte: »Liebling, zieh schon mal das Lackkleid an, ich bin gleich da, und dann ficken wir richtig los.« Drei-, viermal zog ich es ihm zuliebe an, dann wurde ich sauer: »Weißt du, ich mach mich hier voll zum Affen, und du stehst in schlabbriger Jogginghose vor mir. Wo soll ich denn da meine geilen Gedanken herkriegen?«

Er schwieg. Am Wochenende hatte er bereits eine neue Idee. Da wollte er, dass ich nur mit einer Schürze am Kochtopf stehe, wenn er die Wohnungstür aufschließt. Aber auf Bestellung funktioniert so was nicht. Wie sollst du denn von jetzt auf gleich von der Steuererklärung wegkommen und einen auf Hure machen? Du hast Sorgen wegen deines muckernden

Backenzahns oder der letzten Telekomrechnung, und er ruft an und sagt: »Wollen wir heute Abend schön ficken?«

Sex ist wichtig für mich, aber ich muss auch wirklich Lust darauf haben. Ich will wilden, spontanen Sex – am Strand, im Hausflur, im Auto, einfach überall. Am liebsten da, wo man eventuell erwischt werden könnte – dann prickelt es am meisten. Aber so ist der Sex nur in den ersten Jahren. Irgendwann ging es auch bei Jörg nur noch rauf und wieder runter, und es war klar – er betrügt mich.

Seit sechs Monaten lebe ich nun mit Micha, einem elf Jahre jüngeren Mann, zusammen. Er sagte mir ständig, was für eine Superfrau ich sei, was er für ein Glück mit mir hat. Er streichelte meine Brüste und zerfloss fast dabei: »Sie sind so schön.« Das hat noch nie einer zu mir gesagt. Der Sex mit ihm war prickelnd. Wir brauchten kein Bett, um in Stimmung zu kommen. Manchmal trieben wir es nach dem Kino schon im Hausflur miteinander. Er streichelte mich ohne Ende. Wenn wir auf dem Sofa vor dem Fernseher lagen, massierte er meine Füße, und ich empfand das als wohlig und warm.

Zuerst sagte ich mir: Genieße die schöne Zeit, und wenn es vorbei ist, ist es vorbei. An Liebe glaubte ich nicht mehr. Ich hatte ihn gern, freute mich, wenn er da war, aber mehr Nähe brauchte ich nicht. Aber Micha. Er wollte bei mir wohnen, wollte ein Kind, wollte mein Mann sein. Aber ich nicht seine Frau. Nur seine Freundin. Er war enttäuscht, weil er meinte, dass ich uns so keine Zukunft gebe.

Als ich in eine neue, große Wohnung umzog, durfte er mir nicht helfen, weil ich mich auf niemanden mehr verlassen wollte. Alle Reparaturen, den Einbau der Küche, ließ ich von Handwerkern erledigen. Darüber war er maßlos enttäuscht.

Er kämpfte um mein Vertrauen, aber ich war knallhart, blockte ab, wenn er sagte, dass er eine Frau an seiner Seite braucht. Dann konterte ich: »Das bin ich nicht. Es ist besser, du gehst.«

Was sollte er tun? Er ging, rief mich aber gleich danach zwanzigmal an oder stand mit roten Rosen und dem Schwur vor der Tür: »Ich gebe dich nicht auf.« Dann spürte ich so eine Wärme in mir und dachte: Warum lässt du es nicht zu? Deine beste Freundin hat nach ihrer Trennung wieder eine ganz große Liebe gefunden. Wenn du ehrlich bist, beneidest du sie darum. Tief in dir sehnst du dich auch danach.

Zu Ostern versprach ich ihm: »Am Sonntag lade ich dich zum Essen ein.« Wir fuhren in ein Restaurant, das zu einem sehr schönen Hotel gehört. Nach dem Vier-Gänge-Menü bei Kerzenschein entschuldigte ich mich für ein paar Minuten und schob ihm vorher ein kleines Kuvert in die Hand. Darin steckten eine Chipkarte (mit Küsschen drauf) für eine bestimmte Suite im Hotel und ein Zettelchen, auf dem stand: »Bis gleich!«

Schon am Nachmittag hatte ich überall Rosenblätter verstreut, Kerzen aufgestellt und Champagner kommen lassen. Als Micha völlig ahnungslos durch die Tür äugte, wartete ich in einem schwarzen Negligé, Strapsen und hauchzarter Unterwäsche aus Spitze auf ihn. Er war überwältigt, riss sich das Hemd vom Leib und liebte mich auf dem Teppich, im Schrank, unter der Dusche, auf dem Bett. Wir hatten unglaublich tollen Sex miteinander. Zwischendurch gingen wir an die Bar, tranken noch mehr Champagner und fielen danach wieder übereinander her. Am nächsten Tag frühstückten wir völlig erschöpft im Bett.

Es war das schönste Wochenende meines Lebens. Es war so rund. Es hat »Wumm« gemacht ...

Es gibt nichts Anstrengenderes, als eine starke Frau zu sein

Marina, 46, Fotografin

Das mit Gerd und mir war Liebe auf den ersten Blick. Wir lernten uns am 3. November 1980 bei einem Fotoseminar auf Mallorca kennen. Ich war damals 25, er 31. Wir sahen uns an und dachten das Gleiche: Bitte anschnallen – wir beginnen jetzt mit dem Anflug auf Wolke sieben. Drei Tage später hielten wir das erste Mal Händchen und küssten uns vor der Kathedrale Palmas im Mondschein. Mehr war nicht. Auf dem Rückflug verlobten wir uns.

Wahrscheinlich hätten wir uns gleich nach der Landung auf heimatlichem Boden eine gemeinsame Wohnung gesucht, aber es gab da ein kleines Problem: Wir waren beide verheiratet, ich sogar schon zweifache Mama.

Günter, mein damaliger Mann, holte mich mit den beiden Kindern, das eine fünf, das andere drei, vom Flughafen ab. Er schwenkte zwei Dutzend langstieliger roter Rosen, als er mich am Gepäckband entdeckte, und unsere Sprösslinge hüpften mit rosigen Wangen im Kreis. Zu Hause wartete ein schön gedeckter Frühstückstisch auf mich. Günter war sehr lieb zu mir, aber als er mich in den Arm nehmen wollte, sagte ich: »Schatz, tut mir leid, aber ich heirate wieder.«

Er sagte kein Wort, zog seine Jacke an und ging spazieren. Ich kannte es nicht anders. Konfrontationen ging er immer aus dem Weg. Er sprach nie über seine Probleme, schon gar nicht mit mir, denn er hielt mich für unreif. Eigentlich kein Wunder, denn ich war fünfzehn, als wir uns das erste Mal begegneten. Kurz nach meinem 18. Geburtstag heirateten wir. Mit neunzehn bekam ich meine erste Tochter, mit zwanzig meinen ersten Sohn. Eigentlich haben wir nicht eine Minute frei und glücklich zusammengelebt, weil wir zu Beginn unserer Ehe noch bei meinen Eltern wohnten. Ich fühlte mich immer unter Beobachtung. Wenn wir nicht pünktlich nach dem Ende der Vorstellung aus dem Kino kamen, dann guckten die beiden schon komisch.

Zu meinem 25. Geburtstag tanzte ich das erste Mal mit einem anderen Mann Blues. Da spürte ich so ein Kribbeln im Bauch. Das kannte ich vorher gar nicht. Ich flirtete ein bisschen mit ihm, mehr nicht. Von da an war aber bei uns der Wurm drin, denn ich begriff: Irgendwas hast du versäumt.

Das Fotoseminar auf Mallorca war die Chance für mich, endlich einmal aus diesem streng überwachten Gehege auszubrechen. Meine Eltern waren stocksauer auf mich und sagten: »Eine junge Frau wie du unternimmt so eine Reise in ein fremdes Land nicht allein. Das schickt sich nur, wenn ihr Mann sie begleitet.« Bis dahin hatte ich mir jegliche Bevormundung gefallen lassen, doch diesmal setze ich mich durch. Ich war Fotografin – wie konnte da ein Seminar über Blende 8, die Sonne lacht, verwerflich sein?

Hinter meinem Rücken gaben sie ihren Freunden und Organisatoren der Reise strenge Order, schön auf mich aufzupassen.

Unsere Gruppe traf sich in Zürich auf dem Flughafen. Alle schüttelten mir die Hand, nur Gerd nicht. Er stand etwas abseits und beobachtete mich wie einen seltenen Käfer. Schon im Flieger begann er, mich anzubaggern. Da war es schon um uns geschehen. Noch am gleichen Abend gingen wir alle zusammen in die Disco und tobten über die Tanzfläche bis morgens um fünf. Es war das erste Mal in meinem Leben. Ich war glücklich, denn endlich musste ich niemandem Rechenschaft ablegen über mein Tun. Ich war jung, ich lebte. Am nächsten Morgen konnte ich nur noch krächzen, so erkältet war ich. Gerd brachte mir heißen Tee mit Zitrone, besorgte mir einen Schal und zeigte mir und ein paar anderen die Insel. Er stand immer im Mittelpunkt, war hoch angesehen. Das beeindruckte mich sehr.

Am dritten Tag küssten wir uns dann vor der Kathedrale Palmas. Ich wusste: Das ist er. Und er blickte mir in die Augen und sagte: »Kinder sind kein Hindernis. Ich kann keine zeugen.«

Als mein Ex damals von seinem Spaziergang zurückkam, hatte er schon kapituliert. Er kämpfte nicht mit einem Satz um mich. Zuerst zog er mit seinen Sachen ins Wohnzimmer, zwei Wochen später zog er aus. Es war vorbei. Für meine Eltern stürzte die Welt ein. Meine kleine Schwester rutschte in der Schule zwei Noten runter. Ich bekam ein Magengeschwür.

Gerd, der damals noch in Heilbronn wohnte, sorgte sich um mich und wollte, dass ich zu ihm ziehe: »Du musst da raus, Marina, setz dich mit den Kindern in den Flieger und komm zu mir.«

So sehr ich mir das auch wünschte – unsere Familien hätten das nicht verkraftet. Gerds Eltern hingen sehr an seiner ersten Frau, und ich war sicher die Letzte, die sie am Heiligabend in ihrer Nähe haben wollten. Ich blieb zum Fest bei meinen Eltern, schmückte mit ihnen nach alter Tradition den Baum, und als wir schließlich unsere berühmten Würstchen mit Kartoffelsalat aßen, heulten wir alle ein Paket Tempos voll. Am ersten Weihnachtsfeiertag flog ich mit den Kindern zu Gerd nach München. Er hatte dort eine Suite für uns reserviert und überhäufte die Kinder mit Geschenken.

Wir fuhren gemeinsam in die Berge, bauten Schneemänner, schlenderten über den Viktualienmarkt und bestaunten bei Dallmayr die schönsten Weihnachtsengel der Welt. Die Kinder sagten zu Gerd sofort Papa. Sie waren so offen, dass ich es kaum fassen konnte. Zum Glück begann zwischen den Männern kein Kampf um die Liebe der beiden, denn Günter und ich waren uns einig: kein Streit vor den Kindern. Ich wünschte mir, dass sich mein Ex und mein Zukünftiger kennen lernen. Wir verbrachten zwei Wochen auf Mallorca, aber das ging gründlich schief. Einmal hätten sie sich beinahe geprügelt.

Im Mai 1981 zog ich mit Sohn und Tochter nach Heilbronn. Gerd und ich fanden ein schönes geräumiges Haus für uns. Ich blieb daheim, baute an unserem Nest. Gerd gründete eine Firma. Neun Monate genoss ich dieses Leben, dann fiel mir die Decke auf den Kopf. Mir fehlte das Fotostudio in Berlin, der Trubel, die Kundschaft. Meine Kreativität lag brach, bis mich die ersten Nachbarn in unserem Viertel fragten, ob ich sie nicht mal porträtieren könnte. Es hatte sich herumgesprochen, dass ich mein Fach verstand. Ich richtete in unserem Keller ein Studio ein und fotografierte die Highsociety von Heilbronn und Stuttgart. Mein Geschäft boomte, das von Gerd nicht. Als mich mein Vater ein paar Monate später bat, ihm in Berlin unter die Arme zu greifen, bestellten wir erneut den Umzugswagen. Gerd eröffnete einen eigenen Fotoladen.

Unser Glück stand uns auf der Stirn geschrieben. Als ich 1983 dann auch noch schwanger wurde, konnte sich Gerd gar nicht mehr einkriegen, wo es doch immer geheißen hatte, er könne keine Kinder zeugen. Auch sein Geschäft lief gut. Anfangs half ich ihm, wann immer ich konnte, stand hinter dem Ladentisch, beriet die Kunden, führte die Kassenbücher. Doch er arbeitete anders als ich. Ich agierte, und er trank mit seinen Kunden Champagner. Das brachte mich langsam, aber sicher auf die Palme. Um unserer Liebe willen bestand ich darauf, dass wir geschäftlich meins und seins trennen.

1986 feierte ich meinen dreißigsten Geburtstag und bekam eine Tochter. Sie war das schönste Geschenk, denn das hatte ich mir immer gewünscht – mit dreißig vier Kinder.

Die Geborgenheit in der Familie, die Liebe zu Gerd machten mich stark und erfolgreich. Im Fotostudio setzte ich viele meiner Ideen und Visionen um, gewann zusammen mit meiner

Schwester etliche Preise, unsere Ausstellungen waren ein Publikumsmagnet. Es gab nur einen Wermutstropfen – Gerd kam mit meinem Erfolg nicht zurecht. Das blieb unausgesprochen, aber ich spürte es.

1992 wurde ich erneut schwanger. Meine Schwester erwartete zur gleichen Zeit ihr erstes Kind. Ich stand das erste Mal vor der Entscheidung: abtreiben – ja oder nein? Gerd ließ mich in dieser schwierigen Situation das erste Mal allein. Er meinte nur: »Entscheide du!« Tief im Innern hatte ich mir so gewünscht, dass er sagt: »Das fünfte Kind schaffen wir auch noch.«

Ich trieb ab und bekam anschließend eine Macke nach der anderen, wo ich doch so ein Muttertier bin. Wenn ich den Sohn meiner Schwester sah, entstanden schreckliche Bilder in meinem Kopf. Gerd und ich flogen nach London, damit ich auf andere Gedanken komme. Am ersten Abend saßen wir in meinem Lieblingsrestaurant, aßen wie immer fish and chips, und plötzlich wurde mir siedendheiß. Mein Herz raste, und ich wollte nur weg von diesem Ort. Ich nahm Psychopharmaka, um über meinen Schmerz hinwegzukommen. Gerd stand mir nie zur Seite, half mir nicht bei meiner Trauerarbeit. Ich bezahlte einen Therapeuten, damit der ihm diese Last abnimmt.

Ich funktionierte, machte meinen Job, hütete die Kinder, besorgte den Haushalt. Nach einem Jahr konnte ich endlich die Medikamente absetzen und hatte begriffen: Es gibt nichts Anstrengenderes, als eine starke Frau zu sein.

Doch auch da, wo mich Gerd hingebungsvoll, zärtlich, anschmiegsam wollte, klappte nichts mehr – im Bett. Unser Liebesleben war am Boden. Ich vertrug weder die Pille noch die Spirale, und Gerd war unter keinen Umständen bereit, sich sterilisieren zu lassen. Aus Angst, wieder schwanger zu werden und erneut abtreiben zu müssen, verkrampfte ich mehr und mehr. Ab 1994 wollte ich nicht mehr mit ihm schlafen. Mal schob ich Bauchschmerzen, mal Kopfschmerzen vor, ging früher ins Bett als er und stand lange vor ihm auf. Gerd lernte Golf spielen, war ständig unterwegs. Er trank mehr als sonst, und wenn er sich nachts neben mir ins Bett legte, stank er nach Schnaps und kaltem Rauch. Ich konnte ihn nicht mehr riechen. Außerdem fiel mir auf, dass ihm so eine kleine Kellnerin aus der Kneipe nebenan mehr denn je schöne Augen machte. Einmal entdeckte ich einen Liebesbrief von ihr, den sie in der Tiefgarage hinter seinen Scheibenwischer gesteckt hatte.

Am 13. Juni 2001 traf ich sie zufällig auf dem Weg zu Gerd. Schon vor ein paar Jahren hatte ich ihr gesagt, sie solle ihre Finger von meinem Mann lassen, sich nicht in unsere Beziehung drängen. Aber sie blieb in seiner Nähe, wusste genau, was sie will. Nur, um sie zu provozieren, sprach ich sie an diesem Tag an: »Mir hat ein Vögelchen gezwitschert, dass Sie ein Verhältnis mit meinem Mann haben, aber er streitet das natürlich ab.«

In diesem Moment glaubte ich nicht, dass er sich je auf dieses Niveau begeben könnte, doch ihre Worte belehrten mich eines Besseren: »Gerd wollte Ihnen nicht weh tun. Er will uns beide.«

»Wie lange geht das schon?«

»Sechs Jahre.«

Seit sechs Jahren! Mir blieb erst die Luft weg, dann holte ich zum Gegenschlag aus. Ich sagte ihr: »Pass mal auf, wenn du ihn unbedingt haben willst, dann schenke ich dir meinen Mann – aber er ist sehr teuer. Verwöhnt, wie er ist, braucht er eine Köchin, eine Haushälterin und nicht zuletzt eine sehr große Wohnung, damit er sich jederzeit zurückziehen kann. Er ist nämlich sehr eigensinnig.«

Ich bat sie, in den nächsten Tagen in mein Geschäft zu kommen, um die Übergabe meines Mannes in aller Ruhe zu besprechen. Sie sagte zu.

Meine Schwester stand die ganze Zeit mit offenem Mund neben mir. Mir war zum Kotzen. Am 19. Mai, unserem 19. Hochzeitstag, hatten wir im »Adlon« fürstlich diniert, danach eine wunderbare Nacht miteinander verbracht. Und dann stellte sich knapp vier Wochen später heraus, dass er seit sechs Jahren ein Verhältnis hat. Sicher waren das auch für seine Geliebte schlimme Jahre, denn wer kreist schon gern solange in der Warteschleife.

Doch ich empfand kein Mitleid. Sie hatte es darauf angelegt, unsere Ehe kaputtzumachen, und einfach die besseren Karten in der Hand. Sie wusste, was da für ein Spiel gespielt wird. Wie im Zeitraffer sah ich unser Leben an mir vorüberziehen. Wie konnte er mir in dieser Zeit nur in die Augen sehen? Ich bin in all den Jahren nicht einmal fremdgegangen. Als ich mich in ihn verliebte, trennte ich mich erst von meinem Mann, bevor ich mit ihm ins Bett ging.

Nach dieser Begegnung der unheimlichen Art schleppte mich meine Schwester auf ein Weinfest. Gerds Geliebte stand dort bereits hinter dem Tresen und zapfte Bier. Kurz darauf klingelte mein Handy, und Gerd fragte mich, wie es mir geht. Er wusste Bescheid, sie hatte ihm bereits alles erzählt. Als ich am Abend nach Hause kam, lag ein Zettel auf dem Tisch: »Bin zum Golfen. Komme übermorgen zurück.« Wahrscheinlich musste sie ihn die ganze Zeit trösten.

Als er am Sonntagabend in unsere Wohnung kam, stellte er nur seine Tasche ab und ging sofort wieder. Ich rief ihn auf seinem Handy an und beschimpfte ihn über eine Stunde wie ein Marktweib. Danach ging es mir besser.

Am nächsten Tag meldete sich seine Geliebte, heulte mir die Ohren voll, dass sie sich nicht in unsere Angelegenheiten einmischen wolle – und so weiter und so weiter. Ich kannte die Wahrheit: Sie hatte keinen Mumm in den Knochen. Sie traute sich nicht. Kurz nach diesem Gespräch stand Gerd mit frischen Brötchen vor mir in der Küche.

Wir setzten uns an den Tisch im Esszimmer und begannen zu reden. Es flossen viele Tränen, bei ihm und bei mir, und ich fragte ihn immer wieder: »Erklär mir, WARUM?« Er sagte: »Sie hat sich immer um mich gekümmert. Sie stellt mir sogar die

Body Lotion neben die Wanne. Ich kann sie behandeln wie den letzten Dreck – sie lässt sich alles gefallen. Sie macht, was ich will.« Ich war schockiert, verletzt. Wie konnte er mir das alles antun? Ich sagte: »Wenn du fremdgehst, will ich nicht mehr mit dir zusammenleben, schon gar nicht mit dir schlafen.« Ich hätte ihm vieles verziehen, aber nicht dieses Miststück – so was Billiges.

Am Abend verschwand er noch einmal, kam aber vor Mitternacht wieder. Unsere jüngste Tochter flehte mich voller Verzweiflung an: »Kämpfe um Papa, er darf uns nicht wegen dieser Frau verlassen.«

Also kämpfte ich. Wieder redeten wir, tranken dabei zwei Flaschen Rotwein. Früh um drei setzte er sich ins Taxi und fuhr zu ihr. Am Morgen rief er an und bat mich um ein weiteres Gespräch. Völlig hilflos saß er mir gegenüber und sagte: »Ich weiß nicht, was ich will. Soll ich bei dir bleiben? Soll ich zu ihr gehen?« Nach vier Stunden reichte es mir, und ich stellte ihm ein Ultimatum: »Wenn du jetzt durch diese Tür gehst und deinen Schlüssel hier lässt, reiche ich die Scheidung ein. Oder du fährst zu dieser Frau, packst deine Sachen zusammen und bist in einer Stunde wieder da.«

Er ging und stand nach einer Stunde mit ein paar nassen Hemden und unzähligen schwarzen Socken vor der Tür – die hatte sie gerade für ihn gewaschen. Wir hängten sie in der Trockenkammer gemeinsam auf und gingen danach ins Bett. In dieser Nacht hatten wir richtig guten Sex.

Doch ich traute dem Frieden nicht. Wie auch, nach sechs Jahren Betrug und Verrat? Ich fand seine PIN-Nummer heraus, las ihre SMS, hörte seine Mailbox ab: Lauter Liebesseufzer, lauter Schwüre. Als er es merkte, schrie er mich an: »Was fällt dir ein, mir hinterherzuspionieren?«

Ich schrie zurück: »Sie lässt wohl nicht locker, was? Mach endlich mit ihr Schluss.«

Eine Woche später flog ich mit unserer Jüngsten ein paar Tage nach Rom – ich hatte es ihr lange versprochen. Aber irgendwie spürte ich, dass zu Hause was nicht stimmt, und kehrte früher als geplant zurück. Als ich in die Wohnung kam, waren alle seine Schränke leer. Er hatte unseren Kurztrip genutzt, um sich heimlich davonzustehlen. Was für ein Feigling!

Am 6. April 2002 holte er seine restlichen Sachen. Es ging ihm schlecht, als er die Schubladen von seinem Schreibtisch leerte und beim Aussortieren der Bücher ein paar alte Briefe von mir fand. Beim Packen streichelte er mir hin und wieder über das Gesicht. Unsere Haushälterin heulte Rotz und Wasser. Mir ging es auch mies, ich spielte aber die Coole. Bevor er kam, hatte ich mir zwanzig rote Rosen gekauft und sie vorne im Wohnzimmer in die Bodenvase gestellt. Er konnte sie nicht übersehen. Auf dem Tisch im Esszimmer ließ ich ganz aus Versehen eine Karte von meinem Geliebten liegen. Ich wollte Gerd weh tun. Nur ein bisschen.

Eigentlich will ich nicht, dass es ihm schlecht geht. Er hat es schon so schwer genug. Seit er mit dieser Frau zusammenlebt, lacht die ganze Stadt über ihn. Sein Ruf ist lädiert. Ich hätte mir gewünscht, dass er erst mal alleine lebt, um herauszufinden, was er wirklich will. Doch das schaffen die wenigsten Männer. Die brauchen immer eine Mutti, die sie umsorgt.

Inzwischen rufen wir uns täglich an, und jedes Mal, wenn ich mit ihm rede, spüre ich, wie viel Nähe noch zwischen uns ist. Wir haben uns so geliebt, das kann nicht alles vorbei sein. Im Moment kann ich mir zwar nicht vorstellen, wie ich je wieder mit ihm zusammenleben sollte, aber ganz verlieren möchte ich ihn nicht. Vielleicht können wir irgendwann Freunde sein.

Ein Gutes hat mir die Tragödie von Marina und Gerd allerdings gebracht – einen perfekten Liebhaber. Endlich weiß auch ich, dass Sex Spaß machen kann. Wenn mir andere Frauen von ihren romantischen Abenteuern voller Leidenschaft und Begierde erzählten, konnte ich nie mitreden. Meine Eltern haben mich so verklemmt, so total verklemmt erzogen. Wenn Gerd unter meine Bettdecke kroch, befürchtete ich immer, die Kinder könnten ihn stöhnen hören. Jetzt lebe ich meine Sexualität voll aus, Stöhnen inklusive. Kann sein, dass mir da noch eine Menge bevorsteht, denn drei Männer mit 46 – das ist nicht viel.

Wegen diesem Kerl hast du so gelitten?

Anne, 50, Kindergärtnerin

Ich bin eine Verlassene, ich bin so verletzt worden, und er genießt sein Glück. Anstatt zu sagen, Mensch, das reicht, was wir der Frau angetan haben, jetzt tun wir alles, dass es ihr gut geht – nein, das passiert nicht.

Niko und ich lernten uns 1971 auf einer Gartenparty kennen. Ich war damals Erzieherin in einem Kindergarten, und die Mutter eines meiner Schützlinge hatte mich zu einem bulgarischen Schlemmerfest mit Schopskasalat und Schafskäse, Melonen, Weintrauben, Kebab und süffigem bulgarischen Rotwein eingeladen. Niko spielte uns an diesem Abend ein paar melancholische Lieder aus seiner Heimat vor, und ich war fasziniert von seinen schmalen Händen, seinen schönen braunen Augen. Spät in der Nacht tanzten wir bei Vollmond unterm Kirschbaum und hatten beide so ein Kribbeln im Bauch. Er war mein erster Mann, meine große Liebe, die ich nie verlieren wollte. Ein Jahr später läuteten die Hochzeitsglocken.

Schon kurz nach der Hochzeitsnacht wurde ich schwanger, und 1972 kam unser erster Sohn Philipp zur Welt. Wir waren sehr glücklich als kleine Familie, aber unsere Wohnverhältnisse waren bedrückend – Stube, Küche, Außenklo. Da braucht man ganz viel Liebe im Herzen, um an dieser Enge nicht zu zerbrechen. Im Sommer 1973 lebten wir dann sogar zu viert auf 20 Quadratmetern. In der einen Ecke schliefen Niko und ich, und in der anderen Philipp und sein kleiner Bruder Benjamin. Niko hat gekämpft wie ein Löwe, bis wir endlich eine größere Wohnung bekamen und unser Glück perfekt war. Niko kümmerte sich sehr um die beiden Jungs. Da er als Musiker immer abends und nachts unterwegs war, um in Bars zu spielen, ging er am Nachmittag mit ihnen angeln, auf den Spielplatz, ins Kino oder machte mit ihnen Musik. Der eine mit der Trommel, der andere mit der Blockflöte, der dritte mit seiner Gitarre.

Ich habe mich immer geliebt gefühlt. Durch den Stress im Kindergarten war ich oft sehr abgespannt und nervös, reagierte manchmal auch überempfindlich, wenn die Jungs zu Hause an mir herumzerrten. Niko nahm mich dann in den Arm, war zärtlich, liebevoll. Am Wochenende lobte er meine Kochkünste, wenn ich für meine drei Männer am Herd stand und sie mit neuen Rezepten überraschte. Wir waren ein gutes Team, fühlten uns in diesem warmen Nest geborgen und freuten uns 1984 zu viert auf unser Nesthäkchen Michael.

Als der seinen letzten Zahn bekommen hatte, feierten wir mit Freunden und Verwandten ein großes Fest, denn nun war klar, dass wir fünf endlich wieder mal ein paar Nächte ungestört durchschlafen konnten. Die Gäste strömten, Nico stellte vorsichtshalber noch ein paar Weinflaschen kalt, und als ich nach ihm rufen wollte, damit er mir ein Glas Gurken öffnet, blieb mir plötzlich die Stimme weg. Mein Gesicht war zur Grimasse verzogen, ich konnte mich nicht mehr bewegen. Das Fest war beendet. Während mich Niko ins Krankenhaus brachte, steckte meine beste Freundin die Kinder ins Bett.

Die Diagnose der Spezialisten war erschreckend: Ich hatte eine schwere, unheilbare Muskelkrankheit und musste erst einmal für vier Monate in der Obhut der Ärzte bleiben. Es fiel mir schwer, mit dieser Situation fertig zu werden, denn ich war mir nicht sicher, ob Niko den Haushalt, die Kinder und seinen Job ohne mich in den Griff bekommt. Aber jedes Mal, wenn er mich mit den Kindern besuchte, strahlte er soviel innere Ruhe und Zuversicht aus, dass meine Angst verflog. Die Ärzte rieten uns dringend, raus aus der Stadt ins Grüne zu ziehen, und Niko begann, für uns nach einem Häuschen mit Garten zu suchen. Als er mich im November aus der Klinik abholte, hatte er bereits eins gefunden. Er setzte mich ins Auto und fuhr mit mir dorthin. Es war eigentlich kein Haus – eher eine Bruchbude, aber wir standen Arm in Arm davor, und er sagte: »Mach dir keine Sorgen, werde du jetzt erst mal wieder richtig gesund – den Rest erledige ich.« Er ackerte wie ein Berserker und spielte abends mit Blasen an den Fingern Gitarre.

Trotzdem spürte ich – die vier Monate im Krankenhaus, mein Leid, hatten ihn vor mir entfernt. Ich, die Powerfrau, musste laufend Tabletten nehmen, dann auf die Wirkung warten, um ihm eine Stunde helfen zu können. Danach war ich wieder völlig erschöpft.

Früher hatten wir den Alltag gemeinsam bewältigt, jetzt lastete die ganze Arbeit auf ihm. Er sägte, hämmerte, verputzte, malerte, und ich lag im Bett und stöhnte dann auch noch: »Hör auf, Niko. Ich möchte, dass du dich zu mir setzt und einfach nur meine Hand hältst. Ich bin krank, ich brauche Ruhe. Du weißt, was die Ärzte gesagt haben: Für Ihre Frau keinen Stress, keine Aufregung.«

Es war ein Teufelskreis, denn er hatte ja Recht, wenn er sagte: »Aber einer muss doch das Haus in Schuss bringen.«

Im August 1988 bekam er mit seinem Trio, in dem er seit Jahren spielte, das Angebot, drei Monate im Taunus zu gastieren. Er freute sich sehr darüber, denn als Musiker ist es wichtig, einem breiten Publikum bekannt zu werden. Außerdem brauchten wir dringend Geld für den Ausbau des Hauses. Trotzdem wollte er absagen, weil es mir immer noch schlecht ging. Ich hatte Angst davor, mit den Kindern allein zurückzubleiben. Wer wäre für uns da, wenn sich mein Zustand durch den Stress verschlechterte? Er machte mir Mut: »Du bist so eine starke Frau, du schaffst das.« Er ging zu den Nachbarn und bat sie, auf mich zu achten.

Eines Morgens früh um fünf ist er dann in den Taunus gefahren – sein erstes Engagement seit langem. Ich stand mit unserem Jüngsten auf dem Arm im Bademantel an der Gartenpforte, die Vögel zwitscherten, die Sonne fiel mit sanften Strahlen durch die Lindenbäume, und ich sagte ihm voller Wehmut Auf Wiedersehen. Seine Kollegen waren schon vorgefahren, trotzdem kam er noch einmal mit seinem Auto zurück, nahm mich in den Arm, küsste mich auf die Stirn. In diesem Moment wollte ich eigentlich zu ihm sagen: »Niko, so kriege ich dich nie wieder«, aber ich sprach es nicht aus. Ich dachte es nur.

Am Abend ging ich zu Freunden, die ein Telefon hatten, weil ich wissen wollte, ob er gut angekommen ist. Er rief zum verabredeten Zeitpunkt an, war heiter und gelöst. Jeden zweiten Tag bekam ich einen langen Brief von ihm, in dem er mir beschrieb, wie sein Tag verläuft. Wer von den drei Musikern ihre Hemden wäscht, was sie sich gemeinsam kochen, welche Stadt ihnen bisher am besten gefallen hat. Er fehlte mir, ich hatte Sehnsucht, die Kinder fragten oft nach ihm.

Am 3. September hatte Niko Geburtstag, und es machte mich traurig, ihn nicht mal anrufen, geschweige denn überraschend besuchen zu können. Aber zu DDR-Zeiten lag der Taunus für uns auf dem Mond. Ich hätte nie eine Besuchserlaubnis für ein paar Tage bekommen. Wir lebten eingesperrt wie in einem Gefängnis, nur einigen Auserwählten war es vergönnt, ein kleines Stückchen von der Welt zu sehen. Niko war Bulgare, er hatte einen Pass und konnte überall hinreisen. Am 6. September lag ein besonders dicker Brief von ihm im Kasten, in dem er mir ausführlich schilderte, wer ihm was zu seinem Ehrentag geschenkt hatte. Er erwähnte unter anderem einen kleinen Musiker aus Gips mit einer Gitarre in der Hand. Das fand ich komisch. Welcher Mann schenkt einem denn so was? Aber ich verbot mir auf der Stelle jegliches Misstrauen. Seine Briefe bewiesen mir, dass er jeden Tag an uns dachte. Ich hatte also gar keinen Grund, mir Sorgen zu machen. Ende September kam er für einen Tag nach Berlin. Ich schnitt gerade ein paar Herbstastern im Garten, als er mit seinem Auto vor der Garage hielt.

Niko war ganz rot im Gesicht, geradezu überschwänglich, als er mich begrüßte. Er küsste und drückte mich, wollte mich gar nicht mehr loslassen. Ich war wie erschlagen, fühlte mich nicht gut dabei. Das Ganze wirkte überspitzt, wie Schmierentheater. Dann wirbelte er die Kinder durch die Luft und verteilte Geschenke. In der Nacht war er sehr zärtlich zu mir, und alles schien wie immer.

Am nächsten Morgen wollte er einkaufen gehen. Salami, Halberstädter Würstchen im Glas, Honig, Wodka, Waschmittel – damit die drei im Westen nicht soviel von ihrem hart verdienten Geld ausgeben müssen. »Aber wieso besorgst du das alles?«, fragte ich ihn. »Die beiden anderen in eurem Trio sind doch solo, die müssen sich nicht um Frau und Kinder kümmern.« Ich fand das völlig absurd. Er schwieg, und ich nahm es hin.

Nach vier Stunden kam er voll beladen zurück und fuhr am Abend wieder in den Taunus.

Einen Tag später spürte ich ein starkes Brennen zwischen meinen Beinen und ging sofort zu meiner Frauenärztin. Sie untersuchte mich und sagte: »Sie haben sich da einen Pilz eingefangen.« Ich rief Niko noch am gleichen Tag aus einer Telefonzelle am Ende unserer Straße an, fragte zuerst, ob er gut angekommen sei, und fügte dann hinzu: »Du hast übrigens was vergessen.«

Er fragte interessiert: »Was denn?«

Und ich: »Deinen Pilz. Sag deiner Hure, sie soll sich besser waschen.« Dann legte ich auf.

Er telefonierte nach diesem Gespräch mit einer gemeinsamen Freundin von uns und bat sie dringend, sich um mich zu kümmern. Er hatte Angst, dass ich mir etwas antue.

Nachdem ich mich von diesem Schock erholt hatte, rief ich ihn erneut an und fragte: »Niko, was machst du da im Taunus? Hast du eine Geliebte?« Nach ein paar Sekunden antwortete er:

»Es ist etwas Ernstes, Anne. Ich komme nicht mehr nach Hause.« Mir schwankte der Boden unter den Füßen. Das muss man sich mal vorstellen. Ich führte dieses Gespräch mit ihm in einer Telefonzelle. Da kracht unter dir das Fundament des Lebens zusammen, und du stehst zitternd in diesem stinkenden Kabuff und grüßt deine Nachbarin, die gerade mit ihrem Einkaufsbeutel an dir vorbeigeht.

Ich rutschte langsam an der Wand der Telefonzelle nach unten, raffte mich dann aber sofort wieder auf, um meine Eltern anzurufen. Die besuchten gerade eine Tante von mir in der Nähe des Taunus. Ich erzählte ihnen in Kurzfassung, was passiert war, und bat sie, sofort zu ihm zu fahren und mit ihm zu reden. Meine Mutter war völlig außer sich, und mein Vater versuchte, mich zu beruhigen: »Kopf hoch, Töchterchen. Der kriegt sich schon wieder ein.«

Zwei Tage später stand ich wieder in der Telefonzelle und hörte, was mein Vater zu berichten hatte: »Niko sagt, er hat sich verliebt. Er kommt nicht zurück. Es ist Schluss, aus und vorbei.«

Am Nachmittag stand Nikos Chef vor meiner Tür. Ich dachte, dass er gekommen sei, um mich zu trösten, aber er flehte mich nur an: »Geh ihm um den Bart, Anne! Sag ihm, dass du ihn liebst, dass du ihn brauchst.« Der hatte eine höllische Angst, dass er in den Knast kommt, wenn einer von seinen Musikern im Westen bleibt.

Ich bat Niko dann tatsächlich, sich das alles noch einmal zu überlegen, wenigstens mit mir zu reden. Man kann sein altes Leben doch nicht verklappen wie Müll in der Nordsee. Er versprach, für ein paar Tage zu kommen.

Als er in die Garage fuhr, sah er das Plakat, das die Kinder für ihn in die Einfahrt gehängt hatten: »Lieber Papi, wir haben dich lieb. Herzlich willkommen.« Sie wussten von nichts.

Niko war wie ein Fremder. Wir gaben uns nur die Hand. Dann setzte er sich mit verschränkten Armen aufs Sofa. Ich machte ihm keine Szene, ich weinte nicht, ich flehte nicht, sondern wollte nur von ihm wissen, wie es dazu kommen konnte.

Er hatte die Frau in einer kleinen Kneipe kennen gelernt, in der er mit seinen beiden Kompagnons nach dem Musizieren saß, um noch einen kleinen Absacker zu nehmen. Sie verkaufte im Sommer Schnickschnack in diesen netten Urlauberstädtchen im Taunus und fühlte sich am Abend natürlich einsam – wie alle Handlungsreisenden. Und obwohl da drei Männer am Tisch saßen, zwei von ihnen ohne Kind und Kegel, kaprizierte sie sich auf den mit Frau und drei Kindern. Sie saßen zusammen und erzählten sich was. Niko über seine Familie, sie über ihre: Sie hatte vier Kinder und einen kranken Mann. Er hatte drei Kinder und eine kranke Frau. Ich fragte ihn: »Da habt ihr euch bestimmt so richtig leid getan, oder?«

»Ja«, bestätigte er, »genauso war es.« Das passte alles wie die Faust aufs Auge. Für mich war es wie ein Schlag in die Magengrube. Vor allem, als er mir mit leuchtenden Augen erzählte, dass sie ihren neunjährigen Sohn beim Vater lässt, damit er durch den Jungen nicht mit der anderen Familie, ihrem vorherigen Leben konfrontiert wird. Ich fragte ihn völlig fassungslos: »Und das findest du gut, dass sie ihren Sohn bei ihrem Mann zurücklässt?«

Er fand das toll.

Toll fand er auch den Sex mit ihr. Davon erzählte Niko nichts, aber sein Chef hatte sich bemüßigt gefühlt, mich über sein Liebesleben aufzuklären: »Die beiden sind gar nicht mehr aus dem Bett gekommen. Sie hat ihren Laden dicht gemacht, um ihm 24 Stunden am Tag den Nacken kraulen zu können. Und wir hatten abends Mühe, ihn auf die Bühne zu kriegen.«

Es muss die reinste Ekstase gewesen sein. Der pure Sex. Als er am nächsten Morgen aus dem Bad kam, sah ich es – sein Rücken war total zerkratzt. Ich dachte: »Du Arsch!«, und sagte: »Weißt du, ich verstehe doch, dass man sich verlieben kann, obwohl man sich ewige Liebe und Treue geschworen hat. Wenn ich zur Kur gefahren wäre, hätte mir das auch passieren können.«

Er war völlig verblüfft und fragte: »Das verstehst du?«

»Ja. Aber bei mir gäbe es einen wichtigen Unterschied – ich wäre wieder nach Hause gekommen.«

Wir redeten die halbe Nacht. Vor allem über seine Mühen, im Osten zu leben: »In diesem Land war ich damit beschäftigt, aus krummen Nägeln gerade zu machen. Im Westen kann ich mir endlich alles kaufen, was ich brauche.«

Was soll man dazu sagen? Ich war sprachlos. Am nächsten Morgen bat ich ihn, den Kindern zu sagen, wie es mit uns weitergeht. Er rief sie ins Wohnzimmer und verkündete: »Ich glaube nicht, dass ihr das schon verstehen könnt, aber ich habe mich in eine andere Frau verliebt und gehe zurück zu ihr in den Westen.«

Wir saßen zuerst alle stumm auf dem Sofa, dann sagte Benjamin: »Du kannst ruhig gehen, Papi, wir schaffen das auch alleine.« Als ich in die Küche ging, um mir ein Glas Wasser zu holen, kam er mir aber hinterher und flüsterte: »Schmeiß doch einfach seinen Pass in den Müll, Mutti, dann kann er nicht weg.« Seine Wangen waren hochrot. Ich nahm ihn ganz fest in den Arm und sagte: »Nein, das mache ich nicht. Wenn einer gehen will, dann muss er gehen.«

Als ich zwischendurch mal in der Garage war, um mir meine Gummistiefel zu holen, fand ich ein paar Plastiktüten von ihm, die er hinter den Reserverädern versteckt hatte. In einer lag unten ein Buch, in dem ein Foto und eine lange schwarze Locke von ihr lagen. Auf dem Polaroid sitzt sie auf seinem Schoß und hat ihre Arme um seinen Hals geschlungen. Dabei guckt sie in die Kamera mit diesem Gesichtsausdruck: »So, das ist jetzt meiner!« Sie ist älter als er, aber eine sehr attraktive Frau. Sie sieht aus wie Dunja Rajter. Ich litt wie ein Hund.

Ich spürte, wie verliebt er war. So verliebt. Seine Sehnsucht nach ihr tat mir weh, ich hielt das nicht mehr aus und bat ihn, bis zu seiner Abreise zu einem Freund zu ziehen. Als er sein Bündel schnürte, sagte ich ihm: »Du kannst nun aber nicht mehr zu uns kommen.« Ich wollte nicht, dass er sieht, wie sehr die Kinder und ich leiden. Ich wollte, dass es ihm auch schlecht geht. Er sollte verloren sein, denn nun konnte er weder zu ihr noch zu uns.

Kaum war Niko zu seinem Freund gezogen, stand der Ehemann seiner Geliebten vor der Tür und sagte: »Guten Tag, ich bin Herr Z. und würde gern mal mit Ihnen reden.« Er erzählte mir, dass seine Frau schon bei der ersten Begegnung mit meinem Mann gewusst hätte: Das ist er! Das ist der Mann meiner Träume. Sie wäre begeistert von ihm gewesen, weil er so nett über seine Familie geredet hätte. Heute denke ich: Wenn das nicht die Quadratur des Kreises ist – »er hat so nett über seine Familie geredet«. Trotzdem hatte sie sich bei einem Kurztrip nach Spanien eine heißblütige Affäre gegönnt und uns allen einen Pilz von dieser Reise mitgebracht. Dieser Herr Z. war bereit, ihr das alles zu verzeihen. Er wollte seine Frau zurück. Ich konnte ihm nicht dabei helfen.

Zwei Wochen vor Weihnachten erkrankte Michael, unser Jüngster, sehr schwer. Es bestand Verdacht auf Meningitis. Das geschah genau zu dem Zeitpunkt, als er spürte, dass zwischen seinen Eltern nichts mehr stimmt. Niko fuhr mit ihm zum Arzt, der verordnete dem Jungen strenge Bettruhe, und sein Vater saß Stunde um Stunde in seinem Zimmer und sang ihm Lieder vor. Es zerriss mir fast das Herz. Ich lud Niko ein, Weihnachten mit uns zu verbringen, aber nur unter der Bedingung, dass niemand darüber redet, was alles passiert ist. Ich sagte den Kindern: »Wir spielen heile Welt.«

Wie in den vergangenen Jahren briet ich für uns am Heiligabend eine Ente und schenkte Niko schöne Alben mit den Fotos seiner Kinder. Auf der ersten Seite standen ihre Geburtstage und auf der zweiten mein Lieblingsspruch: »Gott gebe mir die Gelassenheit, Dinge hinzunehmen, die ich nicht ändern kann.

Den Mut, Dinge zu ändern, die ich ändern kann, und die Weisheit, das eine vom anderen zu unterscheiden.«

Er saß unter dem Tannenbaum und weinte, ich stand neben ihm und spürte in mir eine unglaubliche Stärke. Am ersten Weihnachtsfeiertag ging ich kurz zu einer Freundin, weil ich unseren Pfarrer gebeten hatte, an diesem Tag mal so »ganz spontan« zu uns zu kommen, um noch einmal mit Niko zu reden. Er hielt sein Versprechen, aber als wir uns eine Stunde später vor der Kirche trafen, sagte er: »Der Tod hätte Sie nicht schlimmer treffen können. Ihr Mann denkt nur noch mit der Hose.« Das Wort »Schwanz« kommt einem Mann der Kirche natürlich nicht über die Lippen.

Am zweiten Weihnachtsfeiertag ist Niko gegangen. Er nahm nur sein Rasierzeug mit und hatte plötzlich starke Magenschmerzen. Die quälen ihn noch heute, und ich gestehe, dass mich das freut. Ich brachte ihn mit Philipp zum Gartentor. Dort nahm er mich in den Arm, küsste mich auf die Augen und sagte: »Du bist stark. Du schaffst das.«

Er fuhr noch am gleichen Tag zu ihr nach Westberlin. Dort wartete sie auf ihn. Sie hatte ihm ein Auto gekauft, damit er beweglich ist. Das Geld musste sie sich von ihren erwachsenen Kindern borgen, weil sie selbst keins besaß.

Und wovon sollten wir leben? Ich konnte doch nicht arbeiten, war invalidiert. Wir hatten kein Geld und kein Nichts. Er hatte mir nur versprochen, uns Geld zu schicken, sobald er wieder verdient. Aber ich hörte nichts von ihm. Ich wollte in die Ständige Vertretung der BRD, damit die nach ihm suchen. Das war im Februar 1989. Doch schon auf dem Weg dorthin wurde ich von einem Volkspolizisten angehalten, der mich fragte, wohin ich möchte.

Der wollte mich festhalten und meine Personalien aufnehmen, aber ich habe den von mir weggestoßen und bin in die Ständige Vertretung hineingerannt. Die Bude war knackend voll. Als ich endlich bei dem Beamten vor dem Schreibtisch saß, warnte der mich: »Wir sind hier nicht allein. Hier hören ganz viele mit.« Und ich sagte: »Das können auch alle.« Und dann habe ich erzählt, dass ich meinen Mann suche, der sich drüben als Asylant aufführt, aber gar keiner ist. Sondern nur einer, der seine Frau für eine andere verlassen hat. Und dass ich nicht weiß, wie ich ohne seine finanzielle Unterstützung überleben soll. Der Hass saß überall in meinem Kopf. Und so eine alles erdrückende Existenzangst. Der frisst Nutella, und wir haben 80 Mark Lehrlingsgeld von dem Großen.

Die suchten nach ihm und fanden ihn in einem Asylbewerberheim. Das muss man sich mal vorstellen. Dort war er Asylant, hier hatte er Haus und Garten. Nachdem sie Druck auf ihn ausübten, schickte er uns Geld – 400 DM im Monat, das waren eins zu sieben umgetauscht 2800 Mark. Das hätte jahrelang so weitergehen können. Insofern war es schade, dass die Wende kam. Das Geld hat sie ihm gegeben, er hätte die 400 Mark gar nicht aufbringen können.

Wenn wir miteinander sprachen, fragte ich ihn, ob er nicht an die Kinder denkt. Und er sagte: »Ich lasse mich nicht durch sie erpressen.« Ich habe noch zwei bis drei Jahre gehofft, dass er zu uns zurückkehrt. Ich war in einer permanenten Erwartungshaltung, wollte immer zu Hause sein, damit ich da bin, wenn er kommt. Aber er ist nicht gekommen.

Nur einmal – 1991, als wir geschieden wurden. Der Große war mit, er war damals in der 10. Klasse. Sein Vater gab ihm nicht mal die Hand. Erst als dieser Sohn am 9. Mai 1997 Vater wurde, hat er sich bei Niko gemeldet. Er wollte diesen Kontakt, weil er einen Opa für sein Kind wollte.

Der Kleine hat von der Trennung bis zu seinem 12. Lebensjahr bei mir im Bett geschlafen. Er bekam Asthma, Probleme mit der Haut. Mit der Pubertät legte sich das dann. Zu seinem 18. Geburtstag hat sein Vater ihn das erste Mal wieder angerufen und ihm gratuliert. Sonst gab es keinerlei Kontakt zwischen ihm und den Jungs.

Als der Jüngste zehn wurde, wollte mein Ex den Jungen sehen und kam zu uns nach Hause. Der Junge saß im Schlafanzug vor dem Fernseher, und ich sagte ihm: Du mußt dich anziehen und dir deine Zähne putzen, dein Vater kommt gleich.

Aber er sagte nur: »Nö.«

Als Niko kam, saß er immer noch im Schlafanzug vor dem Fernseher. Er hat dann das Gesicht seines Vaters in die Hand genommen und gesagt: »Papi, ich kann mich gar nicht mehr erinnern, dass du so aussiehst.« Und sein Vater staunte, dass die Kirschbäume so groß geworden sind.

Als ich ihn fragte, ob er einen Kaffee wolle, sagte er: »Nein danke, ich habe Magenprobleme.«

Das hat mich wieder gefreut. Aber mein Herz hat gar nichts mehr gesagt. Ich dachte nur: Wegen diesem Kerl hast du so gelitten? Für ihn hast du jahrelang eine Kerze ins Fenster gestellt, damit er zurückkommt, damit er sofort sieht, dass hier ein Licht für ihn brennt? Sein Chef hatte mir im Januar 1989 ein Paar Schuhe und ein Hemd von ihm gebracht – wie die Überbleibsel von einem, der gestorben ist. Ich habe das Hemd in den Schlafzimmerschrank gelegt und herausgeholt, wenn ich Sehnsucht nach ihm hatte. Es roch so nach ihm. Drei Jahre später habe ich es entsorgt.

Schon allein dafür, was er den Kindern angetan hat, könnte ich ihn umbringen. Er hat 18 gelebte Jahre einfach weggeschmissen und bezahlt mir heute 100 Euro Unterhalt.

Doch ich wollte ihm nicht mehr hinterhertrauern. Anfang 2001 habe ich eine Kontaktanzeige aufgegeben und tatsächlich auch jemanden kennen gelernt. Aber das war nichts. Im Februar 2002 gab ich wieder eine Annonce auf und lernte wieder jemanden kennen. 62 hatten mir geschrieben, mit 15 habe ich mich getroffen, einer war dabei, mit dem es was werden könnte. Jetzt wünsche ich mir ein neues Leben mit einem anderen Mann. Das ist schwer, weil ich so lange allein war. Aber wenn einer dem anderen Freiraum lässt, dann funktioniert das vielleicht. Ich tue mir immer noch selber Leid, denn meine besten Jahre sind dahin. Aber ich hätte es nicht vermocht, gleich einen neuen Mann kennen zu lernen und ihn den Kindern als neuen Vater zu präsentieren. Das wollte ich uns ersparen. Ich war 38, als er uns verließ. Jetzt bin ich 50. Wie sollte ich auch jemanden treffen? Ich bin nur ins Theater gegangen, und da sitzt man in seiner Reihe, und es ist dunkel. Mein Glaube hat mich davor bewahrt, etwas ganz Schlimmes zu tun. Der Verzicht auf einen neuen Mann hatte mit Aufopferung zu tun – ich konnte es einfach nicht. Aber bei uns war immer was los, viel Leben in der Bude. Nun geht auch bald der Jüngste von mir fort, und ich hoffe, dass der neue Mann der ist, mit dem ich die Jahre, die mir bleiben, verbringen kann. Aber ich habe Angst davor, meine Gefühle zu zeigen, weil man dadurch so verletzlich wird. Vertrauen zu entwickeln – das wird schwer.

Er wollte beides –
das Unverbrauchte und
das Vertraute

Carla, 51, Hausfrau

Eigentlich wollte ich nie heiraten, nie von einem Mann abhängig sein. Ich hatte einen großen Freundeskreis, der wie meine Familie war, lebte mit meinen beiden Kindern mitten in der Stadt und fühlte mich sehr wohl in diesem Trubel. Bis Silvester 1979. An diesem Tag trat Christian in mein Leben. Christian war groß, dunkelhaarig, und seine Schultern waren so breit, dass sich gut und gerne drei daran anlehnen konnten. Dazu war er Architekt. Ich sah ihn mir an und dachte: Carla, was willst du mehr? Und obwohl ich schon 29 war und damit nicht mehr ganz taufrisch, hatte auch er Interesse an mir. Von Liebe auf den ersten Blick konnte allerdings keine Rede sein. Er war sich seiner Ausstrahlung auf Frauen durchaus bewusst, wirkte aber sehr ruhig, fast schüchtern. »Ich bin auf dem Land groß geworden«, erzählte er mir. »Da geht man öfter in den Wald als auf Partys.«

Wir tanzten bis zum Tagesanbruch und verabschiedeten uns vor der Haustür mit einem tiefen Blick in die Augen. Nach einer Woche meldete er sich wieder bei mir, kam auf einen Kaffee vorbei und blieb. Am nächsten Morgen ging er für uns frische Brötchen, für sich eine frische Zahnbürste holen und machte es sich bei mir bequem. Seine Wohnung behielt er, und ich fand das völlig okay, denn so konnte ich ihn jederzeit rausschmeißen – wenn ich gewollt hätte. Auf die Idee, dass diese Bude sein Liebesnest für die kleine Affäre zwischendurch sein könnte, wäre ich nie gekommen. Wer sich unter 1000 Weibern eine mit zwei Kindern aussucht, wird schon wissen, was er tut, was er will.

Heute denke ich, die Menschen müssten ohne Gefühle geboren werden, dann täte es nicht so weh, wenn man enttäuscht wird.

Er liebte meine Unternehmungslust, war zu jeder nächtlichen Schandtat bereit. Wir gingen zu Premieren, tanzten unsere Schuhsohlen durch, fuhren mit den Kindern paddeln und fühlten uns wie auf einer Insel der Glückseligen.

Ein Jahr später veränderte er sich. Plötzlich fand er mich nicht mehr temperamentvoll, sondern poltrig. Noch vor ein paar Monaten hatte er meine Schnelligkeit genossen, jetzt war ich hektisch. Von jetzt auf gleich nervte ihn alles, was sich bei uns zu Hause abspielte. Kurz vor Weihnachten verkündete er mir, dass er das Fest in Weimar verbringen werde. Ich habe einen Streit inszeniert, um herauszufinden, was los sei. Aber er sagte nur: »Es ist nichts.« Dann ging er runter zu seinem Auto, kam mit einem Koffer wieder hoch, packte seine Sachen und verschwand. Wie ein Gorilla im Nebel.

Ich heulte mich erst mal bei meiner besten Freundin gründlich aus, meldete mich anschließend im Fitness-Studio an und quälte mich zweimal in der Woche auf diesen Folterbänken bis zum letzten Schweißtropfen. Ich wollte toll aussehen, schlank wie eine Gerte sein, bloß keine Schwäche zeigen. In der Disco lernte ich einen Weltmeister im Rudern kennen und ruderte mit ihm durch unsere Betten. Genutzt hat es mir wenig, denn ich bekam Christian nicht aus meinem Kopf. Ich ging zu einer dieser Kartenlegerinnen, weil die ja meist besser über die Zukunft Bescheid wissen als man selbst. Aber die sagte auch nur: »Die große Liebe ist weit weg, und ich sehe Tränen über Tränen.« Genauso war es. Nach sechs Wochen besuchte ich sie erneut, und da versprach sie: »Seine große Liebe liegt dir zu Füßen. Es gibt ein Wiedersehen bei Haus und Hof. Übern kurzen Weg kommt er über eine Frau ins Haus.«

Gut, okay, dachte ich, der kommt also zurück. Und im April, zu meinem Geburtstag, klingelte es an der Tür, und eine Kollegin brachte mir rote Rosen von Christian. Die eine Prophezeiung stimmte also schon mal: »Übern kurzen Weg kommt er über eine Frau ins Haus.« Einen Monat später traf die andere Voraussage ein. Als ich gerade in meiner neuen, sehr ausbaubedürftigen Dachgeschosswohnung stand und überlegte, wie ich ganz schnell an tüchtige Handwerker komme, stand Christian höchstpersönlich vor der Tür. Das also war das »Wiedersehen bei Haus und Hof«.

Er wollte zu mir zurück, und als ich ihn nach der anderen Frau fragte, servierte er mir lauter Plattheiten: dass sie nur hässliche Gesundheitsschuhe trägt und ihm jeden Morgen aufgebackene Brötchen serviert. Damit ließ ich mich natürlich nicht abspeisen, und endlich zeigte er seine wahren Gefühle: Er hätte immer an mich und die Kinder denken müssen. Daran, wie wir abends auf dem Balkon bei Kerzenlicht Leberwurstbrote aßen oder an den FKK-Strand baden fuhren oder mit dem Boot auf den See hinausgerudert sind, um unseren Picknickkorb zu plündern.

Das mit der anderen war ihm langweilig geworden, weil sie offensichtlich nicht so viel Power hatte wie ich, nach getaner Arbeit den Animateur für ihn zu spielen. Nun fühlte ich mich berechtigt, meine Bedingungen zu stellen: »Ich nehme dich nur zurück, wenn du mich heiratest.« Ich war dreißig und voller Torschlusspanik. Er war begeistert und tat so, als hätte er mich schon seit Ewigkeiten »ganz in Weiß mit einem Blumenstrauß« in seinen Armen gesehen ...

Alle haben mich vor ihm gewarnt, aber ich dachte, ich wüsste es besser. Ich vertraute ihm. Im August 1981 schworen wir uns ewige Liebe, ewige Treue. Wäre ich meinen Instinkten gefolgt, hätte ich schon nach drei Monaten wissen müssen, dass das nur Sprechblasen waren, denn da war er schon wieder mächtig stinkig. Ich schob seine Launen auf seinen Stress im Büro, auf die Schufterei in unserer Wohnung. Der Ausbau zog sich endlos in die Länge. Als ich schließlich auch noch schwanger wurde, war er restlos bedient. Christian wollte das Kind nicht und verlangte von mir, dass ich abtreibe. Das kam für mich überhaupt nicht in Frage, ich liebte ihn doch und freute mich auf unsere gemeinsame Tochter. Er blieb abweisend und erklärte mir auch warum: »Ich bin noch zu jung für ein so festgefahrenes Leben.« Nach ein paar Wochen kam er zwei Nächte nicht nach Hause und behauptete, bei einem Freund gewesen zu sein. Mir war klar, dass er lügt. Erst recht, als ich diesen Freund kurze Zeit später beim Bäcker traf. Der wurde rot, als ich ihn fragte, ob die beiden demnächst wieder mal ein Wochenende gemeinsam verbringen würden.

Abends stellte ich Christian zur Rede, drohte ihm: »Wenn ich herausfinde, dass du eine andere hast, dann lass ich mich scheiden, und du behältst das Kind.« Wieder leugnete er alles und beteuerte, mich nicht mit einer anderen Frau zu betrügen. Ich nahm es hin, denn er würde mir sowieso nie die Wahrheit sagen.

Die erfuhr ich, als unsere Tochter längst geboren war und wir uns wie früher mit Freunden beim Bowling trafen.

Eine Freundin nahm mich beiseite und fragte: »Weißt du eigentlich, dass Christian seit deiner Schwangerschaft ein Verhältnis hat?« Sie erzählte mir alle Einzelheiten. Von den rosigen Wangen seiner Geliebten, wenn sie auf seinem Schoß saß, ihrem aufreizenden Lachen, wenn er seine Witzchen riss. Mit jedem Wort bröckelte meine ach so heile Welt ein bisschen mehr. Zuerst wurde ich wütend, dann tieftraurig.

Am nächsten Tag fuhr ich kurz vor Dienstschluss mit unserer Tochter in sein Büro, legte sie frisch gewickelt und gefüttert auf seinen Schreibtisch und verließ die beiden ohne ein Wort. Zu

Hause schluckte ich alle Schlaftabletten und Beruhigungsmittel, die ich fand, und versuchte, irgendwie unter einen Bus zu kommen. Ich hoffte, dass mich einer dieser taffen Fahrer in der Dunkelheit übersehen würde. Allein mit drei Kindern wollte ich nicht leben. Doch keiner meiner torkelnden Versuche, endlich unter die Räder zu kommen, gelang. Nach dem dritten Versuch fiel ich einem Kioskbesitzer auf. Der machte seinen Laden dicht und brachte mich ins Krankenhaus. Eine Psychologin, die mich dort betreute, sagte mir nach langen, intensiven Gesprächen: »Trennen Sie sich von Ihrem Mann oder finden Sie sich damit ab – er wird immer wieder fremdgehen.«

Christian erfuhr erst nach zwei Tagen, was geschehen war. Die Ärztin redete Klartext mit ihm: »Ihre Frau bleibt so lange hier, bis sie das Ganze verarbeitet hat. Auch Sie müssen sich entscheiden.« Der Professor hielt meine Hand und konstatierte immer wieder: »Sehr delikat, sehr delikat.«

Als ich nach drei Wochen das Krankenhaus verlassen durfte, hatte sich Christian von seiner Geliebten getrennt, endlich eine Beziehung zu den Kindern aufgebaut und schätzen gelernt, was ich zu Hause alles leistete. Jeden Morgen um fünf verließ ich die Wohnung, um pünktlich um sechs die Kita aufzuschließen, in der ich als Erzieherin arbeitete. Wenn alle Mütter pünktlich kamen, hatte ich zwischen 16 und 17 Uhr Feierabend, ging danach einkaufen, hängte die Wäsche auf die Leine und half den Kindern bei den Schularbeiten. Als ich im Krankenhaus lag, hatte er am eigenen Leib erfahren, wie sehr drei Kinder, der Job und das bisschen Haushalt an die Substanz gehen können.

Er gestand mir noch einmal, dass er sich für eine Heirat und drei Kinder einfach zu jung gefühlt hatte. Die letzten Wochen hätten ihm aber gezeigt, dass er sich seiner Verantwortung der Familie gegenüber stellen muss.

Er bemühte sich, mir ein paar Dinge im Haushalt abzunehmen, mehr für uns da zu sein, aber es gab immer wieder Phasen, in denen er ausgesprochen eklig zu mir war. Vor allem, als ich nach einem Jahr Babypause wieder anfing zu arbeiten. Weil mein Dienst bereits um sechs Uhr früh begann, brachte er unsere Tochter zur Krippe. Das nervte ihn nach ein paar Tagen, weil sie schon heulte und schrie, wenn er sie nur ins Auto setzte. Schließlich verlangte er, dass ich meinen Job aufgebe und mich nicht mehr um die Kinder anderer Leute kümmere, schließlich verdiene er genug für uns alle. Außerdem wolle er, dass zu Hause eine schöne, ausgeruhte Frau auf ihn wartet. Das traf vor allem ein, als ich seinem Drängen nachgab und den Job an den Nagel hängte: Ich wartete. Auf ihn. Wenn ich von ihm mehr Nähe, mehr Zeit für uns wollte, stöhnte er: »Wie stellst du dir das vor? Einer muss hier schließlich das Geld verdienen. Meinst du, ich habe Bock darauf, permanent zu schuften?«

Meist kam er gegen 22 Uhr, manchmal noch später aus seinem Büro. Nach den Gründen fragte ich nicht mehr. Wenn ich Lust hatte, mit ihm auszugehen, wehrte er ab: »Ich bin müde, lies einen Krimi.« Über Jahre plagte mich ständig das schlechte Gewissen: »Ach, dieser arme Mann, er wird so ausgebeutet.«

Ich organisierte den Alltag, kümmerte mich um die Kinder, und manchmal hatte ich das Gefühl, auch für ihn mehr eine Mutter als eine Partnerin zu sein. Für die anderen waren wir ein nettes, zufriedenes, glückliches Paar. Alle beneideten uns um unsere Beziehung. Ringsum brachen die Ehen auseinander, unsere hielt. Er galt als der introvertierte Macher, ich als die lebenslustige Mama und Frau, unter deren Pantoffeln er steht, sobald er nach Hause kommt. Natürlich stimmte das Bild so nicht. Ich wirke tatsächlich sehr dominant, weil ich meist laut und fröhlich bin, aber letztendlich hat er alles bestimmt. Auch unseren Sex fand ich schön, jedenfalls in den ersten Jahren. Wir haben alles miteinander probiert. Wie es sich im Winter im Schnee anfühlt, im Wald unter rauschenden Wipfeln oder unter dem Esstisch im Wohnzimmer. Er sagte mir immer, wie schön er meine Brüste fände und dass er sich überhaupt nicht vorstellen könne, je mit einer anderen Frau zu schlafen. Als seine Lust auf mich spürbar abnahm, begründete er das mit zwei Sätzen: »Das ist normal. Der Sex lässt im Alter einfach nach.«

Unsere Tochter wuchs langsam heran, und ich unternahm viel mit ihr allein. Sie musste nie wirklich lernen, war in der Schule so was wie ein Überflieger. Egal ob Mathe, Physik, Deutsch oder Englisch – sie war in jedem Fach die Beste und gab vielen Mitschülern oder den Nachbarskindern Nachhilfeunterricht. Sie standen bei ihr Schlange, weil sie den Stoff nicht nur beherrschte, sondern auch sehr gut vermitteln konnte.

Im Februar 2001 blieb einer ihrer Schützlinge, so ein besonders fröhlicher kleiner Knopp, besonders lange bei ihr, und als ich die Tür zu ihrem Zimmer öffnete, sah ich, wie sie ihm über seine blonden Locken streichelte. »Sein Vater hat ihn und seine Mama gerade wegen einer anderen Frau verlassen«, erklärte sie mir seine Trauer.

Er tat mir so leid, und ich war froh, dass unsere Familie auf intakten Pfeilern stand. Bis bei uns vierzehn Tage später die Bombe platzte. Durch Zufall, wie meist, wenn es um Betrug und Verrat geht. Meine Tochter und ich gingen seit einiger Zeit jeden Donnerstag zum Salsa. Als wir Ende Februar früher als sonst nach Hause kamen, weil wir Christian ersparen wollten, uns in der klirrenden Kälte vom Tanzen abzuholen, war die Wohnung leer, der Vogel ausgeflogen. Der Fernseher lief trotzdem, und in Küche, Bad und Wohnzimmer brannte das Licht. Weil Christian sehr sparsam ist und eine Lampe nie ohne Grund brennen lässt, wusste ich sofort, dass hier etwas faul ist. Er hatte uns wahrscheinlich so bereitwillig mit dem Auto zum Salsa gebracht, weil er dadurch gleich anschließend unbemerkt zu seiner Freundin fahren konnte. Mein Bauch flüsterte mir jedenfalls zu: Dein Mann hat ein Verhältnis. Als er um Mitternacht kam, sagte ich aber erst einmal nichts, wir sind nur drei Wochen hintereinander nicht weggegangen. Darunter hat er sicher gelitten, denn nun konnte er sich ja nicht mit seiner Geliebten treffen. Erst in der vierten Woche haben wir uns wieder von ihm zum Salsa bringen lassen, und als er mit seinem Auto um die Ecke bog, setzten wir uns in die nächste U-Bahn und fuhren nach Hause. Er war nicht da, aber Punkt zwölf hörte ich seinen Schlüssel in der Wohnungstür. Ich wartete auf der Couch im Wohnzimmer auf ihn, genoss sein verblüfftes Gesicht und stellte ihm drei Fragen: »Wo kommst du jetzt her? Hast du eine Freundin? Warst du pimpern?«

Er war total perplex und sagte: »Ich bin einfach nur so in der Gegend herumgefahren. Deine Fantasie geht mal wieder mit dir durch.« Weil ich keine Beweise in der Hand hatte, schwieg ich, und er kam jeden Abend brav nach Hause. Mein Misstrauen schwand langsam, bis er mir mitteilte, dass er demnächst zweimal in der Woche an einem Computerkurs teilnehmen würde.

Der Computerkurs hätte mich eigentlich kein bisschen beunruhigt. Etwas anderes ließ mich stutzen: Plötzlich wollte er neue Klamotten, und zwar ausschließlich in Schwarz. Er kaufte sich schwarze T-Shirts, schwarze Jeans, einen schwarzen Gürtel mit einem Panther auf der Schnalle, schwarze Socken, schwarze Schuhe, las »Men's Health«. Morgens erwischte ich ihn regelmäßig beim Frühsport. Er machte im Badezimmer heimlich Kniebeugen und hielt sich dabei schniefend am Waschbecken fest. Er war plötzlich eitel, trimmte sich auf jugendlich und sah so gut aus wie nie zuvor. Nur seine Augenringe, die wurden immer dunkler, und daran konnte ich ablesen, wie viel Kraft ihn seine Affäre kostete.

Eigentlich hatte ich mir geschworen, das alles ganz gelassen zu sehen, aber eines Nachts hielt ich dieses verlogene Schweigen zwischen uns nicht mehr aus. Ich schlich auf nackten Sohlen an sein Jackett im Flur, griff mir sein Handy aus der Seitentasche und versuchte, seine Mailbox abzuhören. An die kam ich aber nicht ran, denn eine sehr nette Frauenstimme forderte mich auf: »Wenn Sie jetzt Ihre Mailbox abhören wollen, geben Sie bitte Ihre Geheimnummer ein.«

Als Christian am nächsten Morgen das Haus verließ, wühlte ich in seinen Unterlagen, aber auch dort fand ich sie nicht. Bis mir einfiel, dass seine Geheimnummer nur seine PIN-Nummer sein konnte, weil er sich keine langen Zahlenreihen merken kann. Auf Umwegen fand ich sie heraus und danke noch heute der netten Frau bei der Telekom, die mir dabei half. Auf seiner Mailbox waren sieben Anrufe – von immer dergleichen Frau, die sich bei ihm anbiederte, was für ein toller Mann er sei, wie gerne sie mit ihm zusammenleben wolle, ihn anflehte, doch endlich zurückzurufen, jammerte, dass er sie am Wochenende wieder allein gelassen hätte, meckerte, wie rücksichtslos er ihre Liebe ausnützen würde. Ich löschte all ihre Liebesschwüre und ließ nur ihr Jammern und Meckern auf seiner Mailbox. Für mich überspielte ich alle ihre Texte auf eine Kassette. Es ist gut, wenn man in unaufrichtigen Gesprächen über Liebe, Betrug und Verrat so was in petto hat.

Schon als ich ihre Stimme hörte, ahnte ich: Die ist unter meinem Niveau. Die schenke ich ihm. Da muss ich mich nicht schämen. Trotzdem wollte ich diese Frau sehen, denn der Feind ist nur ein Feind, solange man sein Gesicht nicht kennt. Ich bat eine Freundin, mit mir zu diesem Computerkurs zu fahren, denn ich hatte herausgefunden, dass er nicht um 22 Uhr, sondern schon um 21 Uhr zu Ende ist. Und richtig, kurz nach 21 Uhr kam er Arm in Arm mit seiner heißen Affäre aus dem Gebäude. Als ich sie sah, wusste ich: Die ist nur ein Bumsverhältnis. Außerdem hatte sie einen kleinen Sohn, und eine Familie mit Kind wollte Christian ganz bestimmt nicht mehr.

Ich habe mich nicht einmal gefragt: »Was hat sie, was ich nicht habe?« Sie ist 34, und da kann ich nichts gegensetzen. Die Erotik hat sich nach 24 Jahren aus jeder Beziehung still und leise verabschiedet. Ich dachte zuerst: Okay, das ist nur ein Verhältnis, das geht vorbei. Aber dann spürte ich: Carla, das willst du alles nicht mehr. Als Christian nach Hause kam und ich ihm sagte, dass ich heute Abend mit eigenen Augen gesehen hätte, wie leidenschaftlich er noch küssen kann, seufzte er erleichtert: »Ich bin so froh, dass du es herausgefunden hast. Lass uns noch einmal von vorne anfangen.«

So was kann funktionieren, doch dazu gehört Aufrichtigkeit, dazu gehört Fairness. Aber er machte mir nur Vorwürfe: »Du hast Schuld. Gib mir mehr Sex, koch endlich jeden Tag für mich, bügle meine Hemden ohne Zeter und Mordio, näh mir meine Knöpfe an.«

Aber ich denke nicht daran, mich auf Kinder, Küche, Kanapee reduzieren zu lassen. Ich war völlig kopflos, hatte Angst davor, plötzlich allein zu sein, wo ich mir doch immer vorgestellt hatte, eines Tages mit ihm am Krückstock durch den Grunewald zu schleichen.

Ich bat ihn zu gehen, wenn auch nur für ein paar Wochen, wollte Abstand, um in aller Ruhe nachdenken zu können. Aber er blieb und setzte sein Verhältnis fort. Er behauptete zwar, es sei vorbei, aber ich wusste es besser, weil ich weiter seine Mailbox abhörte.

Es tat weh, ihr Süßholzraspeln zu ertragen. Noch quälender waren seine Lügen. Irgendwann hatte ich so die Schnauze voll von diesem Mann, dass ich mich rächen wollte. Ich überspielte von seiner Mailbox eine Nachricht von ihr auf eine Kassette, wo sie ihn anblaffte: »So, mein Lieber, da bin ich ja mal gespannt, wann du dich heute bei mir meldest.« Anschließend rief ich ihn im Garten an und fragte: »Wenn deine Geliebte jetzt schon auf unseren Anrufbeantworter spricht, können wir dann damit rechnen, dass sie demnächst bei uns einzieht?«

»Du lügst«, antwortete er schroff. »Sie hat niemals bei uns angerufen.« Ich spielte ihm das Band vor, legte auf, rief gleich anschließend bei ihr an und fragte, wie sie dazu käme, meinen Mann zu Hause anzurufen.

Sie hyperventilierte fast und schrie: »Wie kommen Sie denn darauf!« Ich blieb ganz ruhig und sagte: »Weil Sie mit ihm ein Verhältnis haben.« Natürlich stritt sie alles ab, und ich riet ihr:

»Mischen Sie sich nicht in anderer Leute Ehe ein. Suchen Sie sich selber einen Mann.«

Die beiden haben sich unglaublich gezankt wegen dieser kleinen Intrige, weil er mir glaubte, nicht ihr.

Ein paar Tage später bat sie mich um ein Treffen, und ich lud sie herzlich in unsere Wohnung ein. Das war eine ganz harte Nummer für mich, denn was mir diese Frau erzählte, verletzte mich mehr als das, was mir Christian inzwischen angetan hatte. Er plauderte in ihren Armen offenbar sehr freimütig aus dem Nähkästchen. Zum Beispiel, dass er seit 22 Jahren immer wieder eine Affäre hatte, sich aber jedes Mal verheiratete Frauen ausguckte, weil er sie so ganz leicht wieder loswerden konnte. Das dröhnt sicher auch ihr noch heute in den Ohren, denn schließlich hat sie sich für Christian von ihrem Mann getrennt.

Ich schlug ihr dann einen ziemlich guten Deal vor: »Heiraten Sie doch meinen Mann. Er zieht zu Ihnen, kommt aber jeden zweiten Tag frisch geduscht, duftend und entspannt zu mir, um mit mir essen zu gehen oder um mit mir zu vögeln.«

Sie war völlig fassungslos. Christian auch, als er davon erfuhr. Er blaffte mich an: »Wieso hast du mir hinterherspioniert? Du hättest nie etwas gemerkt. So machst du alles kaputt.«

So was nennt man verkehrte Welt, und ich frage mich: Warum gehen so viele Männer fremd? Die Geliebte bereitet sich wie eine Hure auf den Mann vor, aber er denkt, die ist immer so. Und was macht er für seine eigentliche Frau? Zieht er sich für sie wie James Dean an? Geht er für sie zum Sport, um seinen Arsch zu trainieren? Kauft er sich neue Unterwäsche, um ihr zu gefallen? Das tut er nur für seine Geliebte. Und was denkt die? Er ist immer so.

Ein Verhältnis hätte ich ihm verziehen, aber er hat mich über 22 Jahre belogen und betrogen. Das ist bitter, denn so hat er mir die Möglichkeit eines Neuanfangs genommen, und das hat mehrere Gründe. Erstens gucken sich Männer in meinem Alter vor allem nach 20- bis 30-Jährigen um. Mit zwanzig kann ein

Mann eine 20-Jährige haben, mit vierzig alle. Eine Frau kann mit zwanzig alle haben und mit vierzig gar keinen mehr. Zweitens will ich keinen Mann, der von einer langjährigen Ehe geprägt ist. Drittens möchte ich nie Geliebte sein, einer Frau den Mann wegnehmen.

Ich habe Christian nicht ein einziges Mal betrogen. Nicht für den schönsten Sex der Welt hätte ich unsere Familie über den Jordan geschickt. Bei allen Männern, die mir begegnet sind und die mir gefielen, habe ich immer nach dem Negativen geguckt. Nach dem, was nicht so schön ist: den schiefen Zähnen, den plumpen Händen, dem dicken Bauch. Ein Schwanz ist für mich ein Schwanz. Ob der mich von hinten vögelt oder von oben oder von unten, das ist doch alles dasselbe. Du musst doch auch investieren, wenn du fremdgehst: hässliche Lügen, schöne Wäsche ...

Noch einmal: Ich bedaure die verpasste Chance, mir allein ein neues Leben aufzubauen. Christian hat mir nicht gestanden: »Du, ich hab' mich verliebt, es ist was Ernstes, orientiere dich neu.« Er wollte beides – das Unverbrauchte von Wolke sieben und das Vertraute unter dem Lindenbaum. Er wollte probieren, was besser zu ihm passt, und hat dabei nicht eine Sekunde an mich und meine Gefühle gedacht.

Ich liebe Männer, komme nur nicht mit ihnen zurecht

Dora, 52, Schauspielerin

Es ist schnell gesagt: Du hast mich betrogen. Sollte ich nicht lieber sagen: Ich habe mich betrügen lassen? Wer zwang mich denn, Demütigungen – den »Betrug« – immer und immer wieder hinzunehmen? Habe ich »meinem« Mann nicht jedes Mal zu lange vertraut und dem unangenehmen Ziehen in der Magengrube misstraut? Habe ich nicht Hinweise von Freunden und Bekannten, ohne zu hinterfragen, als neidischen Angriff auf mein Glück, um das ich kämpfen wollte, abgeschmettert?

Wenn ich zurückschaue, kann ich nicht ohne Genugtuung sagen: Ich habe alles erlebt, gelebt, ausgelebt – denn ich war Geliebte, später Ehefrau, heute überzeugter Single. Ich wurde abgewiesen, ich habe abgewiesen und will glauben, dass jede dieser Erfahrungen wichtig war. Ich will mich nicht betrogen fühlen, obwohl ich so viel belogen wurde. Irgendwie will ich sagen, dass ich mich bereichert fühle, denn auch eine negative Erfahrung ist eine Erfahrung. Wer gibt schon gern zu, dass er vielleicht doch versagt hat?

Aber habe ich nicht auch zu lange die Schuld an einer unbefriedigenden Beziehung bei mir selbst gesucht und den Psycho-Ratgebern geglaubt, die uns eintrichtern, der Mensch sei nicht monogam, und wer das nicht einsieht, ist unreif? Ein Mensch ist nicht dein Besitz, dozieren sie, und wenn du ihn wirklich liebst, lässt du ihn das, was er bei dir nicht findet, woanders suchen. Im Tierreich macht es sowieso jeder mit jedem ...

Ich kann es nicht mehr hören. Denn auch das ist nicht in jedem Falle wahr. Ich bin monogam. Punkt. Und werde deshalb allein bleiben.

Ich komme aus einer so genannten intakten Familie. Meine Mutter war sechzehn, als sie meinen Vater kennen lernte, und mit einundzwanzig heirateten die beiden. Sie hatte nie einen anderen Mann, obwohl sie eine schöne, begehrenswerte Frau war. Selbst als er sie betrog, also fremdging, und von dem Sockel stürzte, auf den sie ihn gestellt hatte, blieb sie bei ihm. Heute, mit 87, versucht sie, diese Ehe vor sich selbst zu rechtfertigen: »Ich hatte nichts gelernt, und ich hatte dich, meine Tochter. Ich fand nicht den Mut, fortzugehen.«

Die Verbindung meiner Eltern wurde dann wohl zu einer Zweckgemeinschaft, die, wie ich es einschätze, in nahezu geschwisterlicher Zuneigung und Verantwortung endete. Das irgendwie Perverse war für mich, dass mein Vater, der mich bestimmt sehr liebte und dem ich meine vielseitige Ausbildung verdanke, mir einmal sagte: »Du musst was KÖNNEN, gerade als Frau. Du wirst doch nicht dein ganzes Leben von einem Mann abhängig sein wollen wie deine Mutter.«

Das prägte mich sehr, aber schon damals fand ich diese Haltung in Bezug auf meine Mutter, seine LEBENSPARTNERIN, ungeheuerlich und verächtlich. Ich fragte mich oft, ob er nicht von ganz anderen Frauen träumte und bei ihr aus Mitleid blieb, oder ob es ihm nur einfach gefiel, ein Dienstmädchen zu haben. Mein Vater war ein sehr verschlossener Mensch, das bestätigt auch meine Mutter. Er redete nicht über sich, fraß alles in sich hinein. Er starb mit 68 Jahren am dritten Herzinfarkt.

Nein, glücklich ist er wohl nicht gewesen. Wahrscheinlich habe ich das von klein auf gespürt und an der Möglichkeit einer intakten Familie gezweifelt, denn ich wollte von Anfang an vor allem eins sein: frei. Freiheit war und ist mein höchstes Gut. Und ich definiere sie nach Friedrich Engels, wonach Freiheit der Durchschnitt wäre zwischen Einsicht und Trieb, Verstand und Unverstand, und somit die Fähigkeit, mit Sachkenntnis entscheiden zu können. Goethe hat es ähnlich gesagt, aber sein überlieferter Umgang mit Frauen ist mir suspekt, deshalb zitiere ich ihn nicht.

Aber genau dort sitzt wohl von Anfang an mein – im gesellschaftlichen Kontext – falscher Anspruch. Ich suchte stets eine gleichberechtigte, partnerschaftliche Beziehung und ahnte tief in mir, dass das schief gehen muss zwischen Mann und Frau. Also versuchte ich, mich anzupassen und eine Beziehung der üblichen Norm zu finden. Und beschritt durch den Widerspruch in mir die völlig falschen Wege, ohne sagen zu können, dass ich heute wüsste, welcher der richtige ist.

So hatte ich bis zu meinem neunzehnten Lebensjahr nur ganz »große platonische« Lieben – meine ehemaligen Mitschülerinnen könnten Romane darüber schreiben, denn ich habe sie in alles eingeweiht. Danach kamen nicht wenige *One-Night-Stands*, immerhin gehörte ich zur 68er Generation, wenn auch im Osten.

Meine erste längere Beziehung fiel zusammen mit der Abnabelung vom Elternhaus. Ich war nach Berlin gezogen, hatte die erste eigene Wohnung, die ersten selbst organisierten Jobs. Da war ich zwanzig und begegnete einem fünfzehn Jahre älteren Bulgaren, der mit mir seine Frau betrog. Damals rechtfertigte ich mich noch so: Ich gehe doch nicht fremd, ich bin frei. Es ist sein Problem.

Mit ihm erlebte ich eine neue Welt. Kiril, so hieß er, hatte Medizin studiert, war wegen politischer Auseinandersetzungen in seinem Heimatland exmatrikuliert worden und lebte seitdem als Jazz-Musiker in der DDR. Ich hoffte, er würde sich von seiner Frau trennen, denn er versicherte mir immer wieder, er hätte ihr von mir erzählt.

Er könne sich nur nicht so schnell scheiden lassen, weil er sonst seine Aufenthaltsgenehmigung verlieren würde. Heute weiß ich, und ich hätte es auch damals wissen müssen – das war gelogen, denn er hätte ja mich nach der Scheidung heiraten können.

Seine Frau jedenfalls hat erst im fünften Jahr unserer Beziehung davon erfahren. Wie, weiß ich bis heute nicht. So lange schlief er mit ihr und mit mir. Und auch noch mit anderen, wie mir dann Kollegen steckten. Das glaubte ich ihnen aber erst, als unser Verhältnis vorbei war. Seine Frau, er nannte sie »Baby«, litt damals sehr unter seinem Verrat und versuchte, sich das Leben zu nehmen. Ich schmiss ihn raus, als er dann von ihrem Krankenhausbett direkt zu mir kam, fühlte mich ebenso betrogen wie sie. Keiner verstand das. »Selbst schuld«, sagten auch meine Mutter und mein Vater, »man geht nicht mit einem verheirateten Mann.«

Als Kiril wieder an meiner Tür kratzte, verzieh ich ihm, machte das Hin und Her weitere zwei Jahre mit. Aber das Vertrauen war weg, auch wenn ich noch nicht den Mut fand, es mir einzugestehen. Doch ich war plötzlich wieder offen für andere Beziehungen, was in unseren ersten fünf Jahren undenkbar war. Als ich einen interessanten Kollegen kennen lernte, erzählte ich meinem Bulgaren von ihm, bevor ich mit ihm intim wurde, denn ich wollte das Alte beendet haben, bevor ich mich auf das Neue einließ.

Kiril ist vor Eifersucht ausgeflippt, goss mir Likör in die damals teuren Tonbandgeräte und Kassettenrecorder, zerbrach meine Schallplatten. Das war rührend und kindisch, aber nun war es wirklich überstanden. Über ein Jahr trafen wir uns zwar noch regelmäßig auf einen Kaffee, denn es machte mir Kummer, wie er unter dem Verlust meiner Nähe zu leiden schien. Heute bin ich froh, dass er damals nicht eines Tages gesagt hat: »So, jetzt bin ich geschieden.« Vielleicht wäre es sonst eine unendliche Geschichte geworden.

Als ich zehn Jahre danach ein paar Tage dienstlich mit ihm zu tun hatte, sagte er mir am ersten Abend: »Sei nicht böse, Pussy (!!!), morgen kommt meine Frau, und sie wird die ganze Zeit

hier bleiben und aufpassen, dass ich kein Wort mit dir rede.«
Sein »Baby« war sich seiner immer noch nicht sicher. Mit 53
Jahren starb sie an einem Gehirntumor. Kiril ist inzwischen
schwer herzkrank, hat aber eine fünfzehn Jahre jüngere
Wochenendbeziehung, und wenn wir uns sehen, merke ich,
dass er der Pascha geblieben ist, der er immer war. Kein Mann
für mich, aber sieben Jahre meines Lebens gehörten ihm.

Knapp neun Monate nach der Trennung von Kiril, im August
1978, heiratete ich Marin, einen anderen Bulgaren. Es war eine
Flamme auf den ersten Blick. Der Mann sah gut aus, der Mann
war frei, nur vier Jahre älter als ich und kam aus bescheidenen
Verhältnissen. Ich hoffte, er würde ein guter Familienvater sein,
denn ich wollte ein Kind. Wann, wenn nicht jetzt – mit neun-
undzwanzig? Heute kann ich mir eingestehen, dass ich ihn –
wenn auch unterbewusst – auswählte, um seinem Vorgänger
Kiril zu zeigen: »Siehste, mich will doch einer fürs ganze
Leben!«

Es ging gründlich schief, denn Marin hatte von Anfang an
Affären. Damals sagte ich mir: Lass es ihm, solange wir unserer
kleinen Tochter die Illusion einer intakten Familie erhalten
können. Aber ich habe diese »Toleranz« nicht durchgehalten.
Ich war damals beruflich sehr erfolgreich, hatte aber immer das
Gefühl, die Frauen in meiner Umgebung belächelten mich:
»Worauf die sich bloß was einbildet, ihr Mann schläft auch mit
mir ...« Freundinnen blieben weg oder waren in meiner Gegen-
wart nervös, ich fand Haarnadeln und Ohrclips in unserem
Ehebett. Ich glaube, er vögelte alles, was bei uns zu Hause ein-
und ausging. Trotzdem wollte ich die Ehe erhalten, redete mir
ein, dass er ein guter Vater sei.

Marin kümmerte sich rührend um unsere Tochter, aber nur,
um andere Frauen aufzureißen. Wenn er ins Freibad fuhr und
dort demonstrativ die Kleine windelte und fütterte, zog er die
Bewunderung der jungen Frauen auf sich, die sich alle so einen
liebevollen Papa für ihre Kinder wünschten.

Einmal stand meine Mutter vor unserer Wohnungstür, als ich auf einer Tournee war. Sie hatte mit meinem Mann verabredet, unsere Tochter für einen Spaziergang abzuholen. Zwanzig Minuten reagierte er nicht auf ihr Klingeln, doch meine Mutter ließ nicht locker, weil sie – trotz lauter Musik – drinnen das Kind schreien hörte. Als er ihr endlich öffnete, saß eine Sängerin aus Marins Band im Wohnzimmer auf der Couch. Als ich ihn darauf ansprach, leugnete er alles – sie hätten nur geprobt. Er wollte mich für dumm verkaufen. Ich löste mich innerlich von ihm und konnte irgendwann nicht mehr mit ihm schlafen – auch, weil unser Sex zur Routine verkam. Trotzdem blieb ich bei ihm.

Im März 1981 verriet mir dann, wie sinnig, mein Friseur, dass Marin eine feste Geliebte hatte – Martina, eine Tänzerin, die ich sehr gut kannte. Als ich es erfuhr, ging ich zu ihr und fragte: »Wieso hast du nicht mit mir geredet? Du hättest ihn sofort haben können. Ich will keinen Mann, der, wenn er bei mir ist, an eine andere denkt. Ich will keinen, der nur aus Verantwortung bei mir bleibt. Ich kann mein Kind auch allein großziehen.«

Martina erzählte mir dann, dass sie ihn gar nicht mehr wolle, weil er auch noch eine andere Geliebte namens Michaela habe. Er hatte damit geprahlt und Martina sehr verletzt. Die Krönung des Ganzen war für sie aber, als er eines Abends zu ihr kam und über Nacht blieb, weil ich auf Tournee war. Erst am Mittag des nächsten Tages sagte er, dass er jetzt gehen müsse, weil unsere Tochter allein zu Hause sei. Die Kleine war damals gerade ein Jahr alt, und er hatte sie achtzehn Stunden sich selbst in ihrem Gitterbett überlassen. Das fand sie asozial. Ich verzeihe es ihm bis heute nicht.

Am nächsten Tag ging ich zum Anwalt und reichte die Scheidung ein. Marin hat geheult und auf Knien vor mir gelegen, aber ich war nicht bereit, weiter eine Scheinehe zu führen. Als er weiter wimmerte, ihn nicht zu verlassen, fragte ich mich, was wohl seine damaligen Geliebten – Martina, Michaela und wie sie alle hießen – sagen würden, wenn sie ihn so sähen. Er heiratete später Michaela, hat mit ihr inzwischen mehrere Kinder, aber seit der Wende haben wir im Prinzip nichts mehr von ihm gehört. Erst als es um die Unterhaltszahlungen ging, erfuhren wir, dass Marin arbeitslos in Bulgarien lebt.

Ich glaube, meine Tochter hat die Trennung von ihm nie richtig überwunden. Wenn ich früher zu ihr sagte: »Schreib deinem Vater doch mal eine Karte«, kam prompt die Antwort: »Der schreibt mir doch auch keine.« Ich halte sie für trennungsgeschädigt, und sie denkt über Männer und Partnerschaften schon so wie ich. Aber sie hat Sehnsucht nach einer »echten« Familie. Und sie ist um so vieles zerbrechlicher als ich. Deshalb mache ich mir große Sorgen.

Es war und ist sehr schwer für mich, mit dem schlechten Gewissen ihr gegenüber zu leben. Als sie drei war, fragte sie mich einmal: »Warum habe ich eigentlich keinen Papa?« Ich antwortete ihr zwar: »Du hast doch einen, er lebt bloß woanders«, aber es hat mich sehr getroffen.

Nach der Scheidung im Jahre 1982 traf ich in Claus meine erste wirklich wahre Liebe. Es war ein einziges Schweben. Wir sind aneinander gewachsen, aufgeblüht, aber weil auch er verheiratet war, traf er nach einem halben Jahr eine Entscheidung. Für seine Frau. Das war immerhin ehrlicher als das, was ich von Kiril oder Marin kannte.

Ich litt fünf Jahre an dieser Zurückweisung, brauchte eine Therapie, aber ich gebe ihm keine Schuld. Im Prinzip hatte ich auf diese Art und Weise schon mit zweiunddreißig meine Midlifecrisis. Und wie sagt einer meiner besten, weil schwulen Freunde so treffend: »Sieh es positiv: Was weg ist, ist weg ...«

Nach dieser kurzen Beziehung versuchte ich es für drei Jahre mit Ulli, einem Zimmermann – bodenständig, wie ich hoffte. Er verstand sich auch mit meiner Tochter wunderbar. Sie denkt noch gern an ihn. Aber auch er ging fremd, wenn er auf Montage im Ausland war, und ich setzte ihn ganz schnell vor die Tür. Schon deshalb, weil ich begriff, dass ich dieses »Bodenständige« nur gesucht hatte, weil mich mein Umfeld inklusive meiner Mutter nervte: »In dem Haus fehlt ein Mann.«

Das war sicher richtig – das Haus brauchte dringend ein neues Dach, der Rasen war nur selten gemäht, und die Regenrinnen tropften überall, aber ich wollte doch keinen Hausdiener als Partner. Ulli hat nach mir übrigens ganz schnell geheiratet, und ich hoffe, dass er glücklich ist.

Die nachfolgenden Beziehungsversuche hielten nicht lange, weil ich mich bemühte, meinen Lügen, Notlügen und Selbstzweifeln, aber auch denen des Partners immer schneller auf die Spur zu kommen. Ich glaube, ich habe dadurch mindestens einem Mann viel Kummer mit sich selbst erspart. Er war ein sensibler, frisch geschiedener Kameramann aus dem Westen, der nach 25 Jahren einfach Angst hatte vor einer festen Bindung. Peter schlief damals mit einer verheirateten Frau und einer allein stehenden Mutter, die hoffte, er würde sich für sie entscheiden. Und dann tauchte ich auf. Ich versuchte, um ihn zu kämpfen, aber ich bin darin zu ungeschickt. Wahrscheinlich machte ich ihm mit meiner Direktheit und Selbstständigkeit auch Angst. Irgendwann beschloss ich deshalb für mich, dass die andere allein stehende Mutter – obwohl ich selbst eine war – die älteren Rechte hat und ließ ihn los.

Er wollte den Kontakt zwischen uns nicht abbrechen lassen, was mir am Anfang gefiel, denn ich hätte ihn gern als Freund behalten. Aber ich konnte dieses Geschmuse einfach nicht mehr hören: »Ach, wir verstehen uns doch nach wie vor so gut, du und ich, wir sind etwas ganz Besonderes ...« Ich denke inzwischen ganz pragmatisch, denn wenn es so gewesen wäre, hätte er sich für mich entscheiden müssen – ohne Sicherheitsgarantie. Ich wäre bereit gewesen, seinetwegen mit meiner Tochter nach Wiesbaden zu ziehen, hatte mich sogar schon heimlich um eine Arbeit für mich gekümmert. Aber er wollte die eine haben, ohne die andere zu lassen. Außerdem faselte er so etwas wie: »Ich kann Jutta doch jetzt nicht so verletzen!« Und mich? Mich kann man verletzen? Es ist ungeheuerlich, wenn ich darüber nachdenke. Kurz und gut, es war vorbei.

Im Laufe der Jahre habe ich gelernt, mich besser zu verstehen, wenn es um Partnerschaften geht, und es gelingt mir, konsequenter zu mir selbst zu sein. Das hat mich aber nicht davor bewahrt, die letzten neun Jahre wieder einer Illusion hinterherzulaufen. Ja, das Teufelchen »Frau braucht Mann« nistet immer noch in mir und raunt unentwegt: »Vielleicht haben all die anderen ja doch Recht mit ihren angeblich intakten Beziehungen. Das willst du doch nicht auf dir sitzen lassen, dass du keinen abkriegst? Komm, versuch's noch mal!«

Und so kam tatsächlich einer, der etwas perfekt beherrschte, was neu für mich war und mich ungeheuer reizte, nämlich die Kunst der perfiden Manipulation. Neun Jahre lang zog mich dieser Mann, Henry, mit Zuckerbrot und Peitsche in seinen Bann. Es hatte etwas von Suchtverhalten, das ich an den Tag legte. Dennoch ist er die Liebe meines Lebens, und ich kann mit Logik nicht begründen, warum. Esoteriker würden sagen, da handelt es sich um eine »ganz alte Geschichte«. Mein liebster schwuler Freund fragte mich mal, was ich denn eigentlich so an ihm liebte. Ich antwortete, ohne zu überlegen: »Mich selbst!« Durch ihn lernte ich die menschlichen Tiefen und Untiefen kennen wie durch keinen anderen und bin dadurch stärker geworden, als ich je zu hoffen wagte. Nur so konnte ich mich aus seinen Klauen wieder befreien. Obwohl er mich benutzt und verscheißert hat. Müsste er jetzt dazu Stellung nehmen, würde er eine weiße Weste vorzeigen und sagen: »Sie muss mich da gründlich missverstanden haben.«

Und wahrscheinlich bekäme er vor jedem Gericht der Welt Recht, denn eigentlich pflegten wir neben unseren beruflichen Verpflichtungen nur eine hochgeistige Telefonbeziehung, hin und wieder unterbrochen von sexuellen Begegnungen der ganz besonderen Art. Der Rest waren seine identischen Spielereien mit anderen Frauen und immer während Schuldzuweisungen in meine Richtung. Dann monatelanges Schweigen – bis zum nächsten Anruf.

Jetzt, wo ich es endlich geschafft habe, nicht mehr auf diese Anrufe zu warten, nicht mehr auf die verlogenen Einflüsterungen zu reagieren, plagt mich das schlechte Gewissen. All die Kraft, die ich in diese so wunderliche Beziehung steckte, ging meiner Tochter in der schweren Zeit der Pubertät verloren. Wenn sie mich brauchte, hatte ich Migräne wegen eines Mannes, der demnächst seine Karin heiraten wird, von der ihre Bekannten hinter vorgehaltener Hand sagen, wie sehr sie schon jetzt unter ihm leidet. Mir mailt er derweil: »Es tut mir aufrichtig leid um uns.«

Und ich fühle mich dann doch miserabel, denn auch so etwas halte ich für eine sehr subtile Form von Betrug. Aber ich will nicht mehr darüber nachdenken müssen.

Ich bin für die Partnerschaft in traditioneller Form nicht geschaffen, in der man sich sehr wohl bewusst verletzt und sich dann wieder verzeiht – immer und immer wieder. Ich bin auch nicht bereit, das alte Spiel unserer Mütter mitzuspielen: »Ich tue so, als gäbe ich klein bei, denn am Ende macht er, was ich will.« Und mir fällt wieder Engels ein, der sagt: »Die bürgerliche Ehe ist in Wirklichkeit die Gemeinschaft der Ehefrauen!« Und ich füge hinzu – die dafür sorgen, dass alles beim Alten bleibt.

Ich will lieber keinen Mann als einen, der nur ein Nest sucht, in dem er sich von seinem freien Leben ausruhen kann. Auch diesen gepriesenen »geheimen« Freiraum des Partners akzeptiere ich nicht. Wenn jeder macht, was er will, braucht niemand einen Partner.

Ich will eine echte Partnerschaft, die nichts verschweigt, nichts verheimlicht, wo man miteinander an Problemen wächst. Die Betonung liegt für mich ausdrücklich auf MITEIN-

ANDER, keiner soll den anderen vor vollendete Tatsachen stellen unter dem Motto: Friss oder stirb!

In all der Zeit, in der einer fremdgeht oder schweigt, fühlt der andere, dass etwas nicht stimmt, und wird krank durch Selbstvorwürfe und Zweifel. Niemand hat das Recht, einen anderen Menschen derart zu kränken.

Aber, glaubt man der Marsmänner- und Venusfrauentheorie, komme ich mit dieser Einstellung von einem ganz anderen Stern. Doch damit kann ich inzwischen leben. Die fehlenden Streicheleinheiten finde ich bei meinem Publikum, seltener bei meiner Tochter, dafür umso mehr bei meinen zuverlässigen Freunden und vor allem in der atemberaubenden Natur dieses Planeten. Ob ich glücklich bin? Sicherlich genauso oft oder selten wie andere in festen Zweierbeziehungen. Ich fühle mich nicht mehr, wie früher oft, wertlos ohne Mann, und ich betone, dass ich Männer nach wie vor liebe. Ich komme nur nicht mit ihnen zurecht.

Neulich habe ich auf einer Zugfahrt nach München einen sehr netten Mann kennen gelernt, der mir in allen Ehren anbot, bei ihm zu übernachten, weil mein Flieger erst am frühen Morgen startete. Aber ich ging lieber ins Kino und sah mir zum dritten Mal »Herr der Ringe« an.

Ich will mich nicht noch einmal selbst belügen und belügen lassen.

Irgendwann war ich bereit, ihn mit ihr zu teilen

Julia, 53, Architektin

Mit 23 hatte ich meinen ersten festen Freund. Er hieß Albert und war zwei Jahre jünger als ich. Wir waren sieben Jahre zusammen, und ich muss zuerst von ihm erzählen, weil er für mich ein sehr wichtiger Mann, der Wegbereiter meiner Geschichte, war. Ich komme aus einer Arbeiterfamilie, bin in Bottrop neun Jahre zur Schule gegangen, habe anschließend eine Lehre als Industriekauffrau begonnen und danach zehn Jahre in ein und derselben Firma gearbeitet. Ich las die Bild-Zeitung, hielt mich für was Besseres, hatte aber keinen Plan, was ich aus meinem Leben machen könnte. Bis ich Albert begegnete. Albert kam aus einer intakten bürgerlichen Familie, und schon allein dafür habe ich ihn bewundert. Er war kultiviert, gebildet und politisch sehr engagiert. Zu diesem Zeitpunkt hatte ich es immer mit einem saufenden Vater zu tun, der seine Frau, meine Mutter, schlug. Ich schämte mich für mein Zuhause – 50 Quadratmeter für die Eltern und drei Kinder. Weil ich das Nesthäkchen war, besaß ich kein eigenes Zimmer und musste jede Nacht mit meiner Mutter, am Wochenende mit meinen Eltern in einem Bett schlafen. Mein Vater war die Woche über auf Montage, und wenn er nach Hause kam, wollte er über Mutter rübersteigen. Wenn sie nicht wollte, ohrfeigte er sie. Meine Geschwister, die sich ein eigenes Zimmer teilten, behaupten noch heute, sie hätten das alles nicht mitbekommen. Aber ich war im Schlafzimmer hautnah dabei. Wenn er sie peinigte, wollte ich meine Mutter beschützen und hasste meine Geschwister dafür, dass sie sich blind, taub und stumm stellten. Besonders schlimm tobte unser Vater, wenn er besoffen war, dann hatte er sich nicht mehr im Griff. Einmal lag er mit offener Hose schnarchend auf dem Bett und ich sah seinen schlaffen Schwanz. Ich fand das widerlich.

Wie unser Wochenende sein würde, wussten wir am Samstag nie. Wenn es am nächsten Tag in der Küche nach Braten roch, war das ein gutes Zeichen – dann hatten sich unsere Eltern wieder vertragen. Am Sonntagmorgen ging unser Vater zum Frühschoppen, und wenn er mittags kam, war er betrunken. Vorher musste ich öfter aus dem Fenster gucken, ob Papi auch rechtzeitig zum Essen aus der »Laterne« nach Hause kommt. Dann gab es jedes Mal Schweinenacken und Kartoffeln oder Hähnchen und Hühnersuppe. Einmal hat er seinen Teller mit Hühnersuppe aus dem Fenster geworfen und geschrieen: »Scheiße, schon wieder Hühnersuppe.« Um 12 lief damals Werner Höfers »Frühschoppen« und anschließend das »Mittagsmagazin«. Das sahen sich die beiden beim Essen zusammen an. Danach lag er auf der Couch und schnarchte ab.

Als ich älter wurde, habe ich oft über meinen Vater gewettert: So ein besoffenes Schwein. Ich wollte das alles loswerden, aber Albert sagte mir, dass ich meine Herkunft, meine Geschichte nicht verleugnen soll. Er erzählte mir viel über die Arbeiterklasse, klärte mich über mein eigenes Leben auf. Er konnte das. Er hatte den Abstand. Ich nicht. Das war schon eine paradoxe Situation. Erst viel viel später schaffte ich es, mit meinem Vater über all das zu sprechen.

Ich hatte wahnsinnige Angst davor, in Alberts Familie eingeführt zu werden, denn ich befürchtete, die würde sofort riechen, aus welchem Stall ich komme, und mich deshalb ablehnen. Er – der Studierte, ich – das Proletarierkind.

Ein Jahr später zog ich mit ihm nach Freiburg, wo er Pädagogik studierte. Ich bekam eine Halbtagsstelle als Industriekauffrau. Vier Jahre wohnten wir zusammen, und ich habe ihm in dieser Zeit gründlich das Leben versaut. Aus Angst, mich vor seinen studierten Freunden zu blamieren, wollte ich ihn ganz für mich allein. Er akzeptierte das, weil er mich liebte, weil er wollte, dass ich glücklich bin. So waren wir fast nur zu zweit.

Zum Glück begann ich nach einiger Zeit, als Assistentin an der Uni in Freiburg zu arbeiten. Und siehe da – die Leute, die mich dort kennen lernten, fanden mich gar nicht so doof oder schlimm, wie ich befürchtet hatte. Nein, die schätzten mich richtig. Mein Selbstbewusstsein stieg.

Dann sollte Albert zum Bund, und weil er Pazifist war, sind wir nach Berlin gezogen. Er begann als Lehrer zu arbeiten und riet mir, den Umzug als Chance für mich zu sehen, mich weiterzubilden, mein Abitur nachzumachen. Das traute ich mir zuerst nicht zu, denn die Worte meiner Mutter spukten noch in meinem Hinterkopf herum: »Die Tochter dieses Vaters kann nur doof sein.«

Ich sah mich ohne Zwang nach einem Job um, denn Albert verdiente ja genug Geld für uns beide, bis ich mich 1978 endlich doch entschloss, mein Abi nachzumachen. Da war ich 29. Als ich das erste Mal in meine neue Klasse kam, ist mir als erster Frank aufgefallen. Der war das Gegenteil von Albert. Albert war maskulin, männlich, dunkelhaarig. Frank war feminin, weich, blond. Ich war still und abwartend, er eloquent und engagiert. Er war 24 und lebte in einer festen Beziehung mit einer älteren Frau. Ich habe mich unglaublich in ihn verliebt. Er dagegen nahm mich überhaupt nicht wahr. Alle Frauen waren in Frank verknallt, aber die aus der dritten Reihe, also ich, die hat ihn gekriegt. Das dauerte allerdings eine ganze Weile.

Den Mut, ihn direkt anzubaggern, fand ich erst, als wir mit unserem Deutschkurs auf eine Klassenreise in den schönen Frankenwald fuhren und ich das erste Mal in meinem Leben ein Tütchen rauchte. Danach saßen wir zusammen auf einem Sofa und ich sagte ihm, dass ich ihn jetzt unbedingt küssen muss. Da war er so überrumpelt, dass er mich zurückgeküsst hat. Er fand es klasse, was da mit uns passierte. Am nächsten Tag war der Zauber des Augenblicks leider verflogen. Er tat so, also wäre nichts gewesen.

Aber ich ließ nicht locker. Ich wollte ihn, und er brauchte mich – Gott sei Dank. Weil ich die Einzige in der Klasse war, die richtig gut Schreibmaschine schreiben konnte, kam er in Berlin häufig zu mir, um mir seine Arbeiten zu diktieren. Wir sahen uns fast jeden Tag, und ich dachte tatsächlich: Der gehört jetzt mir, obwohl er auch andere abschleppte. Das nahm ich einfach nicht zur Kenntnis, und als Albert einmal auf einer Dienstreise war, bat ich Frank nach seiner üblichen Diktiererei: »Bleib heute Nacht bei mir.« Er blieb und war von Stund an mein Mann.

Albert, der mich heiraten und Kinder haben wollte, spürte schon, dass zwischen mir und Frank was lief, aber wir sprachen nicht darüber. Ich war zu feige, ihm Auge in Auge reinen Wein einzuschenken. Außerdem hing ich noch sehr an ihm. Erst, als er wieder mal ein Wochenende unterwegs war, packte ich meine Sachen und zog zu einer Freundin. Als er wiederkam und meinen leeren Schrank sah, erklärte ich ihm: »Ich brauche Abstand, ich muss eine Weile für mich sein.« Wahrscheinlich ahnte er, dass das nicht stimmte, dass ich nur bei Frank sein wollte. Meine Freundin, ihr Freund, Frank und ich wohnten ja praktisch schon zusammen, nur dass Frank noch eine eigene Wohnung hatte und eine andere Frau. Ich war immer noch zu feige, Albert zu sagen, dass da jemand anderes sei. Einmal kam er zu mir, fiel auf die Knie und sagte: »Bitte, verlass mich nicht!« Ich habe geheult und geantwortet: »Ich kann nicht bei dir sein. Das geht jetzt gerade nicht.« Und das stimmte ja auch. Ich liebte ihn irgendwie, aber wenn ich bei ihm war, wollte ich zu Frank, und wenn ich bei Frank war, wollte ich zu ihm.

Albert war völlig verzweifelt, kämpfte um mich, und einmal, als der eine kam und der andere ging, sind sich die beiden auf der Treppe begegnet. Ich habe eine Zeit lang mit beiden geschlafen und Albert dann zuteil werden lassen, was Frank mir beim Sex alles beibrachte. Das war ein Unterschied wie Tag und Nacht. Mit Frank habe ich von 22 Uhr bis 2 Uhr früh Liebe gemacht, mit Albert eine halbe Stunde. Höchstens. Obwohl wir manchmal auch so Sachen inszeniert haben. Also – er hat sich schön angezogen, ich habe mich schön angezogen, und dann haben wir uns gegenseitig schön ausgezogen.

Mit Frank war der Sex sehr leidenschaftlich, wild. Wir haben alles ausprobiert – das ganze Kamasutra rauf und runter. Nachdem wir am Morgen ein letztes Mal miteinander geschlafen hatten, sind wir gemeinsam in die Schule gefahren, und während alle anderen aufmerksam dem Vortrag des Lehrers lauschten, hielt er provokativ seine Finger unter die Nase und schaute mich dabei an. Die anderen redeten über Adorno, und wir dachten an unseren Sex. Bei Frank habe ich begriffen, was Erotik bedeutet. Bei Albert war es schließlich nur noch ein Geschlechtsakt, obwohl ich mit ihm meine ersten wunderschönen sexuellen Erfahrungen gemacht habe.

Später haben sich die beiden näher kennen gelernt, wir unternahmen sogar ein paar Sachen zu dritt und Albert sagte mir eines Tages: »Dieser Frank ist ein guter Nachfolger für mich.« Wenig später verliebte er sich in eine andere Frau.

Das mag vielleicht blöd klingen, aber nun war ich völlig zerrissen. Einmal ist Albert mit dieser Frau verreist und mir schwammen alle Felle weg. Ich rief sie an und sagte: »Lassen Sie die Finger von Albert. Dieser Mann gehört mir.« Ein Jahr später haben die beiden geheiratet.

Im September 1979 war Frank in Finnland, und als er wiederkam, sind wir uns in die Arme gefallen, und ich wusste – wir sind ein Paar. 1980 machten wir unser Abitur, und die ganze Welt stand uns offen. Frank wollte Soziologie studieren, ich war noch unsicher, dachte aber ans Lehramt. Wenig später wurde ich schwanger, aber ich wollte kein Kind, habe abgetrieben. Frank sagte: »Wenn das Kind von Albert gewesen wäre, hättest du es behalten.« Da war sicher was dran, denn Albert war der Bodenständige, der eine Familie wollte. Vielleicht habe ich deshalb noch so oft an Albert gedacht. Wenn Frank das spürte, sagte er: »Ich bin nicht Albert.« Albert hat mich beschützt, das machte Frank nicht. Bei Frank befürchtete ich immer, dass er nicht wiederkommt, wenn er sich Zigaretten holen ging. Er war ein unsicherer Kandidat. Viele Frauen interessierten sich für ihn, und so ganz und gar war er nie bei mir. Er sagte auch nicht: »Ich liebe dich und will auf ewig dein sein!« Das mit uns war lange Zeit ziemlich auf Sex beschränkt.

Dann begannen wir zu studieren. Er Soziologie, ich Pädogogik. Nach vier Semestern stellte sich in meinem ersten Praktikum aber heraus, dass ich mit den Schülern nicht zurechtkam. Ich wechselte zur Architektur und hatte damit meinen Weg gefunden.

Es war eine schöne Zeit. Frank und ich waren glücklich. Das Studium, die Jobs nebenbei, um Geld zu verdienen, die gemeinsamen Freunde, die vielen Gespräche brachten uns weiter, brachten uns näher. 1985 suchten wir schließlich nach einer gemeinsamen Wohnung für uns und begingen damit einen großen Fehler – wir sanierten diese Wohnung nämlich von Grund auf, und dazu ganz allein.

Wir ackerten von früh bis spät, rissen Wände ein, bauten das Bad aus, eine neue Küche ein. Es war eine einzige Quälerei. Schließlich verlor ich auch noch meinen Job und war vier Jahre arbeitslos. Ich blies häufig Trübsal, Frank zog durch die Weltgeschichte und verknallte sich in eine andere. Sie tauchte eines Tages bei mir auf und wollte mit mir reden. Ich habe gelitten wie ein Hund und erinnerte mich plötzlich wieder daran, dass er auch während des Studiums mit anderen Frauen gevögelt hatte.

Mit mir ging es bergab, mit Frank bergauf. Er machte sich selbstständig, und ich half ihm, sein Geschäft aufzubauen, weil ich nichts anderes zu tun hatte. Das war ihm aber zu dicht. Also blieb ich zu Hause und ließ mich hängen, verlor meine Freunde. Frank ging raus in die Welt und spielte Badminton. Unser Geld wurde knapper. Er sagte: »Wir müssen was tun, das geht so nicht weiter«, aber ich verstand die Signale nicht, sondern igelte mich immer mehr ein. Das war falsch.

Es gab einen Bruch zwischen uns. Seine Nächte wurden immer länger, und das nicht wegen seines Erfolges im Job, sondern weil er nicht mehr zu mir ins Bett wollte. Nur manchmal fragte er mich spät in der Nacht, ob wir nicht miteinander schlafen könnten. Das hörte sich wie eine sachliche Abfrage für mich an. Dazu hatte ich keine Lust. Das fand ich langweilig. Wir probierten auch nichts Neues mehr miteinander aus. Einmal hat er mich sogar abgewiesen – das war nach 20 Jahren das erste Mal. Mir war danach völlig klar: Ich bin nicht mehr spannend für ihn, ich habe ihm nichts mehr zu bieten. Er ging immer öfter weg, blieb immer öfter weg, zog durch die Kneipen – stets ohne mich. Als ich ihm sagte, dass ich auch gern mal wieder mit ihm in ein Café gehen würde, da antwortete er: »Ich habe mich in Jasmin verliebt. Was wollen wir jetzt machen?«

Ich habe gedacht, der Boden tut sich unter mir auf. Ich raffte meine Sachen zusammen, kroch für ein paar Tage bei einer Freundin unter. Er nutzte die Zeit und verreiste. Er fuhr zu seiner neuen Freundin Jasmin, die verheiratet und mit Mann und Kind gerade nach Bochum gezogen war. Sie trafen sich dort heimlich, und wenig später kehrte sie mit ihrem Kind nach Berlin zurück, weil sie es mit ihrem Mann nicht mehr aushielt, sich nach Frank sehnte. Damit hatte er allerdings überhaupt nicht gerechnet – dass sie für ihn die Familie verlässt und mit ihrem Kind alleine lebt.

Er hatte gar keinen Plan, wie es jetzt weitergehen sollte, wollte mich aber auf gar keinen Fall verlassen. Ich wusste auch keine Antwort. Ich wusste nur, dass ich das Ganze nicht mehr ertragen konnte. Wir wohnten zwar noch zusammen in einer

Wohnung, aber im Prinzip war er nicht mehr da. Und wenn er kam, habe ich nur geheult und gesagt: »Ich will dich hier nicht mehr haben, geh doch zu deiner Jasmin.« Er ging dann zu ihr und kam nach Stunden wieder. Er blieb nie über Nacht weg und schwor mir, dass diese Frau nicht das Ende unserer Beziehung bedeuten müsste. Aber umgekehrt galt das auch. Unsere Beziehung bedeutete nicht das Ende der anderen Beziehung. Sein Schwanz war eindeutig bei ihr.

Auch wenn er in unserer Wohnung war, kochte ich nur für mich, und wenn ich ihn fragte, ob er was mitessen will, verneinte er jedes Mal. Wir waren beide völlig hilflos, sprachlos. Zwei Weihnachten und zwei Silvester verbrachten wir noch miteinander, einmal wurde er sehr krank. Da rief seine Freundin bei uns an, um zu erfahren, wie es ihm geht. Das machte mir aber nichts mehr aus, denn inzwischen war ich bereit, ihn mit ihr zu teilen. Mir war nur wichtig, dass er manchmal bei mir war.

Frank war darüber hoch erfreut, weil er ja mit Jasmin eigentlich nur gern vögelte. Mich verlieren wollte er nie, mit mir zusammenleben aber auch nicht. Das spürte ich, als ich nach vier Jahren endlich wieder einen Job bekam. Da hat er mir zur Feier des Tages einen Blumenstrauß geschenkt und ist anschließend in sein Büro gezogen. Das war 1999. Zu mir kam er nur selten, und bei Jasmin und ihrem Sohn betrachtete er sich auch nur als Gast. Sie litt darunter, denn sie hatte natürlich von einer engen, festen Beziehung mit ihm geträumt. Aber das ist genau das, was er nicht will.

Als wir beide anfingen, an ihm herumzuzotteln, da wurde ihm klar, was er eigentlich will: alleine leben. Er mochte uns beide. Die eine war neu, die andere vertraut. Sie wollte ihn mit Haut und Haaren, und mir erzählte er dann, dass er nur Stress mit ihr hat. Das steht so seit anderthalb Jahren im Raum. Die Wahrheit ist es aber offensichtlich nicht. Als ich ihm einmal die Post vorbeibringen wollte, weil ich wusste, dass sie wichtig für ihn ist, kam er gerade von einem Sonntagsausflug zurück – mit Frau, Kind und Hund.

Er will das eine haben und kann das andere nicht lassen. Er macht mit der anderen Ausflüge ins Grüne, fliegt mit ihr nach Teneriffa und teilt sich gleichzeitig mit mir die Miete. Er besitzt auch noch einen Schlüssel für unsere Wohnung, aber allein betritt er sie nie. Er kommt nur hierher, wenn ich da bin. Dieser Mann ist ein einziger Schwebezustand – und das seit zwanzig Jahren.

Ich will ihn trotzdem wiederhaben.

Ich bin, wie die Königin der Nacht, zum Leiden geboren

Miriam, 57, freischaffende Künstlerin

Es war einmal vor langer, langer Zeit, als sich am 26. April 1965 frühmorgens um acht im Zimmer 105 des Nürnberger Nationalmuseums zwei junge Menschen, Miriam und Herrmann genannt, das erste Mal küssten. Sie waren weder Prinz noch Prinzessin, aber sie fühlte sich wie eine, wenn er ihr die langen blonden Haare sanft hinter die Ohren strich. Sie träumte von einer goldenen Kutsche mit sechs Schimmeln davor. Ihre Eltern auch, denn dieser Herrmann war ein respektabler, Erfolg versprechender, gut aussehender junger Mann, der ihrer Tochter zur Ehre gereichte. Wenn er zu ihr ins Elternhaus kam, um seine Aufwartung zu machen, richteten ihm seine zukünftigen Schwiegereltern das Bett in der Mädchenkammer her und achteten in der Nacht auf die Geräusche von leisen Sohlen.

Unser Sex spielte sich deshalb auf dem Rücksitz meines »GoGo« oder auf Partys in fremden Betten ab. Weil es immer schnell gehen musste, hingen ihm dabei seine schlappen Unterhosen in den Kniekehlen und seine Socken stanken nach Schweiß. Schön war es nicht, weil mein Baby völlig schimmerlos war, wie schöner Sex aussehen könnte. Ich musste ihm so manche Stelle erst zeigen, die sich für beide zu streicheln lohnte – aber er lernte schnell.

1967 wollten wir uns einen lang gehegten Traum erfüllen und das erste Mal zusammen verreisen, sogar das erste Mal fliegen

– nach Rom. Wir durften erst, nachdem wir Alibibegleiter für uns fanden. In einer sternklaren Nacht saßen wir auf der Spanischen Treppe und wünschten uns unter einem Regen von Sternschnuppen, dass wir immer zusammenbleiben.

1967 verlobten wir uns, doch bevor die Gäste zur großen Kaffeetafel kamen, küsste mich mein Vater auf die Augen und sagte: »Eigentlich brauchst du jemanden mit Herz.« Er machte sich Sorgen. Ich schlug sie in den Wind.

1968 war Herrmann diplomierter BWLer, bewarb sich in München um eine Stelle und bekam sie. Gleich nach dem Einstellungsgespräch rief er mich an und sagte: »Mausi, wir müssen heiraten, damit du mit mir nach München ziehen kannst.« Vier Wochen später gaben wir uns auf dem Standesamt, drei Wochen danach vor dem Traualtar das Jawort. Heute weiß ich, dass das übereilt war.

Er hätte sich erst die Hörner abstoßen müssen. Das werfe ich mir immer noch vor.

Nach unserer standesamtlichen Trauung fuhren wir nach München, um dort nach einer Wohnung für uns zu suchen, und meine Schwiegermutter fragte mich besorgt: »Wie haltet ihr es denn auf dieser Reise?« Als ich sie fragte, was sie damit meint, sagte sie: »Nehmt ihr ein Doppelzimmer oder zwei Einzelzimmer?« Weil die standesamtliche Trauung nichts für sie galt, fürchtete sie um unsere Moral.

Wir fanden zuerst nur eine Wohnung für ein Jahr. Eine Bruchbude voller Gerümpel, die seit 25 Jahren keine Farbe mehr gesehen hatte. Herrmann machte das nichts aus. Er war und ist ein Geizhals. Aus Angst, sein Probejahr nicht zu bestehen, wälzte er auch zu Hause noch stundenlang in seinen Akten. Danach spielten wir zu zweit Monopoly oder Kanasta, ins Kino oder in ein Café gingen wir nie.

Im Mai 1970 reiste er mit einem Team seines Unternehmens das erste Mal sechs Wochen nach Kanada, und ich fühlte mich sehr einsam ohne ihn. Ich wollte auch Action. Ich wollte ein

Kind. Wie sich wenig später herausstellte, war ich bereits schwanger.

Zwei Wochen nach seinem Abflug bekam ich einen anonymen Anruf. Eine Frau fragte mich, ob ich eigentlich wüsste, was mein frisch gebackener Ehemann doch für ein toller Hecht sei. Dann legte sie auf. Ich glaubte an einen bösen Scherz, dachte mir nichts dabei, sprach ihn auch nicht darauf an, als er von seiner Reise zurückkam. Erst, als er mir seine weißen Hemden zum Waschen gab, sah ich, dass alle Kragen mit Lippenstift beschmiert waren. Ich konnte nicht umhin, es zu sehen, denn ich musste sie alle mit der Hand schrubben – eine Waschmaschine war ihm zu teuer. Am nächsten Morgen gab er mir einen Film zum Entwickeln, und als die Bilder fertig waren, sah ich drei fremdländische Schönheiten darauf, die schmachtend in die Linse glotzten.

Damals war ich wild entschlossen, mich von ihm zu trennen, aber seine Eltern meinten: »Das musst du doch verstehen, Kind, er war das erste Mal in seinem Leben auf großer Reise und wollte seine Freiheit genießen. Das ist doch gut, wo du jetzt schwanger und damit bald auch ganz unförmig bist. Da fehlt ihm erst mal nichts, denn er hatte ja seine Erfolge.« Herrmann beteuerte mir seine große Liebe und begründete seine kleine Eskapade mit den Worten: »Gelegenheit macht Diebe.« Klar: Er war der angehende große Boss, und die Frauen bewunderten ihn schon jetzt.

Später erfuhr ich, dass er bei seinen Kollegen nur »Casanova« hieß. Er machte aus seinen Affären kein Geheimnis. Weil er zu geizig war, sich Kaffee, Croissants und Orangensaft für zwei aufs Zimmer kommen zu lassen, brachte er seine Gespielinnen immer mit zum »Frühstück inklusive«. Niemand wollte in das Zimmer neben ihm ziehen, weil sein permanentes Stöhnen legendär war.

Ich begreife bis heute nicht, was Männern – mit meinem an der Spitze – diese ganzen Affären bringen. Zu richtiger Meisterschaft bringt man es doch nur, wenn man Tag für Tag auf der gleichen Geige spielt. Auf einer neuen muss man sich erst ein-üben.

Aber bei ihm brannte einfach nichts an.

Als ich unser viertes Kind erwartete, war er außer sich vor Zorn. Das war das Letzte, was er wollte – noch ein Kind. Er hat unseren jüngsten Sohn ein ganzes Jahr nicht beachtet, nicht mal in den Arm genommen. Erst später begann er Landolf zu lie-ben, mehr als die anderen drei. Deshalb wartete er auch bis zu dessen Abitur und ließ erst dann die Katze aus dem Sack: »Jetzt sind die Kinder endlich groß. Ich will die Scheidung.«

Einmal fuhren wir mit einer Freundin in ein Ferienhaus nach Kitzbühl, um endlich Ski fahren zu lernen. Weil ich schon auf der Hinfahrt eine leichte Erkältung bekam, zog ich mich früh zurück. Die beiden saßen noch eine ganze Weile zusammen und tranken ein paar Gläser Wein. Am nächsten Morgen saß sie weinend am Frühstückstisch, erzählte etwas von ihrer plötzlich erkrankten Mutter und reiste völlig überstürzt ab. Weil ich nach unserer Rückkehr überhaupt nichts mehr von ihr hörte, fuhr ich zu ihr, um herauszufinden, wie es ihrer Mutter geht. Sie brach in Tränen aus, als ich vor ihrer Tür stand, und erzählte mir dann, dass Herrmann in dieser Nacht zu ihr ins Bett gekro-chen kam, »um ein bisschen Spaß zu haben«.

Als ich ihn damit konfrontierte, sagte er: »So eine blöde Kuh. Wieso hat sie dir denn das erzählt? Das ist kalter Kaffee, Schnee von gestern.« Wenn ich das jetzt alles so Revue passieren lasse, begreife ich immer noch nicht, was ich falsch gemacht habe. Ich weiß es wirklich nicht.

Ein anderes Mal lud uns ein befreundetes Ehepaar zum Essen in ein schönes Restaurant ein. Herrmann saß neben der jungen Frau, ich neben ihrem etwas älteren Ehemann, und es war nicht zu übersehen, dass die beiden unter dem Tisch aneinander herumfummelten. Auf einer Party ging ich ins Bad und traf auf dem Weg dorthin auf meinen Mann, der seine Zunge gerade in das Ohr der Gastgeberin steckte. Nebenbei graste er die gesamte weibliche Nachbarschaft in unserer Gegend ab. Mit einer begann er plötzlich regelmäßig zu joggen. Nach ein paar Monaten erzählte mir die Nachbarin der Nachbarin, dass es die beiden zwischendurch auf der Parkbank miteinander trieben. Nach jeder Reise bekam ich anonyme Anrufe von Frauen, die mich über das exzessive Liebesleben meines Gatten aufklärten.

Wenn ich mit ihm darüber reden wollte, empfahl er mir, das Buch von Arno Plack zu lesen: »Die Gesellschaft und das Böse«, in dem der Autor beschreibt, wie unnormal es sei, eine Zweierbeziehung anzustreben: »Sexuelle Freiheit gefährdet die Ehen nur dort, wo jede erotische Bindung, jede engere Bindung überhaupt, einen Totalitätsanspruch stellt: durch die Ideologie der Ausschließlichkeit ›wahrer Liebe‹. Der natürliche erotische Reiz, der neu auf uns wirkt, hat von sich aus nicht die Tendenz, andere Bindungen (die Bindung an die Gattin, an Eltern, Geschwister, Kinder und Freunde) zu annullieren.« Sätze in der Art hatte er alle dick unterstrichen und mit mehreren Ausrufezeichen versehen.

Seine Kollegen drückten mir gegenüber immer ihre Bewunderung dafür aus, dass ich eine so offene Zweierbeziehung toleriere. Ich fiel jedes Mal aus allen Wolken und meine Eltern trösteten mich: »Versuch, ihm zu verzeihen. Denk an die Kinder.« Trotzdem ist mir unklar, wie ich all diese Demütigungen aushielt.

Weil er mehr und mehr auf Reisen war und ich mich den Tag über um die Kinder, das große Haus und den Garten kümmern musste, wurde ich ein ausgesprochener Nachtmensch. Erst wenn der Mond schien, kam ich dazu, Bücher zu lesen, Klavier zu spielen oder Briefe an meine Freunde zu schreiben. Eines Nachts, unsere Kinder, das Aupairmädchen und meine Schwiegermutter schliefen schon längst in den oberen Schlafzimmern, ging ich in den Keller, um die Wäsche aus dem Trockner zu holen. Da stand plötzlich ein fremder Mann hinter mir, packte mich am Hals, und ein Kampf auf Leben und Tod begann. Weil ich mich nicht ergeben wollte, hielt er mir schließlich ein Messer an die Kehle und sagte: »Wenn du jetzt nicht endlich die Beine für mich breit machst, gehe ich nach oben zu deinen Bälgern, und dann gnade ihnen Gott.«

Er vergewaltigte mich mehrere Male, ließ erst nach Stunden von mir ab und flüchtete anschließend durch den Garten in den Wald. Zerschunden, zerrissen, zerfetzt ging ich zuerst ins Bad, spülte mir unter der Dusche den Dreck von der Haut und setzte mich anschließend aufs Bidet. Danach rief ich die Polizei. Einer der Beamten fragte meine Schwiegermutter, ob ich nicht doch einen Freund hätte und was ich mit »Bidet« meinen würde. Der Arzt in der Klinik wusste es, aber er behandelte mich auch ausgesprochen schäbig. Anstatt mich zu trösten, schnauzte er mich beispielsweise an, dass ich eben dieses Bidet benutzt hatte – das sei schlecht für den Abstrich.

Herrmann brach seine Dienstreise sofort ab, als er von der Tragödie erfuhr. Vier Wochen später rief er meinen Gynäkologen an, um zu fragen, ob er mir nicht irgendein Mittel geben könnte, damit ich wieder Lust bekäme auf Sex.

Er brauchte sehr viel Sex. Wenn er abends nach Hause kam, lautete seine erste Frage: »Sind die Kinder schon im Bett?« Und wenn sie schon schliefen, was meist der Fall war, dann legte er sich aufs Sofa, knöpfte seine Hose auf und sagte: »Mausi, tu mir gut!«

Ich habe es gemacht. Tag für Tag. Ich habe es wirklich gemacht. Ich war servil.

1989 lernte ich auf der Geburtstagsfeier eines Freundes einen Mann kennen, der sehr um mich warb. Herrmann war zu Hause geblieben, ich hätte also freie Bahn gehabt, mich in ein Abenteuer zu stürzen. Trotzdem war ich zu wie eine Auster, denn ich dachte mir: Wer mit dem Feuer spielt, kommt darin um. Für keinen anderen Mann dieser Welt war ich bereit, unsere Familie aufs Spiel setzen. Doch dieser Er ließ nicht locker, rief mich weiter an. Irgendwann traf ich mich mit ihm, und wir küssten uns. Mehr war nicht, aber ich fühlte mich durch ihn angenommen, richtig geliebt. Nach drei Monaten schliefen wir das erste Mal miteinander. Im Bett war er allerdings ein großer Langweiler.

Die Ehefrau dieses Mannes bekam heraus, dass wir uns regelmäßig trafen, und sagte meinem Mann Bescheid. Der beauftragte einen Privatdetektiv, uns zu beschatten, unser Liebesnest aufzustöbern. Als er wusste, wo und wann unsere Tête-à-Têtes stattfanden, zerstach er meinem Geliebten die Autoreifen und spritzte Silikon ins Türschloss.

Er war hasserfüllt und sagte: »Damit hast du unsere Ehe zerstört.« Seine pausenlosen Affären waren etwas ganz anderes – die hätten nie etwas mit seiner Liebe zu mir zu tun.

Unser Zusammenleben ist seitdem die Hölle für mich. Ich lebe von einer Reise zur anderen. Wenn er weg ist, erhole ich mich. Ich weiß nicht, wie ich das alles aushalte. Ich suche immer nach Gründen dafür. Zuerst waren die Kinder klein, und ich wollte ihnen nicht die Nestwärme nehmen, diese scheinbar heile Welt, in der sie groß wurden, zerstören. Außerdem kannte ich so viele zerrissene Ehen, wo sich Mann und Frau trotzdem lieben und wieder zueinander finden. Die Hoffnung blieb, dass es auch bei uns so sein könnte. Immer wieder bat ich ihn, uns eine Chance zu geben, schlug ihm vor, für ein halbes Jahr auszuziehen, damit er herausfinden kann, was er will, zu wem er wirklich gehört. Das lehnte er ab.

Im Januar 1990 prügelte er mich grün und blau, weil ich ihm nicht mehr zu Willen sein wollte und er meine Verweigerung im Zusammenhang mit meinem Geliebten sah. Er schlug ein paar Mal sehr hart zu, jagte mich anschließend mit Fußtritten aus dem Schlafzimmer und warf mir mein Bettzeug hinterher. Da ich mich noch heute vor seinen unkontrollierten Ausbrüchen fürchte, schlafe ich seither in einem kleinen Zimmer im Keller. Nach vier Wochen bat er mich, wieder nach oben zu ziehen.

Dazu war ich bereit, aber ich stellte ihm eine Bedingung: »Nur, wenn du mir sagst, dass es dir leid tut.«

Das hat er nicht getan.

Anfang Dezember 1999 eröffnete ich meinen Kindern – sie waren damals 19, 22, 27 und 29 Jahre alt: »Weihnachten und Silvester verbringe ich diesmal nicht zu Hause, da hat Papa endlich mal die Chance, euch seine aktuelle Beziehung vorzustellen.« Sie waren völlig perplex und fragten ihn, ob er das tatsächlich vorhabe. Und er antwortete: »Das ist keine zum Vorzeigen, sie ist nur was fürs Grobe.«

Vor allem meine Töchter waren über meine Entscheidung enttäuscht, denn sie leben seit langem im Ausland und waren mit ihren Kindern extra zum Fest nach Deutschland gekommen. Trotzdem verbrachte ich Weihnachten völlig allein, rief die Kinder nur am 24. und 31. Dezember kurz an. Herrmann war stinksauer und sagte: »Weißt du, was du den Kindern damit antust?« Und ich: »Ich habe die ganzen Jahre vorher ein Meer geweint. Niemand hat es bemerkt.«

Im Juni 2000 war er ganz besonders widerlich zu mir. Wenn er nach Hause kam, roch er nach der Scham einer anderen Frau, zickte und blaffte in einer Tour. Ich konnte mir vorstellen, was er dachte, wenn er mich sah: Wie schön es doch wäre, wenn sie statt meiner auf dem großen bequemen Sofa im Wohnzimmer säße und ihm die Eier kraulte. Einmal sah er mir lächelnd in die Augen und sagte: »Heute rieche ich nicht nach einer anderen Frau, stimmt's? Das hast du richtig erkannt, denn ich habe danach geduscht. Ich bin so toll im Bett wie nie zuvor.«

Im Juli 2000 fand ich, als ich nach unserem Autoschlüssel suchte, zwischen ein paar alten Zeitschriften zwei Faxe von ihm. Die hatte er 1999 auf einer Geschäftsreise an seine Geliebte geschickt und aufgehoben. Es waren die schweinischsten Liebeserklärungen, die ich je gelesen habe. Die eine war ein Bilderrätsel, das entschlüsselt lautete: »Bald werde ich dein geiles Becken lecken und deine nasse Möse ficken.« Auf dem anderen Fax stand: »Mein lieber Schatz, du warst kein Engel, doch war auch ich ein schlimmer Bengel. Schon längst reib ich die Morgenlatte nicht mehr auf fremder Matte. Und dies alles mit viel Liebe.« Ich wusste von dem Verhältnis seit 1998. Eine seiner Sekretärinnen hatte mir die Frau gezeigt und verraten, dass sie die Geliebte meines Mannes ist. Er stritt es ab, aber wenn er so aufgekratzt nach Hause kam, war für mich alles klar.

Trotzdem war ich so entsetzt, dass ich die beiden Blätter meiner Tochter zeigte. Für sie brach eine Welt zusammen. Das war das erste Mal, dass ich eins meiner Kinder ins Vertrauen zog. Heute bereue ich, dass ich ihnen nicht schon vorher etwas über ihren Vater und sein Verhalten erzählt habe. Er hat es nicht verdient, dass ich ihn schützte.

Ich legte ihm die Faxe auf sein Bett, und als er sie fand, war er völlig aus dem Häuschen vor Wut. Als er wieder geschäftlich auf Reisen war, schickte ich seiner Geliebten diese bezaubernden Liebeserklärungen noch einmal. Nur, damit sie weiß, dass ich alles weiß. Sie rief ihn sofort an.

Im September 2000 war unser Klavierstimmer im Haus, mit dem wir auch befreundet sind, und als er sich hinter den Flügel beugte, fand er auf dem Boden ein zerrissenes Foto von der Geliebten meines Mannes.

Er klaubte es auf und fragte mich völlig fassungslos: »Woher kennst du denn diese Frau?«

Ich antwortete: »Das ist die Geliebte meines Mannes.«

»Ah«, sagte er, »da war ich ja sozusagen sein Vorreiter.« Sein Verhältnis mit ihr dauerte nur vierzehn Tage, dann ließ er die Finger von ihr.

Durch ihn erfuhr ich aber endlich den vollen Nachnamen von ihr und rief sie an. Ich fragte sie, ob eigentlich ihr Mann von ihrer Beziehung zu meinem Mann wüsste, und sie wollte sich daraufhin gleich mit mir treffen. Sie flehte mich an: »Bitte sagen Sie ihm nichts – das mit Ihrem Mann und mir ist doch nur eine heiße Affäre.« Sie würde ihn sofort frei geben, wenn nur ihr Mann und ihr Sohn nie etwas davon erfahren würden. Von wegen heiße Affäre. Das war eine handfeste Beziehung, und zwar seit 1998.

Nach diesem Telefonat machte sie tatsächlich mit ihm Schluss, aber nur für kurze Zeit. Sie konnten einfach nicht voneinander lassen. Er wollte die Scheidung, ich einen Familienrat.

Als wir alle am Tisch saßen, spielte er für sich verschiedene Varianten durch: Scheidung oder keine Scheidung. Oder er zieht aus oder ich ziehe aus oder eine interne Einigung oder eine einmalige Abfindung oder ein Versuchslauf auf der Basis von *good will.* Meine Varianten waren: Er zieht eine Zeit lang aus, um zur Besinnung zu kommen. Danach könnte es einen neuen Versuch geben, miteinander zu leben. Oder eine Scheidung, die ich nicht will, aber wenn, dann nur unter der Voraussetzung, dass er alle Vermögensverhältnisse offen legt. Oder die Scheidung, und das Haus wird verkauft. Oder keine Scheidung, aber er zieht aus und zahlt Unterhalt.

Es war eine Farce. Sein Entschluss stand längst fest. Das begriff ich, als ich ein Schreiben von seiner Anwältin mit der Anfrage bekam, ob ich mit einer einvernehmlichen Scheidung einverstanden wäre. Außerdem forderte sie von mir eine Auflistung aller Haushaltsgegenstände, die ich bei meinem Auszug mitnehmen möchte, denn das Haus gehöre ihrem Mandanten, und er beabsichtige auch, darin wohnen zu bleiben.

Ich las das Schreiben und begriff: Das wird ein harter Kampf. Ein Hauen und Stechen um Haus und Hof, ein Streit um Vermögensverhältnisse, ein Kampf um Unterhalt. Fest steht: Er will die Scheidung. Ich nicht. Ich will in diesem Haus weiterleben und habe die Absicht, sehr alt zu werden.

Im Februar 2001 meldete ich mich beim Ehemann der Geliebten meines Mannes und stellte mich vor: »Guten Tag, ich bin die Ehefrau des Geliebten Ihrer Frau.« Der glaubte, seinen Ohren nicht zu trauen: »Was? Meine Frau hat mir nur von einer kurzfristigen Affäre erzählt.«

Und ich: »Das ist gelogen. Sie hat seit 1998 ein Verhältnis mit ihm. Wenn Sie Ihre Ehe retten wollen, sollten Sie gemeinsam eine Eheberatung aufsuchen.« Er war völlig fassungslos, weil er seine Ehe als glücklich empfand. Der Mann hatte sich sogar früher pensionieren lassen, um sich um das gemeinsame Kind kümmern zu können.

Nach unserem Telefonat rief er bei seiner Frau an, seine Frau bei meinem Mann und mein Mann bei mir. Er sagte: »Ich empfinde keinerlei Gefühle mehr für dich.« Kurz darauf klingelte das Telefon noch einmal. Diesmal war sie am Apparat und schrie: »Glauben Sie ja nicht, dass Sie in dem Haus wohnen bleiben können.« Ich legte auf.

Auch danach bat ich ihn immer wieder: »Sag mir, warum das alles so gekommen ist! Ich bitte dich, hilf mir, sag was!« Aber er schob mich weg mit dem Satz: »Du musst nur eins wissen – die Scheidung kommt.« Und ich wieder: »Sag mir – was hat sie, was ich nicht habe?« Und er: »Sie ist nicht so attraktiv wie du, sie hat nicht deine Bildung, nicht deinen Geschmack, aber sie hat ein geiles Becken.«

Weihnachten 2001 feierte ich wieder ganz allein. Ich kaufte mir einen großen Baum, schmückte ihn prächtig, zog mich schön an und kochte für mich. Dann hörte ich mir das Weihnachtsoratorium an und schlief im Sessel ein. Meine Jungs feierten irgendwo, weil sie keinen von uns bevorzugen wollten. Herrmann ist um die Häuser gezogen. Ich habe keine Ahnung, wo er war.

Jetzt heißt es: Abwarten! Das Ganze aussitzen. Fortsetzung folgt. Und ich bestelle derweil das Haus, den Hof und den Garten.

Männer wie Herrmann sollten nie heiraten. Männer in höheren Positionen sind total ich-bezogen, sehr egoistisch. Männer wie er ertragen nur Menschen neben sich, die machen, was sie wollen. Sie dulden keinen Widerspruch. Alltag mögen sie nicht, denn da werden sie nicht beklatscht.

Schade, dass ich so naiv war, als ich ihn kennen lernte. Mit den Erfahrungen der letzten Jahren würde ich heute schnell klare Linien ziehen und gehen – trotz der Kinder. Natürlich ist die Familie die Keimzelle der Gesellschaft – die wollte ich schützen. Aber ich will auch nicht wie ein alter Turnschuh entsorgt werden.

Die letzten zehn Jahre waren der reinste Horror, und ich hoffe sehr, dass mein Leben eine Wendung zum Besseren nimmt. Was mich tröstet: Ich habe vier wundervolle Kinder und einen großen Freundes- und Bekanntenkreis. Irgendwie komme ich schon durch. Ich sitze auf meinem Klavierhocker sehr gut, aber ich würde mich gerne auch mal anlehnen können. Im Moment allerdings fühle ich mich wie die Königin der Nacht: »... zum Leiden geboren«. Oder wie eine »Medea-Frau«, die ich in einem Programmheft der Deutschen Oper Berlin einmal sehr gut beschrieben fand: »›Eine Medea-Frau‹ verhält sich anders als sonst, wenn sie verliebt ist, unsicherer und weniger selbstbewusst. Sie versteht sich selbst nicht mehr, handelt gegen ihre Überzeugungen und sieht sich einer Persönlichkeitsveränderung ausgesetzt, die ihr Angst macht.«

So paradox es auch klingen mag: Ich hoffe immer noch, dass er zur Ruhe kommt, dass wir uns auf einer anderen Ebene begegnen – endlich zusammen auf Reisen gehen, die Kinder, die Enkel genießen. Ich könnte ihm wahrscheinlich nicht verzeihen, aber das Geschehene in ein Kästchen stecken und ruhen lassen. Ganz still in einer Ecke.

Er vögelte mit dutzenden Weibern aus aller Welt

Petra, 57, Hausfrau

Wie soll ich meine Situation beschreiben? Mein Mann hat mich belogen, betrogen, verraten und nach 37 Jahren verlassen? Das ist mir zu banal. Wäre ich tatsächlich die starke, selbstbewusste Frau, für die mich alle halten – dann wäre ICH längst vor ihm gegangen, um bei einem anderen Menschen zu finden, wonach ich ein Leben lang suche: Liebe. Erfahren habe ich sie nie.

Nicht mal als kleines Mädchen mit dicken langen Zöpfen und Sommersprossen auf der Nase. Meine Eltern schoben meine Schwester und mich zu den Großeltern ab, weil wir sie bei der Arbeit störten. Vier Jahre waren wir auch bei ihnen nur ein Klotz am Bein. Wenn wir nicht brav waren, sperrte uns Oma im dunklen Keller ein. Unsere Mutter besuchte uns nur in den Sommerferien. Mein Vater und mein Großvater kamen öfter – und zwar unter meiner Bettdecke.

Die beiden prägten mein Männerbild – es war abstoßend. Mein Großvater schlich sich in der Nacht oft zu mir, um an mir herumzuschubbern. Meine Erinnerungen sind nebulös, aber es passierte wohl nichts mehr bei ihm. Entjungfert hat er mich jedenfalls nicht. Und von meinem Vater weiß ich nur, dass er seinen steifen Schwanz in meine Hand legte und dabei stöhnte. Anschließend ging er zu meiner Schwester. Er wollte Jungs, vielleicht war es seine Form der Rache an uns Mädchen. Nur so kann ich mir erklären, wie ich die Härte und Lieblosigkeit von

Werner, meinem späteren Ehemann, 37 lange Jahre ertrug – ich kannte ja nichts anderes. Ich habe nie etwas anderes erlebt. Ich brauche das Leid, um mich zu spüren.

Nur einmal wuchsen mir Flügel. Mit siebzehn. Da begann ich in Neumarkt in der Oberpfalz eine Lehre als Verkäuferin und war in der Stadt das begehrteste Mädchen. Wenn wir Azubis in der Mittagspause schnell ein Eis auf dem Marktplatz schlecken gingen, spürte ich die Blicke aller Männer auf meinem Körper.

Eines Tages stand Werner vor meinem Ladentisch, um mich zu fragen, welchen Rasierschaum ich ihm empfehlen könnte. Ich, inzwischen zwanzig, musste kichern, weil er eigentlich noch gar keinen brauchte. Er war siebzehn, und nur am Kinn wuchs ihm schon ein weicher, goldener Flaum. Trotzdem kaufte er welchen und einen Nassrasierer dazu. Als ich ihm alles in einem Tütchen überreichte, berührten sich unsere Hände. In diesem Augenblick verliebten wir uns ineinander.

Meine Mutter war entsetzt, als ich ihn das erste Mal mit nach Hause brachte: »Der ist doch ein grüner Junge. Du brauchst einen Mann, der für dich sorgt, und keinen Künstler, der nur davon träumt, einmal reich zu werden.«

Ihr Zeter und Mordio half nichts – wir blieben ein Paar. Er studierte Gesang, ich verkaufte weiter schöne Düfte, und wenn wir uns am Abend liebten, sog er den zarten Hauch der Parfümerie auf meiner Haut tief in sich ein.

Werner war ein hoch begabter Tenor, bekam nach dem Studium einen festen Vertrag an einem berühmten Schauspielhaus und reiste rund um die Welt. Da war er 24 und ich 27.

Er war viel unterwegs, und ich wartete auf ihn. Anfangs schickte er mir von seinen Tourneen viele bunte Karten, auf die er lauter Herzen mit Pfeilen und Blutstropfen malte. Nach einem Jahr ließ das nach. Da begann er sich darüber zu ärgern, dass nicht er, sondern ich in unserer Beziehung der Star war. Ich war diejenige, die die Blicke auf sich zog, um die sich alle scharten, weil ich so fröhlich und offen war. Wenn wir nach Partys oder Empfängen nach Hause kamen, kritisierte er ständig meine exhibitionistische Art: »Spieglein, Spieglein an der Wand, wer ist die Schönste im ganzen Land?« Zuerst mochte er, dass ich so attraktiv für die anderen war – deshalb hatte er mich ja wahrscheinlich auch genommen. Nun aber wollte er im Mittelpunkt stehen.

1976 feierten wir Hochzeit, aber aus rein pragmatischen Gründen. Ein Kollege hatte ihm auf einer langen Tour durch Amerika vorgerechnet, wie viel Steuern er spart, wenn wir verheiratet sind.

In dieser Zeit liefen auch schon seine unzähligen Affären. Bei seiner ersten Geliebten wollte ich noch alles herausfinden über die andere: wer und was sie war, wie sie aussah, wo sie wohnte, wo sie sich trafen. Bei einem seiner Konzerte ging ich nach der Pause nicht zurück in den Zuschauerraum, sondern schlich mich heimlich in seine Garderobe und öffnete mit einer Haarnadel seinen Spind. Im obersten Fach fand ich in einer Plastiktüte, wonach ich suchte: Liebesbriefe. Wie sich herausstellte, waren es nicht die von einer, sondern von dutzenden Weibern aus aller Welt.

Ein paar davon nahm ich mit, verwahrte sie in einem Kästchen und versteckte sie im Keller, falls er ihr Verschwinden bemerkt. Doch er forderte sie nie zurück – weil er die Frauen nicht liebte, die ihm ihre Seufzer mit violetter Tinte auf feinstes Bütten schrieben. Sie waren ihm egal. Diese kleine Truhe war mein masochistischer Schatz, den ich manchmal hervorholte, um mein Leid daran zu nähren.

Weil auf einigen Briefumschlägen die Adressen seiner Geliebten standen, suchte ich ihre Telefonnummern heraus, rief sie an und stellte mich mit einem Standardsatz vor: »Guten Tag, ich bin die Ehefrau ihres Geliebten, er schläft auch gern mit mir.«

Ich weiß nicht, ob sie ihm von diesen Telefonaten erzählten, er jedenfalls verlor darüber kein Wort, ging weiter fremd. Wie viel er rein pekuniär in die außereheliche Beziehung investierte, sah ich unter anderem auf unseren Kontoauszügen – wenn er beispielsweise wieder mal bei »Douglas« zugeschlagen hatte und keine der Schaumbäder oder Cremes auf unserem Badewannenrand landete. Wenn ich ihn daraufhin ansprach, sagte er: »Du tickst ja nicht ganz richtig. Du gehörst in die Psychiatrie.«

Mit 30 bekam ich meinen ersten Sohn, Robert. Insgesamt war ich siebenmal von Werner schwanger, aber er wollte immer, dass ich abtreibe. Viermal beugte ich mich seiner Forderung, weil ich Angst hatte, dass er mich sonst verlässt. Einmal verlor ich das Kind im dritten Monat.

Robert war eine Frühgeburt, und ich musste rund um die Uhr für das kleine Wesen da sein. Nicht einmal stand Werner in der Nacht auf, um ihm das Fläschchen zu geben oder die Windeln zu wechseln. Wenn er am Morgen im Bademantel in die Küche kam und ich Robert gerade die Brust gab, wütete er: »Hier kriegt offensichtlich nur noch einer ein vernünftiges Frühstück. Na, dann geh ich doch mal.«

Er ging immer öfter, blieb immer länger weg. Er kam nur noch nach Hause, um zu schlafen, die Zeitung zu lesen, zu telefonieren. Ich putzte, kochte, wusch die Wäsche für ihn, bügelte seine Hemden und rollte seine Socken zusammen. Nur im Bett wies ich ihn ab. Ich war zu müde, zu kaputt, brauchte all meine Kraft für das Kind. Er wirkte trotzdem gelöst und entspannt. Ich habe ihn bestimmt zuviel angeschrieen, wenn ich glaubte, er hätte wieder eine Geliebte, aber er machte mich ohnmächtig durch seine permanenten Lügen. Wenn meine Wut überschäumte, knallte er mit den Türen und schmiss Teller an die Wand.

Manchmal hatte ich das ganze Theater so satt, dass ich gehen wollte. Da war unser zweiter Sohn längst geboren, und die Kinder litten wahnsinnig unter unseren Tobsuchtsanfällen. Heute quälen sie Verlustängste. Was haben wir ihnen mit unserer kranken Ehe nur angetan?

Wenn er spürte, dass ich auf dem Sprung war, ihn zu verlassen, drohte er mir: »Wenn du gehst, kriegst du von mir keinen Pfennig. Ich drehe dir den Geldhahn zu.« Dabei war er in unserer Beziehung großzügig. Ich konnte frei über unser gemeinsames Geld verfügen und damit schalten und walten, wie ich wollte – er kontrollierte mich nie. Was sollte ohne sein Geld aus mir werden? Ich hatte und habe eine höllische Angst davor, irgendwann unter der Brücke zu landen. Mich will doch keiner mehr – weder ein Mann noch ein Arbeitgeber.

Jahre später erzählte er mir, dass er lange Zeit sexuell abhängig von mir gewesen sei, mit keiner so viel Geilheit erlebt hätte wie mit mir. Inzwischen könne er allerdings mit gleicher Lust alles ficken, was zwei Beine hat – Kleine, Große, Dünne, Dicke.

Einmal kam er von einer Tournee aus Spanien zurück und brachte mir haufenweise Sexspielzeug mit. Ein Traum hätte ihn dazu inspiriert, in dem ich das Haus renovierte, nackt durch die leeren Zimmer tanzte und er mich dabei vögelte. Diesen Traum wollte er nun mit mir Wirklichkeit werden lassen. Ich tat ihm den Gefallen, tanzte nackt durchs Haus. Es geilte ihn auf, wenn ich mir die Dildos unten reinsteckte, und noch mehr, wenn ich sie ihm an den Schwanz hielt. Der wurde dann innerhalb von Sekunden steif. Als wir nach dieser wüsten Nacht erschöpft in unserem Bett lagen, sagte er mir: »Als ich die Dildos für dich kaufte, da wusste ich, dass ich noch nicht weg bin von dir.«

Mit seinen anderen Weibern spielt er diese schweinischen Spiele sicher nicht. Manchmal hatte ich Lust, das ganze Zeug mit einem Briefchen an seine Aktuelle zu schicken: »Die Dinger sind eingeritten von Werner und mir.«

Heute weiß ich, dass mir das auch nichts genützt hätte. Gegen eine Geliebte ist man machtlos. Die will ihn haben, egal wie. Die spielt für ihn Mama oder Hure, wenn er darauf abfährt, und flitzt sofort los, wenn er Lust hat auf seinen Lieblingsschinken oder rote Strapse. Die Geliebte streitet nicht mit ihm. Sie ist tolerant, erzieht ihn nicht um, akzeptiert ihn, wie er ist.

Auch liegen gelassene Socken sind bei einer Geliebten kein Problem.

Ich dagegen wollte Respekt – zum Beispiel, dass er mich anruft und Bescheid sagt, wenn er später nach Hause kommt. Einmal nahm ich im Wohnzimmer den Telefonhörer ab und hörte, wie er mit seiner Geliebten umsprang, die weinte und schluchzte, weil er keinen Bock hatte auf Kino. Nach dem Gespräch sagte er mir: »Ich weiß, dass du mitgehört hast, und das ist auch gut so. Hoffentlich schnallst du nun endlich, dass ich zu keiner von denen bemerkenswert netter bin als zu dir.«

Doch diese Zeiten sind vorbei. Zu einer ist er jetzt bemerkenswert netter als zu mir – für sie hat er mich im Oktober 2001 verlassen.

Weil ich im Hinterherspionieren nicht mehr zu toppen bin, fand ich ihren Namen, ihre Adresse und ihre Telefonnummer im Handumdrehen heraus. Als ich ihr meinen Standardspruch aufsagte – Werner ist verheiratet, hat zwei Söhne und schläft noch mit mir – entgegnete sie: »Mir ist völlig egal, was Sie mir da erzählen. Machen Sie sich klar – Ihr Mann ist jetzt mein Mann. Wir lieben uns seit drei Jahren.«

Es hat keinen Zweck, gegen die zu kämpfen. Weil sie richtig fette Kohle hat, kauft sie ihm Anzüge von Gucci und Armani und die passenden Seidensocken dazu, fährt zu Weihnachten mit ihm nach St. Moritz und fliegt an seinem Geburtstag mit ihm auf eine Stippvisite nach New York. Bisher gab es an ihrer Seite keinen, mit dem sie sich schmücken konnte. Werner ist gesellschaftsfähig. Ohne ihr Geld würde er diese Pissnelke niemals ficken. Aber so macht er die Augen zu und denkt an eine andere.

Schon längst nicht mehr an mich, sondern an die Dritte im Bunde. Die heißt Martha, und ich weiß nur von ihr, weil ich eine Handyabrechnung für sie in Werners Post entdeckte, die ja noch in unserem gemeinsamen Briefkasten steckt. Da diese Martha offensichtlich arm ist wie eine Kirchenmaus, hat er es für sie angeschafft, damit sie jederzeit für ihn erreichbar ist. Als ich auch mit ihr die gleiche Nummer abspulte – Werner ist verheiratet, hat zwei Söhne blablabla –, sagte sie: »Ich glaube nur, was Werner mir sagt. Lassen Sie mich in Ruhe. Wenn Sie noch mit ihm in einem Bett liegen würden, dann dürfte ich ihn ja bestimmt nicht jeden Morgen per Telefon aus dem Schlummer wecken.«

Werner hält beide Weiber zum Narren, und weil er weiß, dass ich das weiß, sitzt ihm ständig die Angst im Nacken, dass ich ihn verraten könnte. Wenn er kommt, um seine Post durchzusehen, droht er mir jedes Mal: »Sagst du auch nur ein Wort, drehe ich dir den Geldhahn zu.«

Ein Gutes hat das Ganze für mich: Auch wenn ich Monat für Monat sein Geld bis auf die letzte Puseratze ausgebe, nimmt er es hin. Für ihn ist es Schweigegeld, das er mir zahlt.

Für mich ist es schmutziges Geld. Das empfinde ich dann besonders stark, wenn ich in eines seiner Konzerte gehe und seine Hauptfrau in der Loge sitzt. Dann denke ich: Zwei Nebelkrähen gehen ins Theater. Die eine ist reich, und die andere ist gar nichts. Das bin ich. Dann fühle ich mich verkauft.

Einmal sind die beiden in ihrem Auto an mir vorbeigefahren, und als ich nach Hause kam, sagte ich zu meinem jüngsten Sohn: »Ich habe gerade deinen Scheißvater mit seiner Ollen an mir vorbeifahren sehen. Wenn ich eine Million hätte, dann würde ich ihm einen Porsche kaufen und nicht diese Nebelkrähe. Und wenn er mit der damit herumfahren würde, dann würde ich ihm den wegnehmen.«

Hinterher tun mir solche Hassattacken leid, denn ich weiß, wie sehr sie die Jungs belasten. Unsere beiden Kinder wollen, dass die Tragödie ein Ende hat, dass wir uns trennen. Sie sagen: »Du schaffst das schon, Mama.«

Sie glauben an mich. Ich glaube an nichts mehr. Wie auch? Wir haben doch alle nicht mal gelernt, miteinander zu reden. Neben Mathe und Physik müsste es in der Schule ein Fach geben, wo man das üben kann. Viele Paare wären dann bestimmt noch zusammen. Eine Freundin hat mir unlängst empfohlen, nicht immer »du« an den Satzanfang zu stellen, wenn ich jemanden kritisiere: »Du kommst immer so spät nach Hause.« Man muss sagen: »Ich bin traurig, wenn du so spät nach Hause kommst.« Bei dem Satz »Du bist ja nie da« fühlt sich der Partner angegriffen und schlägt zurück. Warum hat mir keiner geholfen, das früher zu begreifen?

Bei Werner würde es mir auch nichts mehr nützen. Seit Wochen höre ich von ihm kein Wort. Ich weiß auch nicht, wann es mir wirklich schlechter geht – wenn ich ihn sehe oder wenn ich ihn nicht sehe. Manchmal sehne ich mich nach ihm und frage mich dann: Was willst du denn noch von dem? Wie willst du ihm jemals wieder vertrauen können? Vom Kopf her weiß ich, dass es mit ihm nie wieder funktionieren kann, aber das Herz ist langsamer.

Meine Söhne sind fest davon überzeugt, dass ich eines Tages noch meinem Traummann begegne. Das ist absurd. Dicke kriegen keine Streicheleinheiten. Meine Freundin, die nach vierzig Jahren Ehe für eine andere verlassen wurde, vögelt inzwischen alles, was sie kriegen kann: einen Dickfraß, einen Dünnfraß, einen Alkoholiker. Sie tut das nur, um nicht allein zu sein. Und was mache ich? Ich fresse. Wenn andere Kummer haben, schließt sich bei ihnen der Magen. Bei mir öffnet er sich. Selbst nachts stehe ich vor dem Kühlschrank und stopfe alles in mich hinein, was da ist – Würstchen, kalte Kartoffeln, Joghurt, Quark, Konfitüre.

Ich frage mich pausenlos, warum ich dieses miese Spiel schon so lange mitmache. Es ist selbst für mich nicht nachvollziehbar. Jetzt wünsche ich mir nur noch eins: Ich will ein einziges Mal Macht über ihn haben, nur einmal gewinnen, und wenn ich ihn dann habe, schicke ich ihn in die Wüste. Für immer. Oder er ändert sich um 180 Grad – dann nicht.

Er und ich, das geht nicht mehr

Elke, 58, Sachbearbeiterin

Udo und ich waren drei Jahre befreundet, zwei Jahre verlobt und 22 Jahre verheiratet. Ich lernte ihn auf einer Party kennen. Wir waren beide siebzehn. Bei mir funkte es sofort, als wir uns bei Schummerlicht und Schnulzen ohne Ende knutschten und ich hoffte, dass er mich nach der Party nach Hause bringt. Die Linden blühten gerade, verströmten einen betörenden Duft und es war Vollmond. Ein grandioses Szenario für den Beginn einer großen Liebe ...

Doch vor der Haustür sagte er nur: »Mach's gut, vielleicht sehen wir uns ja mal wieder«, und ging seiner Wege.

Dieses »vielleicht sehen wir uns ja mal wieder« ging mir nicht aus dem Kopf. Ein Zufall war mir bei Udo viel zu wenig. Also bekniete ich meine Mutter, bei uns auch mal eine Fete steigen zu lassen, zu der ich ihn einladen könnte. Sie tat mir den Gefallen, Udo kam, und nach dieser Nacht guckte er auch ziemlich verschwiemelt beim Abschied. Jetzt hing für uns beide der Himmel voller Geigen.

Udo steckte damals mitten im Abitur, ich machte eine Lehre zur Handelskauffrau, und alle fanden, dass wir wunderbar zusammenpassten. Wir galten als Paar mit festen Absichten. Ihm habe ich auch zu verdanken, dass ich damals mein Abitur nachmachte, obwohl der eigentliche Auslöser dafür meine Minderwertigkeitsgefühle waren. Auf der Hochzeit seines Bruders, zu der wir eingeladen waren, tummelten sich nämlich vor allem Medizinstudenten, die wahnsinnig gelehrt daherschwatzten und mir mächtig imponierten. Ich fühlte mich ganz klein dadurch und büffelte noch einmal auf der Abendschule. Das hat mir später sehr genutzt.

Weil es damals fast unmöglich war, eine Wohnung zu finden, lebte ich bei meinen Eltern und er bei seinen. Einmal in der Woche trafen wir uns bei ihm oder bei mir und fühlten uns stets und ständig von Argusaugen überwacht. Wenn er am Wochenende zu mir kam, schliefen wir natürlich getrennt. Sex, vor allem außerehelicher, war damals noch ein absolutes Tabuthema.

Als wir uns im Sommer 1967, eine Woche vor unserer Hochzeit, ein Schlafzimmer kauften und ein Zimmer für uns im Haus meiner Eltern tapezierten, trauten wir uns offiziell noch nicht, miteinander zu schlafen. Auch nach der Heirat fühlte ich mich permanent beobachtet. Meine Eltern kontrollierten alles, was wir taten, ließen uns fast nie allein. Trotzdem waren wir glücklich. Im Mai 1968 bekamen wir einen Sohn, 1974 eine Tochter.

1972 zogen wir endlich in eine eigene Wohnung. Udo half mir manchmal im Haushalt, weil wir ja beide arbeiteten, aber er war sehr viel auf Dienstreisen und hatte null Bock auf Putzen, Bügeln, Wäsche waschen, wenn er am Abend nach Hause kam. Es gab deshalb oft Zoff zwischen uns, weil ich mich ausgenutzt fühlte. Das Einzige, was er wirklich gern übernahm, war das Kochen. Deshalb erledigte er auch den Einkauf.

Auch wegen der Kinder stritten wir uns manchmal – sie spielten bei mir die erste Geige. Ihren Wünschen und Bedürfnissen ordnete ich alles unter. Wenn Udo und ich mal ein – sehr seltenes – Wochenende ohne sie unterwegs waren, entstand sofort eine tiefe Harmonie zwischen uns, weil ich mich ganz auf ihn konzentrierte, auch körperliche Nähe zuließ. In unserer kleinen Wohnung hatte ich Angst, dass die Kinder hören, wenn wir miteinander schlafen. Ich erlaubte mir und ihm nicht den kleinsten Stöhner. Das törnt natürlich ungeheuer ab. Wir hatten so nie die Möglichkeit, sexuelle Spielchen auszuprobieren – irgendeinen Lauscher an der Wand gab es immer. Außerdem ließ sich

Udo gehen. Das gute Essen begann mehr und mehr, seinen wunderschönen Körper zu formen, den er bei Tag und bei Nacht am liebsten im Jogginganzug oder Jogginghose und Unterhemd ausführte.

Anfang der Siebziger tauschten wir dann mal mit einem befreundeten Ehepaar, Christa und Bernd, die Partner. Ich schlief mit unserem Freund Bernd, Udo mit unserer Freundin Christa. Das ergab sich so, nichts war verabredet. Im Bett war Bernd entschieden phantasievoller, zärtlicher als mein Mann. Der bevorzugte die schnellen Nummern, was, wie bereits beschrieben, natürlich seine Gründe hatte.

Den Sex mit Bernd fand ich entschieden aufregender, schon deshalb, weil wir uns ein verborgenes Plätzchen suchen mussten, um uns lieben zu können. Einmal fuhren wir in den Wald, lagerten uns romantisch auf Moos inmitten von Farnen, bis Ameisen und Schnecken an uns hochkrochen. Deshalb trieben wir es beim nächsten Mal lieber auf dem Rücksitz seines Autos und wähnten uns durch die beschlagenen Scheiben ausreichend geschützt. Doch da pochte plötzlich ein einsamer Wanderer an die Seitentür und schrie: »Sie sollten sich schämen, hier so etwas Unsittliches miteinander zu tun. Ich schreibe mir Ihre Autonummer auf und melde Sie bei der Polizei.«

Uns schwammen die Felle weg, aber es ist nie etwas gekommen.

Wir trafen uns über drei Jahre zu diesen kleinen sexuellen Abenteuern, und eine Zeit lang war ich in Bernd sogar verliebt. Trotzdem war klar, dass ich mich 1967 für meinen Mann entschieden hatte und ihn nie verlassen würde. Bernd war auch meine einzige Affäre.

Mit Udo schlief ich einmal in der Woche, oder besser – er mit mir –, aber bei mir passierte nie etwas. Ich ging zu meiner Frauenärztin, um mir Spritzen gegen Orgasmusschwierigkeiten geben zu lassen. Als das auch nichts half, wollte ich mit ihm über meine erotischen Defizite reden, aber er sagte: »Das ist nicht mein Problem, ich kann immer.« Irgendwann hörte ich auf zu kämpfen, fand mich mit unserem schlechten Sex ab, denn ich liebte ihn.

Zu Hause in den eigenen vier Wänden war Udo sehr introvertiert, aber wenn wir Freunde einluden oder mit ihnen etwas unternahmen, war er ein Entertainer – richtig witzig und unterhaltsam. Dann sprühte er vor Charme, blühte auf. Manchmal bekam ich deshalb Minderwertigkeitskomplexe. Im Bett war ich langweilig für ihn. Er konnte sogar besser kochen als ich. Außerdem fühlte ich mich wie eine Rabenmutter, weil ich unsere Kinder in die Kita schickte, anstatt mit ihnen zu Hause zu bleiben. Damals fand ich mich ungenügend. Heute weiß ich, wie tüchtig ich war, denn nur so bekam ich die Kinder, den Beruf, die Datsche, die pflegebedürftige Mutter und und und unter einen Hut.

Anfang der achtziger Jahre war Udo dann fast nur noch auf Dienstreisen und in seiner Freizeit kirchlich sehr engagiert. Zuerst unterstützte ich ihn bei seiner ehrenamtlichen Arbeit, begleitete ihn zu vielen Veranstaltungen, wurde aber zunehmend bockiger. Wenn die Kirche ihn brauchte, ließ er zu Hause alles stehen und liegen, und alles blieb an mir kleben.

Wenn ich ihn daraufhin ansprach, sagte er: »Der Glaube ist ein Geschenk. Ich habe es. Du nicht.« Wir entfremdeten uns zusehends. Weihnachten 1988 drohte er mir regelrecht: »Wenn du jetzt nicht mit in die Kirche kommst, bin ich weg.« Ich dachte voller Panik: Wo will er denn hin? Zu seinen Eltern? Voller Angst ging ich mit.

Im Januar 1989 wollte er eine Aussprache, weil er meinte, unsere Beziehung stimme nicht mehr. Damit war ich sehr einverstanden, denn das fand ich auch. Immerzu musste ich ihn drängeln, mit mir und den Kindern etwas zu unternehmen – eine Radtour, ein Wochenende an der Ostsee, Drachensteigen, Ostereier bemalen – was auch immer. Häufig meckerte ich auch mit ihm: »Du siehst nur fern, ich könnte auch mit der Schrankwand reden.«

Er machte mir einen sehr guten Vorschlag: »Erst sagst du mir, was dich stört und bedrückt, und dann reden wir vier Wochen nicht darüber. Danach spreche ich über meine Probleme, darüber reden wir aber auch vier Wochen nicht. Anschließend kommt die Auswertung.« Das fand ich toll. Meine diffusen Befürchtungen, er hätte eine Geliebte, packte ich in die gedankliche Abstellkammer. Außerdem war er durch die Kirche zum Moralapostel verdammt – das gab mir zusätzliche Sicherheit.

Ich sagte ihm das Übliche: »Du räumst nie deine Socken weg, rennst im Unterhemd durch die Wohnung, bist maulfaul, machst außer Kochen nichts im Haushalt.« Nach vier Wochen kam der Bumerang: »Du siehst nur die Kinder, bist wirklich kein Betthase. Ich bin sehr sensibel, und du gehst nie auf meine Wünsche ein.«

Das war's.

Nach der vereinbarten Bedenkzeit kam am 29. Januar 1989 die Aussprache. Ich sagte: »Ich fühle mich durch dich oft allein gelassen. Du bist ständig unterwegs. Du müsstest dich ändern, mehr Interesse und Engagement für die Familie zeigen, dann wäre ich auch ein Betthase.« Seine Erwiderung war kurz und knapp: »Wenn das so ist, nehme ich jetzt meinen Koffer und gehe.«

Ich habe in dieser Nacht nur gekotzt. Und noch einmal am Morgen, als er mich bat, niemandem davon zu erzählen, weil er die Jugendweihe unserer Tochter unbeschwert im Kreise der Familie erleben wollte. Er müsse auch sonst noch eine Weile bei mir bleiben, denn er hätte in der Kleinstadt, in der seine Geliebte wohnte, noch keine Arbeit gefunden. Zum anderen wäre es seine Pflicht, mit mir die Selbstständigkeit zu üben – also Auto fahren, Formulare ausfüllen, Anträge stellen. Zuvor durfte ich in seiner Karre nie ans Lenkrad. Seine Begründung: »Das Auto ist ein Geschenk meiner Tante. Das ist meins.«

Mir war nach Amoklauf. Ich schlug mit meinem Kopf an die Wand, und er begann zu heulen, als er meinen Schmerz sah. Er steckte in der Zwickmühle, schien betroffen, sagte aber zu mir: »Ich weiß nicht, wie du damit leben willst, wenn ich das Opfer bringe und auf diese Frau verzichte.«

Mir blieb der Mund offen stehen. Eigentlich wollte ich schreien. Ich war so verletzt, weil für mich doch klar war – ich bleibe für immer bei ihm. Es war für mich so gegeben, und so sollte es bleiben. Und für ihn stimmte nun bei der anderen scheinbar alles?

Am nächsten Tag, einem Freitag, fuhr er zu seiner Freundin und kam erst am Sonntagabend wieder.

In den Monaten vor dieser legendären Aussprache hatte er mir oft von Theo erzählt – einem Freund, für den er mal schön kochen wollte. Er brachte diesen Theo aber nie mit nach Hause. An einem Wochenende vor Weihnachten fuhr er ohne uns zu ihm und trug einen nagelneuen weißen Pullover, als er zurückkam. Das war ein Geschenk seiner Geliebten, der Schwiegermutter von Theo, den es, wie sich später herausstellte, wirklich gab. Doch natürlich war nicht dieser Theo, sondern dessen Schwiegermutter der Grund für seine häufigen Ausflüge nach irgendwo.

Ein gemeinsamer Freund, der schon längst wusste, was da zwischen dieser Frau und Udo läuft, schenkte mir zum Julklapp die berühmten drei Affen: Der eine hält sich die Augen zu, der andere die Ohren, der dritte den Mund – ich sehe nichts, ich höre nichts, ich sage nichts. Damals verstand ich die Botschaft nicht.

Anfangs dachte ich noch, dass er bleiben würde – schon deshalb, weil man in dem Kaff, in dem seine Geliebte wohnte, kein Westfernsehen empfangen konnte. Ich dachte wirklich, das wäre ein Grund für ihn zu bleiben. Woran man in tiefster Verzweiflung so seine Hoffnungen klammert. Wenn er nach Hause kam, heulten wir beide. Ich schlug ihm vor, sich für ein paar

Monate in einem Hotel einzuquartieren, damit er herausfinden kann, was er wirklich will. Darauf ging er aber nicht ein.

Wenn er kam, brachte er mir Blumen mit, kochte für uns, und es war jedes Mal schön. Anfang März packte ich seine Koffer und sagte: »Geh! Wenn du irgendwann zurück willst, nehme ich dich wieder.« Er wohnte vorerst bei seiner Mutter und fuhr von dort aus jedes Wochenende zu ihr.

Pünktlich zur Jugendweihe stand er vor der Tür, und wir feierten das große Fest unserer Tochter Anja zusammen. Danach zog er endgültig zu seiner Geliebten. Ende Mai kam er mit seinem Auto und einem Hänger vorgefahren, um auszuräumen, was ihm gehörte. Anja schrie, als er ihr sagte, dass er geht. Zum Trost versprach er ihr, sie häufig zu besuchen. Damit war ich einverstanden, aber nur unter einer Bedingung: Wenn er sie sehen wollte, musste er sich mit ihr auf neutralem Boden treffen, denn ich ertrug ihn nicht mehr in unserer Wohnung.

Als unser Sohn Jan seinen Wehrdienst abgeleistet hatte, fuhr er sofort zu Udo. Er sagte: »Ich muss sehen, wie und wo mein Vater lebt, für welche Frau er sich entschieden hat.« Als er zurückkam, nahm er mich in den Arm und tröstete mich: »Dich müssen keine Minderwertigkeitsgefühle quälen. Du musst dich nicht verstecken.« Ein Freund von meinem Mann war entsetzt, als er sie das erste Mal sah: »Diese Frau ist eindeutig nicht unser Niveau.«

Obwohl er sich für diese Frau entschieden hatte, reichte er nicht die Scheidung ein. Seine Erklärung: »Für mich ist die Welt auch so in Ordnung. Wenn du damit nicht leben kannst, mach du es.« Ich dachte nicht daran. Ein Jahr später bekam ich dann Post von seinem Anwalt. Am Telefon sagte er mir: »Ich war genug Schwein, jetzt will ich klare Verhältnisse.«

Als die Richterin am 8. Juni 1990 offiziell bekannt gab: »Die Ehe ist geschieden«, wurde mir schwarz vor Augen.

Beim Begräbnis seines Bruders sahen wir uns das erste Mal wieder. Korrekt müsste es heißen: Ich sah ihn wieder, denn er guckte weg, als er mich unter den Trauergästen entdeckte, gab mir nicht einmal die Hand. Und SIE wich ihm nicht von der Seite. Was soll ich sagen? Ihre Absätze waren zu hoch, die Haare zu blond, der Rock zu kurz, und ihr Pullover glitzerte für eine Beerdigung zu sehr.

Noch fünf Jahre danach hoffte ich, dass er zu mir und den Kindern zurückkommt. Noch fünf Jahre dachte ich ganz tief in meinem Innern: Wenn er die richtigen Worte findet, nimmst du ihn wieder. Ich fühlte mich so alleine gelassen, so beleidigt, weil ich dachte, ich könnte alles zusammenhalten.

Jetzt denke ich nicht mehr so. Er und ich, das geht nicht mehr. Aber einen anderen habe ich auch nicht kennen gelernt. Es ist keiner am Horizont erschienen, für den es sich lohnte, zweimal hinzugucken, und ich bin nicht der Typ, der angesprochen wird.

Inzwischen meldet sich Udo an unseren Hochzeitstagen, an meinem Geburtstag und zu Weihnachten bei mir und nennt mich immer noch »meine Kleine« oder »meine Holde«. An meinem letzten Geburtstag rief er sogar aus der Türkei an. Seine Stimme klang sehr lieb. Wenn ich ihn sprechen höre, fahre ich total auf ihn ab, aber wenn ich ihn sehe, bin ich desillusioniert. Udo ist ein Landei, ein Proll geworden. Einmal schrieb er mir einen Brief, in dem er sich dafür bedankte, wie gut unsere Kinder geraten seien. Das wäre vor allem mein Verdienst. Später übergab mir meine Tochter ein Geschenk von ihm. Ein Buch mit dem Titel »Die dominante Mutter«. Ich weiß nicht, was soll es bedeuten? Anja brachte es mir mit, nachdem sie sich das erste Mal aufgerafft hatte, ihren Vater und seine neue Frau zu besuchen. Sie brauchte vier Jahre dazu. Jan sagt über ihn: »Er ist als großer Schweiger gegangen und als großer Schweiger dort angekommen.« Mehr nicht.

Udo hat zu hoch gepokert. Jetzt vermisst er uns.

Und was vermisse ich? Habe ich Sehnsucht nach einem anderen Mann? Wenn einer mit mir flirtet, packt mich die Angst. Ich will das alles nicht mehr. Ich habe Angst vor Nähe. Angst vor Latschen. Aber ich hätte gerne einen guten Freund, mit dem ich reden, mit dem ich was unternehmen kann.

Was ist es wert, darum zu kämpfen?

Katharina, 61, Referentin

Als Henning ging, fühlte ich mich verlassen, aber nicht betrogen, obwohl seine Neue eine meiner besten Freundinnen war. Auf sie war ich wütend.

Doch Henning und ich konnten nicht mehr zusammenleben, unsere Beziehung war am Ende – wir hatten sie nicht gepflegt, nicht gut gestaltet, zu wenig Ideen hineingebracht. Das sehe ich nicht einseitig, sondern zweiseitig. Ich konzentrierte mich auf die Kinder, er sich auf seinen Job. Wir mussten beide enorm viel bewältigen und waren abends müde, fix und fertig.

Als wir uns kennen lernten, war ich 33, er 47. Henning war der große Boss, und es war sehr schmeichelhaft für mich, dass er sich für mich interessierte. Er schätzte mich als gute Mitarbeiterin. Erst auf einer Weihnachtsfeier kamen wir uns näher. Obwohl ich mich an Zeiten regelrechter Verliebtheit nicht erinnern kann, heirateten wir 1974 und bekamen zwölf Monate später eine Tochter. Als Therese fünf Monate alt war, nahmen wir seine neunjährige Tochter Britta zu uns, weil Hennings erste Frau gestorben war. Britta war ein schwieriges Kind. Sie hatte gerade ihre Mutter verloren, der Vater verließ sie, als sie drei war. Dazu kam die Konkurrenz eines niedlichen Babys.

Ich spielte die Gattin, war mit Leib und Seele Mutter und fühlte mich trotzdem immer unbedeutender. Henning mäkelte an der Wurst, die auf dem Abendbrottisch stand, zog sich seine frisch gewaschenen und gebügelten Hemden an, ohne auch nur ein einziges Wort darüber zu verlieren, brachte mir nie Blumen mit. Es gab keinerlei Anerkennung für das, was ich für die Familie tat. Wenn er nach Hause kam, war ich für ihn vor allem ein seelischer Mülleimer. Da ich mich in seinem Job auskannte, berichtete er mir von allen Problemen, allen Querelen im Büro, aber nie, wenn sie sich erledigt hatten. Ich hoffte, dass wir uns wieder mehr auf uns selbst konzentrieren können, wenn die Kinder groß sind.

An eine Scheidung dachte ich nicht eine Sekunde. Wir lebten in einem schönen Haus, ich mochte seine Art zu denken – er ist risikofreudig, er experimentiert – ohne jede Angst. Das mochte und mag ich noch immer an ihm.

Und obwohl ich eine Menge Lebenserfahrung besaß, bereits einiges geleistet hatte in meinem Leben, fühlte ich mich klein und unwichtig durch ihn. Dabei sagten mir die Menschen, die mich kannten, ich sei eine starke Frau. Ich selbst fand mich unzureichend, legte zu hohe Maßstäbe an mich an. Henning war stärker, erfolgreicher, prominent, tat das Wichtigere. Am Morgen zog er seinen Businessanzug an und ging.

Ich kümmerte mich um Dinge, mit denen ich ihn nicht belasten wollte. Im Frühling organisierte ich unsere Reisen nach Italien oder Spanien, buchte die Hotels, bestellte die Flugtickets. Manchmal flog er gar nicht mit, sondern kam nach, wenn sein Job es zuließ. Hin und wieder begleitete ich ihn auf seinen Geschäftsreisen, ansonsten konzentrierte ich mich auf die Kinder, stürzte mich voll in die Mutterrolle, nahm die Beziehung als Gott gegeben. Er tat das Gleiche. So lief es fünfzehn Jahre. Ich empfand das nicht als zerrüttet, sondern als harmonisch – jedenfalls auf den ersten Blick. Henning hatte offensichtlich auch nicht das Gefühl, etwas zu verpassen. Bei Frauen kam er gut an, und das waren nicht die Doofsten. Er faszinierte sie mit seinem Erfolg, mit seiner Eloquenz. Mich faszinierte er nicht mehr, ich nahm ihn gar nicht mehr wahr. Ich war gewöhnt an sein Gesicht.

Bis ich eines Tages begriff, dass ich wieder etwas Eigenes leisten muss, anstatt nur über Pampers oder Zahnspangen zu reden. Dieser Wunsch verstärkte sich, als er einmal sehr krank wurde. Da spürte ich, wie abhängig ich von ihm war. Ich kam mir plötzlich obdachlos, ungesichert vor. Was wäre ich ohne ihn? Er beschützte mich, er konnte was, er tat immer das Richtige. Als Therese aus dem Gröbsten raus war, ging ich wieder ein paar Stunden am Tag arbeiten.

Als ich mitten in meiner Selbstfindungsphase war, trennte er sich von mir.

Die Basis für selbst bestimmte, gut überlegte Zukunftspläne war weg. Ich bekam so eine Wut und dachte: Wer bin ich? Wie sehe ich aus? Was kann ich selbst? Statt der Selbstfindung begann die Selbstzerfleischung.

Während unser gemeinsamer Anwalt die wirtschaftlichen Dinge für uns regelte – ich hielt mich da total raus, traute Henning nicht zu, dass er mich über den Tisch ziehen will –, dachte ich über unsere verlorenen Jahre nach.

Er hat mich vor einer meiner besten Freundinnen auch mit anderen Frauen betrogen. Ich merkte es an irgendeinem Detail, wenn was lief: eine Hotelrechnung, Lippenstift am Hemdkragen, heimliche Telefonate. Weil zu Hause alles gut funktionierte, ignorierte ich das.

Doch als er mit ihr eine Affäre begann, spürte ich – das ist was Ernstes. Es zog ihn sehr zu ihr, und alle wussten das. Einmal waren wir auf einem Fest bei ihr, tranken in einer großen Runde zusammen Wein, bis ich nach einer Weile bemerkte, dass ich allein auf einer Seite stand. Er stand mit ihr auf der anderen. Da wusste ich – er gehört zu ihr. Auf dem Heimweg sprach ich ihn darauf an, und er sagte: »Du hast Recht.«

Nehmen das andere Frauen durch ihre Vorahnungen gelassen, sind sie dadurch auf diesen Satz vorbereitet? Ich war es nicht, war völlig fassungslos, weil ich gehofft hatte, dass unsere Beziehung auf immer und ewig halten würde. Die bürgerlichen

Ideale hatten mich voll im Griff. Ich wollte ein vorbildliches Leben im bürgerlichen Sinne und gab mich dafür fast auf. Als Henning ein paar Jahre zuvor schon mal eine Freundin hatte, wegen der er sogar ein paar Monate bei uns auszog, war auch ich bereit, mich nach einem anderen Mann umzusehen. Und was sagte da meine Tochter zu mir: »Aber Mama, jetzt fängst du nicht auch damit an. Du nimmst dir keinen anderen. Du bist vorbildlich.«

Nach diesem Abend veränderte sich erst einmal nichts bei uns. Ich bat ihn, sie aufzugeben. Und er sagte, er wolle uns nicht verlassen. Über das WARUM – was ihm mit mir fehlte, was wir alles falsch gemacht hatten – unterhielten wir uns nie. Nur über den Fakt des Betrugs.

Das war falsch. Manche Dinge muss man einfach beim Namen nennen – natürlich lange vor der Krise, um etwas für die Beziehung tun zu können. Wir hatten zum Beispiel seit fünf Jahren keinen Sex mehr, lebten wie Bruder und Schwester zusammen. Es war langweilig im Bett. Wir waren beide ständig müde, und weder er noch ich thematisierten das jemals. Ich habe sowieso nie begriffen, warum Sex Spaß machen soll.

Erst nach vielen Jahren Alleinsein bin ich mit meiner Tochter zum ersten Mal in meinem Leben in einen Sexshop gegangen und fand das alles hochinteressant. Um mich herum sah ich lauter sympathische Leute, die nach schöner Wäsche, Sexspielzeug oder erotischen Videos suchten. Da spürte ich, wie normal das heute alles ist. In der Kindheit hieß es: Darüber spricht man nicht. Das hatte ich zu hundert Prozent verinnerlicht. Als ich einmal in Hennings Kleiderschrank, versteckt hinter seiner Unterwäsche, ein paar Playboys und andere erotisierende Zeitschriften entdeckte, fand ich das völlig indiskutabel. Da war eine Schieflage, die ich nicht erkannte. Er sagte dazu auch nie etwas.

Nicht das Leben, sondern viel zu spät entdeckte Bücher über Sexualität, über die Sehnsüchte und Wünsche von Männern und Frauen, machten mich schlauer. Warum kam ich nicht vorher auf die Idee, sie zu lesen? Heute könnte ich mir vorstellen, was ich gerne möchte. Es ist so schade um die Jahre, aber ich kann es nicht rückgängig machen. Ich brauchte lange, um zu solchen Erkenntnissen zu kommen.

Ich gab mir mit der Erziehung der Kinder Mühe, aber mit der Partnerschaft? Manchmal kochte ich exquisit für ihn oder schenkte ihm etwas Überraschendes, aber kann man das schon ernsthaftes Bemühen um die Stabilität der Liebe nennen? Ich finde es erschreckend, dass ich sechzig werden musste, um das zu begreifen.

Ein halbes Jahr nach dem Eklat nahmen die Spannungen zwischen uns zu, und ich beschloss, aus dem gemeinsamen Haus auszuziehen, weil ich das allein sowieso nicht bezahlen konnte. Den Mädchen zuliebe suchte ich nach einer Wohnung ganz in der Nähe, damit sie ihre Freunde, ihre vertrauten Lehrer, ihre Hockeymannschaft oder ihre geliebte Klavierlehrerin nicht verlieren.

Vier Wochen, nachdem wir ausgezogen waren, hängte sie ihre Kleider in meinen Schrank. Später ärgerte ich mich, dass ich ihr meine nicht dagelassen hatte. Obwohl sie selbst viel Geld besitzt, borgte sie sich gern Blusen, Jacken, Röcke von mir.

Meine fünfzehnjährige Tochter fühlte sich sehr verlassen ohne ihren Vater. Beide Töchter hatten auch große Probleme, mit seiner Neuen umzugehen. Sie war ihre Patentante, es bestand eigentlich eine enge emotionale Bindung zwischen den dreien. Eine Zeit lang gaben wir der anderen miese Namen, wenn wir über sie redeten. Inzwischen sind wir darüber hinweg und nennen sie auch in unseren privaten Gesprächen bei ihrem richtigen Vornamen.

Obwohl ich mittlerweile wieder ganz normal mit ihr reden kann, muss ich trotzdem so manche Kröte schlucken. Zur Hochzeit meiner älteren Tochter beispielsweise trafen wir uns in einem Restaurant. Da gab es einen Tisch, an dem alle Familienmitglieder saßen. Nur ich nicht. Ich saß am Katzentisch und kam mir vor wie die böse Fee in »Aschenputtel«, für die kein Tellerchen mehr da ist – nur, dass ich nicht an Rache dachte. Obwohl ich erst so zornig auf meine einstige Freundin war, denke ich heute: Henning und sie passen gut zusammen. Ich war eine so genannte starke Frau und ziemlich unbequem für ihn. Sie ist still und geht stets auf ihn ein.

Das Haus habe ich nie wieder betreten. Ich will mich nicht quälen, mir Kummer ersparen.

Mich belastete sehr, dass ich wegen der finanziellen Regelungen für die Kinder oft mit ihm reden musste. Das ist eine undankbare Rolle, wenn es um eine Studienreise, um einen Laptop oder sonst was geht. Als die Jüngste sechzehn wurde, bat ich sie, diese Dinge mit ihm selbst zu klären.

Männer nahm ich nach der Scheidung nicht mehr wahr. Die Enttäuschung saß zu tief. Wenn bei Festen oder geselligen Runden einer am Tisch saß, der eine schöne Stimme, leuchtende Augen, schmale Hände besaß oder einen gut sitzenden Anzug trug, fiel das allen anderen Frauen auf – mir nicht.

Heute glaube ich zu wissen, wie ich eine Beziehung anders gestalten könnte. Ich würde viel mehr mit dem Mann an meiner Seite unternehmen, sagen, wann ich ihm ganz nahe sein möchte oder Distanz brauche. Beziehungen muss man formen. Ich habe in den vergangenen Jahren auch Männer kennen gelernt, mit denen ich mir das vorstellen könnte, aber bisher wollte ich meine Freiheit nicht aufgeben. Ausgehen, flirten – das ja, aber eine feste Beziehung? Nein, danke.

Nicht, dass ich meinem Mann hinterhertrauere – meine Anforderungen sind nur zu hoch. Bisher ist mir noch keiner begegnet, der ihm das Wasser reichen konnte. Nur junge Männer finde ich interessant, denn sie erinnern mich an meine Blütezeit. Ein junger Mann wäre auf alle Fälle anders als meine bisherigen Partner – noch auf der Suche, offener, frischer, unverstellter. Die ich kannte, trugen die gleichen Anzüge, die gleichen Hemden, die gleichen Uhren.

Früher machte ich mir nie Gedanken über mein Alter, weil ich in jeder bisherigen Lebensphase hoffte, dass irgendwann noch was Tolles passiert. Ich las zwar Bücher über die Wechseljahre, dachte aber, dass mich das alles nichts angeht. Das ist natürlich nicht wahr. Im Moment habe ich ernsthafte Schwierigkeiten, mein Alter nicht negativ zu sehen. Ich fühle mich gut und sehe auch blendend aus, wie mir alle sagen. Aber ich bin 61. Was bleibt mir denn noch? Was ist es wert, darum zu kämpfen? Wenn ich über eine neue Frau-Mann-Beziehung nachdenke, packt mich die Angst. Sind dafür nicht einundsechzig gelebte Jahre mit all den Erfahrungen und Erinnerungen zu viel? Gibt es da freie Plätze für neue, nie erlebte Gefühle? Ich war immerhin zwölf Jahre allein. Kann man da noch mit jemandem zusammenleben? Oder bin ich inzwischen zu eigenbrötlerisch? Ich weiß es nicht. Ich weiß nur: Wenn ich jemanden träfe, würde ich in ihn investieren.

Wenn ich den Vater meiner Kinder treffe, ist das jedes Mal nett. Seine Art beruhigt mich, ich finde ihn sympathisch. Er hat die gleichen Stärken und Schwächen wie einst. Wenn ich mit ihm zusammen bin, frage ich mich jedes Mal: Möchtest du mit ihm verheiratet sein? Nein. Das heißt, ich habe unsere Trennung gut verarbeitet.

Vor Henning war ich schon einmal verheiratet. Mit Victor, der auch dreizehn Jahre älter war als ich, die damals Sechsundzwanzigjährige. Diese Ehe hielt sieben Jahre. Ich fühlte mich durch Victor beschützt – er war der erfahrene, starke Mann, der alles wusste. Wir arbeiteten beide in einem Bereich an einer Universität in Tübingen und hatten somit viel Gesprächsstoff. Mit den Jahren fühlte ich mich aber zunehmend durch ihn bevormundet, denn der Erfolg im Beruf machte mich selbstsicherer. Ich fragte ihn manchmal: »Wieso fahre ich eigentlich Bus und du Auto?« Er schob es auf die Umweltbelastung: »Zwei

Autos können wir doch gar nicht mehr verantworten.« Und wenn ich weiter bohrte: »Aber wieso fährst nur du damit, nie ich?«, wechselte er das Thema. Er war der Größte, und das machte mir Angst, nahm mir die Lebensfreude. Weil ich wusste, dass ihn das kalt ließ, artikulierte ich das nicht weiter, sondern litt dumpf vor mich hin.

So ähnlich war es übrigens auch bei Henning. Er kaufte uns einmal zwei Diktiergeräte – seins kostete das Doppelte und hatte viel mehr Funktionen als meins. Ich fragte ihn: »Warum?« Und er antwortete: »Für deine Bedürfnisse reicht das hier voll und ganz.« Hatte er mich vorher nach meinen Bedürfnissen gefragt? Nein.

Mit Victor wiederholte ich meine Kindheitsmuster. Das begriff ich aber erst viel später. Mein Vater hat mich sehr dominiert, deshalb war ich auf der Suche nach einer Vaterfigur. Die Scheidung von ihm war deshalb auch ein Stück Befreiung für mich. Die Ehe mit Henning lief allerdings nach dem gleichen Muster ab.

Die Devise in meinem Elternhaus hieß: Du musst gut sein, besser sein, noch besser sein. Mein Vater erkannte alles, was ich tat, an, jedoch kam immer ein ABER. Selbst das beste Zeugnis wurde so kommentiert: »Das ist ein schönes Zeugnis, ein sehr schönes Zeugnis. Hoffen wir mal, dass das nächste auch so gut wird.« Ich zweifelte dann an mir: Dieses Zeugnis ist dir nur passiert, wahrscheinlich schaffst du es nie mehr, so gut zu sein.

Erst dachte ich, ich mache es in der zweiten Beziehung anders, besser. Ich war offener, brachte mein Unwohlsein zur Sprache, aber letztlich bin ich auch an dem zweiten Mann gescheitert.

Das hat vor allem mit meinem Selbstwertgefühl zu tun. Aber nur im Privatleben.

Beruflich bin ich stark, manage alles, stelle ungeheure Anforderungen an mich und andere. Da bin ich zäh und hartnäckig. Das in meinen Privatbereich zu übertragen habe ich nicht geschafft. Ich sitze im Dienst in einer großen Runde und sage alles, was mir einfällt. Im Privaten stelle ich mich permanent in Frage, anstatt herauszufinden, was ich eigentlich will.

Es fiel und fällt mir so schwer zu sagen, was ich mir wünsche. Mich plagen ständig Zweifel: Mag der andere mich? Liebt er mich? Bin ich es wert? So geht es mir sogar bei meinen Freunden. Wenn sie mit mir weggehen wollen, frage ich die allen Ernstes: »Meint ihr nicht, dass es euch langweilig wird, wenn ihr mich mitnehmt?« Die sind dann entsetzt über mich.

Vielleicht ist das auch der Grund dafür, warum ich keine Männer kennen lerne – weil ich ständig an mir zweifle, mir nicht vorstellen kann, dass jemand an mir Interesse haben könnte. Ich fühle mich zu alt, zu hässlich, zu grau, lechze ständig nach Anerkennung.

Deshalb war ich auch neulich so erschrocken, als ich meine Tochter besuchte, die seit langem mit einem Griechen auf einer schönen Insel lebt, und zwischen ihr und ihm ein ähnliches Szenario abläuft, wie ich es aus meinen Ehen nur allzu gut kenne. Als ich zum Flughafen musste, wollte ich mir ein Taxi bestellen, aber sie sagte mit säuselnder Stimme zu ihm: »Du bringst doch meine Mutter zum Flughafen, Liebling, oder?«

Für mich ist das Anbiederei, ein Stück Sich-Selbst-Verkaufen. Vielleicht beurteile ich das zu hart, aber ich würde mir in einer guten Partnerschaft wünschen, dass man einfach sagt: »Bitte, fahr meine Mutter zum Flughafen.«

Ich träume davon, einen Mann zu treffen, in den ich mich verliebe, der sich in mich verliebt. Zur Zeit mag ich jemanden, der mich nicht so mag, und einer mag mich, den ich nicht so mag. Außerdem finde ich den Mann einer Freundin sehr nett und der mich auch – aber das lasse ich nie zu.

Ein alter Freund hat mich vor einiger Zeit angebaggert, hat mir die ganze Welt zu Füßen gelegt. Aber in mir toben immer noch so kleinbürgerliche Moralvorstellungen. Darf man so was? Ich finde ihn angenehm, er macht mich neugierig, aber ich lasse es nicht zu. Wahrscheinlich muss ich noch eine Menge lernen über die Liebe.

MÄNNER, BITTE MELDEN!

»Du hast mich betrogen« – Frauen erzählen von Liebe,
Betrug und Verrat, ist gerade in der 2. Auflage erschienen.

»Und wo bleiben die betrogenen Männer?« fragt Thomas aus
Essen in einer E-mail, nachdem er das Buch gelesen hat:
»Ich bin 46 und könnte Ihnen gleich eine doppelte
Geschichte von zwei Frauen erzählen. Von der letzten
erhole ich mich gerade nach anderthalb Jahren.«

Und Sie? Lecken Sie sich auch gerade Wunden,
die Ihnen eine Frau geschlagen hat? Reden Sie mit uns,
schreiben Sie uns, denn schließlich gibt es auch böse Mädchen.

Männer, die ihre Geschichte(n) – natürlich anonym –
erzählen wollen, mailen an:
Betrogenemaenner@schwarzkopf-schwarzkopf.de

Oder Sie schreiben an:
Schwarzkopf&Schwarzkopf Verlag,
Stichwort Betrogene Männer,
Kastanienallee 32, 10435 Berlin

Selbstverständlich werden alle Zuschriften
absolut vertraulich behandelt.

FRAUEN, BITTE MELDEN!

*»Du hast mich betrogen« – Frauen erzählen von Liebe,
Betrug und Verrat, ist gerade in der 2. Auflage erschienen.*

*Haben Sie das Zitat am Anfang des Buches noch in
Erinnerung? Da heißt es: »Wegen eines Seitensprungs
jemanden umbringen – geht nicht. Man käme ja
aus dem Morden gar nicht mehr heraus.«*

*Das hat mal jemand an der Bar des Hotel Atlantik gesagt.
Und weil es die Wahrheit und nichts als die Wahrheit ist,
bleibt uns nur eins: Wir müssen reden!*

*Lassen Sie uns weiter reden, weiter schreiben über
Liebe, Betrug und Verrat, denn es ist eine
unendliche Geschichte, immer wieder neu.*

*Frauen, die uns ihre Geschichte(n) – natürlich anonym –
erzählen wollen, mailen an:
Betrogenefrauen@schwarzkopf-schwarzkopf.de*

*Oder Sie schreiben an:
Schwarzkopf&Schwarzkopf Verlag,
Stichwort Betrogene Frauen,
Kastanienallee 32, 10435 Berlin*

*Selbstverständlich werden alle Zuschriften
absolut vertraulich behandelt.*

Wir Scheidungskinder

Töchter und Söhne erzählen
vom Verlust der Familie

Für Georg, 26, begann das Drama, als sein Vater vor sechzehn Jahren die Familie verließ, um mit der besten Freundin seiner Mutter zusammenzuleben. Bis zu diesem Zeitpunkt fühlten sich er und seine beiden älteren Schwestern behütet und von allen geliebt. Vor der Trennung hatte er zur Mutter eine innige Beziehung ohne Worte. Nach der Trennung brauchten sie Worte. Sie wurde härter, wollte ihn zum Mann erziehen. Seinen Vater sah er nur noch selten. Die Frau an seiner Seite hasste er anfangs, weil er die Einsamkeit seiner Mutter spürte: »Ich wünschte mir, dass es ihr gut geht, war immer für sie da. Aber in der Pubertät wollte ich in der Opposition sein, Scheiße sein. Über unsere Probleme reden konnten wir nie.« Das ist bis heute so geblieben. Lauter schwarze Flecken auf der Seele.

Für viele Scheidungskinder bleibt die Erfahrung der Trennung ihrer Eltern, der Verlust der Nestwärme, der Geborgenheit, ein Trauma fürs Leben. In Deutschland sind es 200 000, die Jahr für Jahr durchleiden und verkraften müssen, dass Vater und Mutter auseinander gehen – Tendenz steigend. Jedes zweite Kind verliert dabei ein Elternteil für immer – zumeist den Vater. Es gibt in unserem Land bisher nur eine einzige repräsentative Langzeitstudie, die sich mit diesem Thema beschäftigt. Die Familiensoziologin Anneke Napp-Peters aus Hamburg begleitete dafür 150 Scheidungsfamilien über zwölf Jahre und stellte unter anderem fest, dass Jungen anfangs heftiger als Mädchen auf den Zusammenbruch der Familie reagieren. Sie bekommen Probleme in der Schule, werden aggressiv. Die Mädchen dagegen verstecken ihre Gefühle, ihren Schmerz bis nach der Pubertät. Dann erst beginnt für sie die wirkliche Trauerarbeit.

Wie Scheidungskinder mit diesen meist leidvollen Erfahrungen umgehen, ob und wie sie sie verarbeiten, was sie in ihrer eigenen Familie besser machen oder einst besser machen wollen – davon erzählen 22 Töchter und Söhne in diesem Buch.

Heide-Ulrike Wendt
WIR SCHEIDUNGSKINDER
Töchter und Söhne erzählen vom Verlust der Familie
240 Seiten, Taschenbuch
ISBN 3-89602-432-9
12,90 EUR

Sex gehört dazu

Geschichten vom Erwachsenwerden

Junge Männer und Frauen zwischen 15 und 20 Jahren aus ganz Deutschland kommen hier zu Wort. Sie hätten nicht mitgemacht bei »wieder so einem Buch, in dem Erwachsenen erklärt werden soll, wie sie mit Jugendlichen besser klarkommen«. Und so dürfen sie nun reden, wie sie zu Gleichaltrigen reden würden. Über das erste Mal, das nur ganz selten wirklich schön ist. Über die Eltern, mit denen sie in einem schwierigen Gefühls-Mix aus Frust, Zuneigung und Abhängigkeit zusammenleben. Über die Schule, die Lehre, das Coming-out, das Jahr im Ausland, Drogen und Magersucht. Über die wilden Sofa-Sekt-Parties unter Freundinnen ebenso wie über die eine einzige, große und wahre Liebe, an der sie sich gern festhalten würden in diesen unsicheren Zeiten. Wenn sie sich über Ereignisse äußern, die sie beeinflussen, den 11. September, den Amoklauf von Erfurt, die große Flut und die Konflikte mit Amerika, dann tun sie das politisch unkorrekt und voller Leidenschaft. »Es ist doch alles ganz einfach. Warum machen die Menschen es so kompliziert?«, fragt Julia aus Bielefeld. Manche Geschichten sind wie ein Blick in den Spiegel.

Sie haben sich im Internet-Chat getroffen, Melli und Frank, sie 16, er 18. Per Mail flirten, das heißt: Man kann sich schöner, interessanter und verführerischer beschreiben als man ist. Aber dann kommt die Stunde der Wahrheit: die erste Begegnung am Bahnhof in Ulm. Wird es »klick« machen?

»Sex gehört dazu«, wenn man erwachsen wird, versichert Kathrin aus München. Zeitschriften, Bücher und Aufklärung in der Schule helfen nicht wirklich. »Man muss halt üben und riskieren, Fehler zu machen«, sagt Matthias, 18, aus Guben.

Katrin Panier
SEX GEHÖRT DAZU
Geschichten vom Erwachsenwerden
528 Seiten, Taschenbuch
ISBN 3-89602-428-0
12,90 EUR

Christa Geissler & Monika Held

GENERATION PLUS

Von der Lüge, dass Altwerden Spaß macht

Schwarzkopf & Schwarzkopf

Dirty Talking

Die hohe Kunst der sinnlichen Worte –
eine unwiderstehliche Verführung

Nora Nordpol

SINGLEFRAU?
SINGLEFRAU!

Ein kleines ABC
für einen vollkommen
natürlichen Zustand

Simone Schmollack

Ich will
Leidenschaft

Geschichten von
30jährigen über
Lust und Liebe

Schwarzkopf & Schwarzkopf Verlag

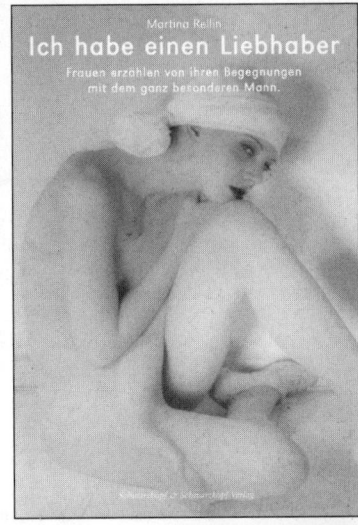

IMPRESSUM

Heide-Ulrike Wendt
DU HAST MICH BETROGEN
Frauen erzählen von Liebe, Betrug und Verrat

ISBN 3-89602-410-8

© bei Schwarzkopf & Schwarzkopf Verlag GmbH,
2. Auflage, Berlin 2003

BILDNACHWEIS
Autorenfoto: Urbschat & Töchter
Titelfoto: Georg Guillemin

KATALOG
Wir senden Ihnen gern unseren kostenlosen Katalog.
Schwarzkopf & Schwarzkopf Verlag GmbH / Abt. Service
Kastanienallee 32, 10435 Berlin.
Service-Telefon: 030 – 44 33 63 00.
Fax: 030 – 44 33 63 044

INTERNET
Ausführliche Informationen zum
Verlagsprogramm finden Sie im Internet.
www.schwarzkopf-schwarzkopf.de

E-MAIL:
info@schwarzkopf-schwarzkopf.de